浙江省哲学社会科学规划课题研究成果(17NDJC134YB)

中国古代缠枝纹装饰艺术史

万　剑　著

WUHAN UNIVERSITY PRESS
武汉大学出版社

图书在版编目(CIP)数据

中国古代缠枝纹装饰艺术史/万剑著.—武汉：武汉大学出版社，
2019.3

ISBN 978-7-307-20733-2

Ⅰ.中… Ⅱ.万… Ⅲ.瓷器(考古)—陶器纹饰(考古)—工艺美术
史—中国 Ⅳ.K876.34

中国版本图书馆 CIP 数据核字(2019)第 026897 号

责任编辑:周卫思 责任校对:邓 瑶 装帧设计:王丽君

出版发行：**武汉大学出版社** （430072 武昌 珞珈山）
（电子邮箱：whu_publish@163.com 网址：www.stmpress.cn）
印刷：北京虎彩文化传播有限公司
开本:720×1000 1/16 印张:16.5 字数:305 千字
版次:2019 年 3 月第 1 版 2019 年 3 月第 1 次印刷
ISBN 978-7-307-20733-2 定价:80.00 元

序

　　美是人类共同的追求，无论是古代还是现代。

　　中国装饰艺术源远流长，缠枝纹艺术的演变史犹如一部中华民族的审美变迁史。《中国古代缠枝纹装饰艺术史》梳理了我国古代缠枝纹艺术的演变历史。原始先民创造的鸟纹、水纹以及各式植物花卉纹装饰，已具有浓厚的装饰意味。夏商周时期的装饰纹样呈现出多样化的特点，如动物纹样、几何纹样、自然现象纹样和具体植物花卉纹样等。春秋战国时期，百家争鸣，装饰纹样呈现出植物花草藤蔓纹与动物纹样进行嫁接、融合的新变化。秦汉时期，云纹、草纹、兽纹相间的装饰纹样已广泛应用在建筑、织物、铜镜等日常生活领域。魏晋南北朝时期，受外来佛教艺术影响，植物装饰具有明显佛教文化的装饰意味，中国曲线装饰纹样与忍冬纹、外来莨苕叶纹、棕榈叶纹等交融发展，植物装饰广泛流行。隋唐时期，是多元文化融合的时代，在装饰艺术上，开创了缠枝纹的大叶花草时代。花草纹饰多样，造型丰满生动，呈现了一派盛唐气象。宋代，是中国文化的繁荣时代，也是中国缠枝纹艺术的高峰期，缠枝纹装饰具有含蓄精致、意境高远的美。宋代，工匠熟练运用刻花、划花、印花等装饰技法制作瓷器，使宋瓷艺术达到了新的高峰。元代，青花瓷、漆器、织锦成为缠枝纹装饰的重要载体，如元青花瓷的缠枝纹装饰构图繁复，色彩蓝白相间，元织锦的缠枝宝相花纹花头丰硕、花瓣圆润，具有多民族文化融合的特征。明代，吉祥文化在缠枝纹艺术中得到了充分体现，由于结合了伊斯兰艺术，花卉纹样造型生动。清代继承了明代吉祥文化的内涵，缠枝装饰纹样象征吉祥的寓意更加突出，如牡丹象征雍容华贵，石榴、莲蓬象征子孙满堂等，无不寄托着百姓对美好生活的向往。

　　万剑老师是一位勤奋的耕耘者，教学之余潜心于中国传统工艺美术文化的研究，《中国古代缠枝纹装饰艺术史》是她新的研究成果。研究中国古代缠枝纹装饰艺术，需要了解不同时代的政治、哲学、宗教、风俗、文化对缠枝纹艺术的影响，需要在阅读大量文献资料的基础上，对缠枝纹艺术的演变进行分析、梳理。《中国古代缠枝纹装饰艺术史》历时两年多完成，其中艰辛，不言而喻。希望万剑老师秉持认真、严谨的学术精神，在工艺美术研究的道路上不断探索，取得更好的研究成果，为工艺美术研究和人才培养做出更大成绩。

全国高职高专校长联席会议秘书长、宁波职业技术学院副校长

任君庆

前　言

　　中国文化,博大精深。

　　中国纹样,浩瀚如海。

　　一花一草一世界,一茎一叶一乾坤。

　　中国缠枝纹秉承中国传统文化之精髓,在历史的长河中广泛地与宗教、哲学、艺术、文化多个领域相融合,产生了蜿蜒曲折、缠绵久远、统一变化的茎和千变万化的花叶,展示了强大的生命力和文化底蕴,是中国古代植物装饰艺术的史诗。中国缠枝纹的演变过程记录了我国古代文化发展的历史年轮,反映了中华民族文化的发展经历,见证了中国装饰文化艺术的发展历程。

　　在人类历史发展的早期阶段——茹毛饮血的原始社会,原始先民就已经开始了装饰文化活动。从偶然的洞窟岩石涂抹中,发现随意的线条、自然的色块,实践了原始装饰行为,懵懂地开始了早期装饰实践活动。早期人类仿佛自带先天的审美基因,从偶然运用线条到有意识地运用曲线装饰,说明人的审美活动伴随着整个人类社会的发展历程。从无意识的随意涂抹到有意识的器物装饰,装饰审美意识就已经萌芽。人类先天自带的审美基因开始发挥强大的作用,人造的美的形式感开始出现并逐渐丰富。

　　从早期的磁山文化陶器曲线装饰纹样开始,甚至更早,在中国大地上具有形式感的、规律的曲线装饰纹样就已经开始运用。不管这些曲线装饰纹样出于什么样的目的,无论是有意识还是无意识,抑或是某种记号、图腾,可以确定的是,在那个时代,原始人已经开始将二方连续重复的纹样用于陶器上。仰韶文化庙底沟型中的鸟纹、水纹,已经是具体形态的重复纹样,装饰意味浓厚。马家窑文化中令人眼花缭乱的涡纹,具有循环往复的运动感,代表着一种生生不息的生命力,仿佛成为现代视觉艺术的开端。在研究过程中发现,我国现有遗存中的花卉纹样,虽然在数量上与动物纹样相比有较大的差距,在形态描绘上不如动物纹样变化多端,但令人无法忽视的是,花卉纹样在中国人类社会早期就已经出现,在仰韶文化中的各种花瓣纹就是最好的证明,尤其在庙底沟型陶器上的各式花卉纹样,已经形成了一定的骨骼规律和数量规模。原始先民们对曲线和植物装饰形态的探索,为后来中国纹样的多样化发展奠定了基础。

夏商周时期的装饰纹样,恐怖凶猛、威严肃穆,具有浓郁的宗教性质和神话色彩。这个时期的动物装饰纹样是主角,有饕餮纹、夔龙纹、凤鸟纹、兽面纹等;几何纹样也非常丰富,主要有方格纹、雷纹、乳钉纹、旋涡纹等;自然现象装饰纹样有云纹、水纹、风纹等。总体来说,线条流畅,形态丰富。夏商周时期的先民们继承了早期人类对曲线的热爱,甚至有了更大的发挥。虽然,植物装饰纹样非常少见,但莲花装饰、四瓣花纹已经出现,西周晚期青铜器"梁其壶""颂壶"的器口采用了莲瓣造型,这是有明确指向的具体植物花卉纹样,体现了装饰意识的巨大进步。

春秋战国,礼崩乐坏。此时的装饰纹样在继承传统的基础上有了新的变化和发展,各种动物纹日益形式化、抽象化,出现了一批突破传统,反映社会现实的宴饮、狩猎、舞乐、战争等新题材。植物装饰纹样有树纹、花纹、草纹,最重要的是植物花草藤蔓纹与动物纹样进行了巧妙的嫁接、融合,两者相互缠绕,体现了浓浓的浪漫主义色彩。新的装饰母题藤蔓纹被创造性地处理在婉转回旋的旋涡之中,带着新时代的气息开始登上了历史的舞台。我国最早期的缠枝纹形态在这种形式中萌芽了,已然成为春秋战国装饰纹样的重要的代表性风格。

秦汉时期,云纹装饰随处可见。此时的植物装饰纹样依附于云纹、动物纹而发展,亦云亦草,亦草亦兽,在建筑、织物、铜镜等领域广泛流行。从春秋战国的萌芽到秦汉的缠枝纹雏形,看似迈进小小的一步,实则在纹样的进化历程中已是质的飞跃。当然,究其植物装饰纹样的规模和审美,龙凤等动物纹样与云纹等自然纹样的结合,仍是装饰的主流,但这些亦云亦草、亦草亦兽的曲线纹样的确成为植物缠枝纹大发展的奠基石。值得一提的是,秦汉的植物装饰纹样茱萸纹已经正式地登上了装饰历史的舞台,成为早期有具体名称的缠绕型植物装饰纹样,这具有非常重要的历史意义。茱萸纹的出现绝不仅仅意味着是一种动植物衔接纹样的出现,更重要的是其缠绕的姿态已经将远古时期的曲线装饰纹样和动植物纹样进行了完美的结合。秦汉织物上的人物、动物、植物等纹样的组合体,是中国装饰纹样的传承,是中国文化精神和文化象征的延续。

魏晋南北朝时期,是缠枝忍冬纹发展的重要时期,中国缠枝纹第一次以完整的面貌登上了历史的舞台。民族大迁移、思想大变迁,以及佛教的广泛深入传播,中外经济文化的交流,对这一时期植物装饰纹样的风格形成产生了巨大的影响。南北分治、各族杂居、外来文化的影响及中外宗教长期并存,使得多种纹样形式在这种大环境中混合杂糅发展。中国曲线装饰纹样与忍冬纹、外来莨苕叶纹、棕榈叶纹等的交融与组合发展,促使中国纹样的装饰母题发生了历史性的转变。这里特别需要指出的是,中国植物装饰广泛流行,与佛教在中国的深入发展有直接的关系,外来佛教艺术影响了中国古代植物装饰纹样的发展趋势。

隋唐时期,以开放的胸怀接受了多样的外来文化,而唐卷草纹以浪漫强势的风格占据了装饰世界的大部分空间,甚至通过陆上、海上丝绸之路影响着东亚和西亚地区,是中国缠枝纹的大叶花草时代。唐卷草纹逐渐成熟、兴盛、丰富,替代了魏晋南北朝时期流行的忍冬纹。唐卷草纹题材丰富多样,牡丹纹、荷莲纹、蔓草纹、海棠花纹、灵芝纹、忍冬纹、宝相花纹等,精彩纷呈。唐卷草纹波状茎线流畅,构成形式规律,纹样骨骼鲜明,造型丰满动人,装饰韵味十足,表现出了旺盛的生命力和强大的视觉张力,是世界装饰艺术与技术的顶峰,展现了唐朝无与伦比的大国风范。

宋代,乃是中国缠枝纹的高峰期,"百花齐放,百果生香"。缠枝纹装饰从唐代的华丽之风转向了优雅之风,将恢宏开阔的气势转变成了严谨含蓄、精致内敛、清新秀美、意境深远的韵味。宋代的工艺美术,因受儒家理学思想的影响,以极简为美,注重整体造型,装饰纹样和装饰色彩服从于造型的需要。宋代陶瓷缠枝纹装饰,大多采用刻花、划花、印花等装饰技法,刻划的纹样在釉下显示出一种含蓄隐约的艺术效果,在定窑、龙泉窑、耀州窑、景德镇窑等均有非同寻常的表现,装饰风格影响其他工艺美术,尤其在建筑装饰上得到了大发展。

元代,游牧文化、西域文化与传统文化交融。宋代恬静自然的文人风气被元蒙贵族的异域文化和不同习俗所取代。元代缠枝纹整体装饰风格呈现出纷繁复杂的状态,青花瓷、漆器、织锦成为缠枝纹装饰的重要载体。元青花瓷缠枝纹装饰,带有伊斯兰异域风情,构图繁复满密,色彩崇蓝尚白,题材丰富多样。元代漆器缠枝纹装饰满密,层叠饱满。元代织锦中的缠枝宝相花纹花头丰硕、花瓣圆润、结构严谨、亮丽华贵。元代缠枝纹与元代多民族共存的历史休戚相关,是中国多民族文化交融的最好例证。

明代,是中国吉祥文化发展的高峰时期,同时也是内外文化碰撞的交流时期,中国花卉纹样蓬勃兴旺,缠枝纹广为流行。明代缠枝纹以缠绕的构成形式、丰富有序的组合法则、亲切生动的花卉造型,表达了"图必有意,意必吉祥"的世俗心境,展示了明代百姓热爱生活、渴望幸福的愿望。明永乐、宣德时期,郑和七下西洋(即西太平洋和印度洋一带),促进了明朝与西太平洋及印度洋沿岸各国及民族间的经济文化交流,使得伊斯兰文化在中国工艺美术品上表现突出。明代缠枝纹以其独有的表现力融合、接纳了来自异域的伊斯兰文化,并传承、创新了中国传统纹样的内涵与外延,是中国世俗文化和吉祥文化的典型代表。

清代,工艺美术讲究仿古、仿旧、仿真,具有繁缛纤巧的风格。清代缠枝装饰纹样的象征寓意进一步加强,"吉祥"几乎成为装饰的唯一主题,上至统治阶级,下至黎民百姓,无一不喜欢。清代缠枝纹以象征、寓意、比拟、谐音等种种手法来表达向往美好生活的理念。牡丹花冠丰满,色彩艳丽,象征雍容华贵;石榴、莲蓬多果实,象征子孙满堂;葫芦、葡萄藤蔓缠绕,象征福寿绵延;灵芝形似如意,以寓强身健体,象征如意长寿……这些装饰的理念,是中国人的传统信仰和希望。清代外来文化影响至深,特别是乾隆时期的装饰纹样,巴洛克、洛可可的装饰风格及伊斯兰植物纹样造型大量涌入,被缠枝纹吸收后呈现出繁缛、富丽的纹样形态。

中国缠枝纹装饰艺术,是中国人的审美艺术,是古代不同历史时期的文化代表,是中华民族不同阶段的政治、经济、文化的一种折射。缠枝纹反映了中国各个历史发展时期社会群体的经济生活方式和政治生活方式,体现了各个特定的历史进程及文化发展。中国缠枝纹的演变过程,是人类智慧的集中体现,是中国辉煌而悠久的文化的表现形式之一。中国缠枝纹在演变过程中显示了强大的包容性,广泛而密切地与宗教、哲学、社会、艺术、文化多个领域融合,产生了形态上的衍变,并且纹样形态与其蕴含的精神内涵紧密结合。中国缠枝纹如此的历史悠久,如此的包罗万象,这是其他装饰纹样所无法企及的,缠枝纹当之无愧地可以被称为"中国植物装饰艺术的史诗"。

本书按照不同的历史发展时期,对中国古代缠枝纹进行了主题性研究、造型分析、纹样载体研究、意义解读,通过对每个时期中国缠枝纹的发展及形成状况的研究,剖析其在中国纹样发展史上经久不衰的旺盛艺术生命力,补充和完善了中国缠枝纹的研究资料,为中国传统纹样艺术提供了理论性的总结,为中国现代纹样的创新性应用提供了资料及学理依据。笔者希望本书可以为国内外专家学者提供一种新的思路,更好地为现代设计服务,使艺术设计工作者更好地继承及发扬这种优秀的传统文化。

最后,本书如有不当之处,敬祈各位专家学者批评指正。

著　者

2019 年 1 月

目　　录

第一章　中国缠枝纹的起源 ……………………………………………… (1)

　第一节　缠枝纹的"称呼" …………………………………………… (1)

　　一、卷草纹 ………………………………………………………… (1)

　　二、忍冬纹 ………………………………………………………… (2)

　　三、万寿藤 ………………………………………………………… (3)

　　四、唐草 …………………………………………………………… (3)

　　五、香草 …………………………………………………………… (4)

　　六、卷云纹 ………………………………………………………… (4)

　　七、穿枝花 ………………………………………………………… (4)

　　八、串枝花 ………………………………………………………… (5)

　　九、缠枝花 ………………………………………………………… (5)

　　十、缠枝纹 ………………………………………………………… (5)

　第二节　中国缠枝纹的起源 ………………………………………… (7)

　　一、本土说 ………………………………………………………… (7)

　　二、西方说 ………………………………………………………… (11)

　　三、中西融合说 …………………………………………………… (14)

　第三节　中国缠枝纹装饰艺术起源的理论界说 …………………… (16)

　　一、模仿说 ………………………………………………………… (18)

　　二、游戏说 ………………………………………………………… (18)

　　三、巫术说 ………………………………………………………… (19)

　　四、表现说 ………………………………………………………… (19)

　　五、劳动说 ………………………………………………………… (20)

　　六、缠枝纹装饰起源的多元因素 ………………………………… (21)

第二章　新石器时代:中国缠枝纹的渊源期………………………………(23)

　　第一节　陶器上的曲线装饰纹样 ………………………………………(24)

　　　　一、磁山文化的陶器曲线纹样 …………………………………(24)

　　　　二、仰韶文化的陶器曲线纹样 …………………………………(25)

　　　　三、马家窑文化的陶器旋涡纹 …………………………………(26)

　　　　四、河姆渡文化的陶器曲线纹样 ………………………………(30)

　　　　五、屈家岭文化的陶器曲线纹样 ………………………………(30)

　　　　六、大汶口文化的陶器旋涡纹 …………………………………(30)

　　　　七、辛店文化的陶器曲线纹样 …………………………………(31)

　　　　八、大溪文化的陶器绞丝纹样 …………………………………(32)

　　第二节　新石器时代的植物装饰形态 …………………………………(32)

　　　　一、仰韶文化的陶器植物装饰形态 ……………………………(33)

　　　　二、青莲岗文化的陶器植物装饰形态 …………………………(34)

　　　　三、河姆渡文化的陶器植物装饰形态 …………………………(34)

　　　　四、大汶口文化的陶器植物装饰形态 …………………………(35)

　　　　五、植物装饰纹样的构成形式 …………………………………(36)

　　第三节　神秘自然观影响下的植物装饰渊源 …………………………(37)

　　　　一、描绘自然 ……………………………………………………(38)

　　　　二、模仿自然 ……………………………………………………(38)

　　　　三、象征自然 ……………………………………………………(39)

第三章　夏商周时期:缠枝纹的形态雏形……………………………(41)

　　第一节　青铜时代的曲线形态 …………………………………………(41)

　　　　一、绕不开的动物纹 ……………………………………………(42)

　　　　二、"S"形几何纹样 ……………………………………………(46)

　　第二节　夏商周时期的植物装饰纹样 …………………………………(48)

　　　　一、莲花纹 ………………………………………………………(48)

　　　　二、四瓣花纹 ……………………………………………………(49)

　　第三节　夏商周时期曲线装饰纹样的载体 ……………………………(51)

　　　　一、青铜器 ………………………………………………………(51)

　　　　二、陶器 …………………………………………………………(52)

　　　　三、铜镜 …………………………………………………………(53)

　第四节　夏商周时期的自然崇拜与装饰纹样 …………………………（54）

　　一、自然崇拜融入宗教崇拜活动 ………………………………………（54）

　　二、祭祀用具的装饰纹样 ………………………………………………（56）

　　三、夏商周装饰纹样的影响因素 ………………………………………（58）

第四章　春秋战国：中国缠枝纹的萌芽期 …………………………（60）

　第一节　春秋战国时期的植物装饰纹样 ………………………………（61）

　　一、树纹 …………………………………………………………………（61）

　　二、叶纹 …………………………………………………………………（63）

　　三、花草纹 ………………………………………………………………（64）

　　四、莲花纹 ………………………………………………………………（66）

　第二节　春秋战国时期植物纹与动物纹的融合 ………………………（67）

　　一、春秋战国的"S"形曲线纹样 ………………………………………（67）

　　二、"S"形植物纹样的萌芽与融合 ……………………………………（68）

　第三节　春秋战国时期植物装饰纹样的载体 …………………………（70）

　　一、染织 …………………………………………………………………（70）

　　二、漆器 …………………………………………………………………（72）

　　三、青铜器 ………………………………………………………………（73）

　　四、铜镜 …………………………………………………………………（74）

　　五、陶器 …………………………………………………………………（75）

　　六、瓦当 …………………………………………………………………（76）

　第四节　春秋战国时期植物装饰纹样的审美特质 ……………………（77）

　　一、动态美 ………………………………………………………………（77）

　　二、延伸美 ………………………………………………………………（78）

　　三、嫁接美 ………………………………………………………………（79）

　第五节　春秋战国时期植物装饰纹样的人文精神 ……………………（80）

　　一、天人合一的自然宇宙观 ……………………………………………（80）

　　二、"以美娱神"的巫术礼仪观 …………………………………………（81）

　　三、人神合一的生命发展观 ……………………………………………（81）

　第六节　春秋战国时期植物装饰纹样发展的影响因素 ………………（82）

　　一、农业生产逐渐受到重视 ……………………………………………（82）

　　二、植物著作日益丰富 …………………………………………………（83）

　　三、植物神话大量创作 …………………………………………………（84）

四、工艺体系初步形成 ……………………………………………………… (84)

第五章　秦汉：中国缠枝纹的发展初期 …………………………………… (86)

第一节　秦汉时期的植物装饰纹样 ………………………………………… (87)
一、树纹 ……………………………………………………………………… (88)
二、莲花纹 …………………………………………………………………… (90)
三、茱萸纹 …………………………………………………………………… (91)
四、葡萄纹 …………………………………………………………………… (92)
五、云纹 ……………………………………………………………………… (93)
第二节　秦汉时期植物装饰纹样的载体 …………………………………… (95)
一、漆器 ……………………………………………………………………… (95)
二、瓦当 ……………………………………………………………………… (96)
三、织绣 ……………………………………………………………………… (97)
四、陶瓷 ……………………………………………………………………… (101)
五、铜镜 ……………………………………………………………………… (102)
六、玉器 ……………………………………………………………………… (103)
七、画像石 …………………………………………………………………… (104)
第三节　秦汉时期装饰纹样的艺术风格 …………………………………… (105)

第六章　魏晋南北朝：中国缠枝纹的发展期 …………………………… (107)

第一节　魏晋南北朝时期缠枝纹的典型纹样 ……………………………… (108)
一、缠枝忍冬纹 ……………………………………………………………… (108)
二、缠枝莲花纹 ……………………………………………………………… (115)
三、缠枝葡萄纹 ……………………………………………………………… (117)
四、缠枝合欢花纹 …………………………………………………………… (119)
第二节　魏晋南北朝时期缠枝纹的装饰载体 ……………………………… (119)
一、敦煌莫高窟 ……………………………………………………………… (120)
二、云冈石窟 ………………………………………………………………… (121)
三、龙门石窟 ………………………………………………………………… (122)
第三节　魏晋南北朝时期缠枝纹的艺术风格 ……………………………… (122)
一、形，以圆为美 …………………………………………………………… (122)
二、神，自然为尚 …………………………………………………………… (123)
三、意，兼容并蓄 …………………………………………………………… (124)

第七章　隋唐：中国缠枝纹的花时代 ……………………………………… (126)

　第一节　闻名于世的"唐卷草" …………………………………………… (127)

　第二节　唐代缠枝纹的典型纹样 ………………………………………… (128)

　　一、缠枝忍冬纹 ………………………………………………………… (128)

　　二、缠枝莲花纹 ………………………………………………………… (129)

　　三、缠枝宝相花纹 ……………………………………………………… (130)

　　四、缠枝牡丹纹 ………………………………………………………… (131)

　　五、缠枝葡萄纹 ………………………………………………………… (131)

　　六、缠枝石榴纹 ………………………………………………………… (133)

　　七、缠枝海石榴纹 ……………………………………………………… (134)

　　八、缠枝菊花纹 ………………………………………………………… (135)

　　九、缠枝百合花纹 ……………………………………………………… (136)

　　十、缠枝百花纹 ………………………………………………………… (136)

　第三节　唐代缠枝纹的装饰载体 ………………………………………… (137)

　　一、敦煌壁画 …………………………………………………………… (137)

　　二、染织 ………………………………………………………………… (138)

　　三、金银器 ……………………………………………………………… (140)

　　四、铜镜 ………………………………………………………………… (141)

　　五、雕刻 ………………………………………………………………… (142)

　　六、瓷器 ………………………………………………………………… (143)

　　七、漆器 ………………………………………………………………… (144)

　第四节　唐代缠枝纹装饰的艺术风格 …………………………………… (145)

　　一、浪漫自信的花时代 ………………………………………………… (145)

　　二、华丽丰满的造型艺术 ……………………………………………… (146)

　　三、气势跌宕的异域风情 ……………………………………………… (147)

第八章　宋：中国缠枝纹的高峰期 …………………………………………… (149)

　第一节　宋代缠枝纹的典型纹样 ………………………………………… (150)

　　一、缠枝牡丹纹 ………………………………………………………… (150)

　　二、缠枝莲花纹 ………………………………………………………… (152)

　　三、缠枝桃花纹 ………………………………………………………… (152)

　　四、缠枝菊花纹 ………………………………………………………… (153)

　　五、缠枝海石榴纹 ··· (154)

　　六、缠枝梅花纹 ··· (155)

第二节　宋代缠枝纹的装饰载体 ··· (156)

　　一、瓷器 ··· (156)

　　二、漆器 ··· (157)

　　三、建筑 ··· (158)

　　四、丝绸 ··· (159)

　　五、铜镜 ··· (160)

　　六、金银器 ··· (160)

第三节　宋代缠枝纹的装饰艺术风格 ··· (161)

　　一、花中有花 ·· (161)

　　二、清新秀美 ·· (163)

　　三、变化统一 ·· (164)

第九章　元:中国缠枝纹的异域风情 ·· (165)

第一节　元代缠枝纹的典型纹样 ··· (165)

　　一、缠枝牡丹纹 ··· (166)

　　二、缠枝莲花纹 ··· (166)

　　三、缠枝菊花纹 ··· (167)

　　四、缠枝灵芝纹 ··· (168)

第二节　元代缠枝纹的装饰载体 ··· (168)

　　一、瓷器 ··· (168)

　　二、染织 ··· (170)

　　三、金银器 ··· (171)

　　四、纸钞 ··· (171)

　　五、漆器 ··· (172)

　　六、珐琅 ··· (173)

　　七、壁画 ··· (174)

第三节　元青花瓷缠枝纹装饰的艺术特色 ······································ (176)

　　一、"恐惧空白"说与繁复满密的元青花瓷缠枝纹装饰构图 ········ (176)

　　二、"真主虚拟"说与丰富多样的元青花瓷缠枝纹植物题材 ········ (178)

　　三、"苍狼白鹿"说与崇蓝尚白的元青花瓷缠枝纹装饰色彩 ········ (178)

　　四、"塔悟希德"说与无始无终的元青花瓷缠枝纹骨骼重复节奏 ····· (179)

第十章　明:中国缠枝纹的世俗期 ……………………… (181)

　第一节　明代缠枝纹的典型形态……………………………… (181)

　　一、缠枝莲纹 ………………………………………………… (182)

　　二、缠枝西番莲纹 …………………………………………… (184)

　　三、缠枝牡丹纹 ……………………………………………… (185)

　　四、缠枝芙蓉纹 ……………………………………………… (186)

　　五、缠枝菊花纹 ……………………………………………… (187)

　　六、缠枝石榴纹 ……………………………………………… (189)

　　七、缠枝葡萄纹 ……………………………………………… (189)

　　八、缠枝瓜果纹 ……………………………………………… (191)

　第二节　明代缠枝纹的装饰载体……………………………… (192)

　　一、瓷器 ……………………………………………………… (192)

　　二、染织 ……………………………………………………… (194)

　　三、珐琅 ……………………………………………………… (195)

　　四、漆器 ……………………………………………………… (196)

　　五、雕刻 ……………………………………………………… (197)

　第三节　明代缠枝纹的构成形态……………………………… (198)

　　一、缠枝花形 ………………………………………………… (198)

　　二、缠枝并蒂花 ……………………………………………… (199)

　　三、缠枝四季花 ……………………………………………… (200)

　　四、缠枝叶片 ………………………………………………… (201)

　第四节　明代缠枝纹装饰的艺术风格………………………… (202)

　　一、图必有意,意必吉祥 …………………………………… (202)

　　二、元素多样,杂糅交错 …………………………………… (203)

　　三、世俗文化,异域风情 …………………………………… (205)

　第五节　明成化青花瓷缠枝纹装饰的艺术特色……………… (206)

　　一、玲珑精巧的器形特征 …………………………………… (207)

　　二、丰富清新的装饰色彩 …………………………………… (207)

　　三、疏朗纤细的装饰艺术特色 ……………………………… (208)

第十一章　清:中国缠枝纹的繁丰期 ………………… (212)

　第一节　清代缠枝纹的典型形态……………………………… (212)

一、缠枝莲花纹 ……………………………………………… (213)

二、缠枝牡丹纹 ……………………………………………… (216)

三、缠枝菊花纹 ……………………………………………… (218)

四、缠枝朵花纹 ……………………………………………… (219)

五、缠枝百花纹 ……………………………………………… (220)

六、缠枝葡萄纹 ……………………………………………… (221)

七、缠枝葫芦纹 ……………………………………………… (223)

八、缠枝宝相花纹 …………………………………………… (224)

第二节　清代缠枝纹的装饰载体 …………………………… (226)

一、瓷器 ……………………………………………………… (226)

二、染织 ……………………………………………………… (227)

三、漆器 ……………………………………………………… (229)

四、珐琅 ……………………………………………………… (229)

五、雕刻 ……………………………………………………… (231)

六、建筑 ……………………………………………………… (232)

第三节　清代缠枝纹装饰的艺术风格 ……………………… (232)

一、繁缛精巧 ………………………………………………… (232)

二、华丽绚烂 ………………………………………………… (234)

三、寓意吉祥 ………………………………………………… (235)

四、技术精湛 ………………………………………………… (237)

五、异域风情 ………………………………………………… (238)

参考文献 …………………………………………………………… (240)

后记 ………………………………………………………………… (246)

第一章 中国缠枝纹的起源

第一节 缠枝纹的"称呼"

在缠绕的花草世界里,缠枝纹的称呼或者说法是多样的,如"卷草纹""忍冬纹""万寿藤""唐草""穿枝花""串枝花""缠枝花""香草"①……这些名称命名的依据各不相同,例如"卷草纹""忍冬纹"是根据纹样的形态和名称命名的,"唐草"是因时代和日本人称呼卷草纹样而得名,"穿枝花""串枝花""缠枝花"是根据枝茎的穿插结构来命名。在田自秉等的《中国纹样史》中,提及的"卷草纹""忍冬""万寿藤""唐草"等,均是植物缠绕纹样,我们可以把这些名称看作不同时代的缠枝纹的具体名称。

一、卷草纹

学术界有关"卷草纹"的名称,因学者之异而有所不同,有人称之为"忍冬纹""唐草纹""缠枝忍冬纹"等。田自秉等在《中国纹样史》中认为:"卷草纹系一种呈波状形态向左右或上下延伸的一种花草纹,盛行于唐代,以后各代亦常用之作为一种边饰。"②

李妧恩(韩)在《北朝装饰纹样》中认为"'卷草纹',主要以'S'形植物枝藤为基本骨架,而其两边分别生长出双叶或单叶有相背或相向的植物纹样。""卷草纹是一种植物纹样,不是写实的花名却是长期流行的植物纹样的通称。因植物类别又有各种具体名称如忍冬纹、葡萄纹、花叶纹等,其中忍冬纹、卷草纹在南北朝最为常见。卷草纹原为外国传入的母题之表现。有些是受希腊、波斯及犍陀罗影响的西方花纹题材,而不见于中国周汉以来的纹饰中。至魏晋南北朝以后,却

---

① 本书香草即香草纹。
② 田自秉,吴淑生,田青.中国纹样史.北京:高等教育出版社,2003年,第229页.

成为中国的流行花纹,后来发展成隋唐的花草禽鸟的装饰纹样。"①

吕变庭在《营造法式——五彩遍装祥瑞意象研究》一书中认为:"卷草纹亦称缠枝花纹、穿枝纹、串枝纹,日本人也称'唐草',表明它是唐朝金银器、纺织物及建筑装饰图案常见的纹饰。"②

二、忍冬纹

田自秉等认为:"忍冬是一种藤蔓植物,花开先白后黄,故称金银藤;又以它凌冬不凋,故称忍冬。明代李时珍《本草纲目》:'久服轻身,长年益寿',因又有益寿吉祥的意义。"③

吕变庭在《营造法式——五彩遍装祥瑞意象研究》中阐述忍冬纹:"有两种形态,一种纤细柔美,枝叶交缠;另一种则枝叶舒卷如海浪,汹涌奔腾,气势磅礴。学界一般认为,忍冬纹源自古埃及,后经地中海向东西方广泛传播,再传至西亚、印度,继而再由印度传入中国。因此,在中国许多佛教寺院的壁画上都能看到精美的卷草旋涡④和藻井图案。宋代的忍冬纹线条迂回流畅,辗转而婀娜,波婉生动,寓意生命的生生不息。"⑤

诸葛铠在《"忍冬纹"与"生命之树"》一文中认为:"我们对这种纹样的认识却比较模糊,一般多按日本的看法称其为'忍冬',并进而与忍冬花相联系,以为是一种藤生的花卉(金银花)纹样。……事实上,它应是一种树叶纹,象征生命之树,在佛教中象征'天界'或'净土',还可能与'厌火'的水生植物混为一体;隋唐的忍冬纹则演变为丰富多样的卷草纹。"⑥

雷圭元在《图案基础》《中外图案装饰风格》中认为:"忍冬纹(金银花)是希腊的特产,它作为装饰的主题,与掌状叶配合组成种种花饰。"⑦

欧阳琳在《敦煌图案简论》一文中认为:"忍冬纹样,是我国北朝时期,西北地区人民尤其是少数民族人民,特别喜爱的纹样。……忍冬即是金银花……它的生命

---

　①　(韩)李妌恩.北朝装饰纹样.北京:故宫出版社,2014年,第20页.

　②　吕变庭.营造法式——五彩遍装祥瑞意象研究.北京:中国社会科学出版社,2011年,第33页.

　③　田自秉,吴淑生,田青.中国纹样史.北京:高等教育出版社,2003年,第192页.

　④　本书旋涡即涡旋。

　⑤　吕变庭.营造法式——五彩遍装祥瑞意象研究.北京:中国社会科学出版社,2011年,第119页.

　⑥　诸葛铠."忍冬纹"与"生命之树".民族艺术,2007(2),第90～99页.

　⑦　雷圭元.图案基础.香港:中华书局香港分局,1974年,第257页;雷圭元,李骐.中外图案装饰风格.上海:上海人民美术出版社,1985年,第117页.

力很强,犹如松柏,凌冬不凋,……古人喜欢忍冬,是取其长寿延年的吉祥含义。"①

李妍恩(韩)认为:"这种植物纹样的名称不一致,也叫忍冬纹或唐草纹。忍冬即是金银花,是一种藤蔓缠绕植物,对节生叶,叶圆长;一蒂两花,一花一瓣(一大一小),花瓣略似喇叭形,有一根直茎,茎上端有大小不等的三四个花头。花朵初开色白,二日变黄,三四日深黄,新旧相参,黄白相映,故名金银花。它的生命力很强,犹如松柏,凌冬不凋,又名耐冬草。""古人喜欢忍冬,是取其长寿延年的吉祥含义。因此,古人普遍称为:'忍冬纹'。"②

三、万寿藤

吴山认为:"缠枝纹,古称万寿藤(南宋称'万寿藤',以后称'缠枝'),亦称唐草和藤蔓纹。"③田自秉等认为:"万寿藤是指卷曲缠绕穿插不断的一种缠枝纹,也称缠枝花、穿枝花。"④"以缠枝命名,成为缠枝牡丹、缠枝莲、缠枝菊、缠枝杂花等。……这些又统称为'万寿藤',取连绵不断,久长美好的吉祥意义。"⑤实际上,这里所表达的意思是万寿藤就是缠枝纹的总称,万寿藤的名称来源是其绵长不断的吉祥寓意。

四、唐草

城一夫(日)在《东西方纹样比较》中这样解释唐草:"日本称卷草纹样为唐草纹样,日本称为唐草的这种纹样,可以单指从唐朝传入日本的草,或者说是具有异国风情的草,总之,是尚未见过的好像不存在的异国草的总称。唐草,是日本名称,与此相当的外国名称有阿拉伯蔓草花纹。"⑥

楼广西在《中国传统建筑装饰》中认为:"到了唐代的卷草纹,则是应用了传统的技法,把忍冬草加以改造和汉化了。忍冬不但变丰满,而且脱离了原来的式样,有的竟和葡萄、石榴等其他装饰组合在一起了。"⑦在这里,楼广西认为"唐草"是由"忍冬"变化而来的。

---

①　欧阳琳.敦煌图案简论//敦煌文物研究所.全国敦煌学术讨论会文集.兰州:甘肃人民出版社,1987年,第43~44页.

②　(韩)李妍恩.北朝装饰纹样.北京:故宫出版社,2014年,第20页.

③　吴山.中国纹样全集(魏晋南北朝·隋唐·五代卷).济南:山东美术出版社,2010年,第6页.

④　田自秉,吴淑生,田青.中国纹样史.北京:高等教育出版社,2003年,第389页.

⑤　田自秉,吴淑生,田青.中国纹样史.北京:高等教育出版社,2003年,第389~390页.

⑥　(日)城一夫.东西方纹样比较.孙基亮,译.北京:中国纺织出版社,2002年,第33页.

⑦　楼广西.中国传统建筑装饰.北京:中国建筑工业出版社,1999年,第244页.

　　杉浦康平（日）在《造型的诞生——图像宇宙论》中说道："唐草的'唐'字指中国的唐朝，是对来自中国、有旋涡的植物花纹的命名。唐草这个名称大约出现在日本平安时代。"[①]

　　田自秉等认为："卷草纹……唐时进一步发展，成为唐代的特色纹样，日人称为'唐草'，以其盛行于唐代而取名。"[②]"到唐代，则演变为繁复的卷草，日人称为'唐草'，往往以牡丹为母题，更加华美……"[③]

　　李姃恩（韩）认为："唐草为日本花样之名，这种植物花纹唐朝极为兴盛，唐时传入日本，故名'唐草纹'"。[④]

　　日本唐草在唐代由我国传入日本，这是毋庸置疑的。

五、香草

　　田自秉说道："……其实，此种卷草格式，……到近代又称之为香草。"[⑤]"忍冬纹……到唐代，则演变为繁复的卷草，近代也称之为香草。"[⑥]

六、卷云纹

　　田自秉等认为："此种纹样流行甚久，汉代的铜镜边饰即已初见，又称卷云纹，实即卷草纹……"[⑦]"……其实，此种卷草格式，在我国汉代的铜镜外缘即有出现，时称卷云纹"，实即忍冬纹的前身。[⑧]"卷草纹……在汉代装饰纹样中已见其雏形，似由动物纹或云气纹[⑨]演变而来。"[⑩]田自秉认为卷草纹由卷云纹变化而来，同时也认为卷云纹是忍冬纹的前身，其在这里的意思即为卷云纹、卷草纹、忍冬纹都是一脉相承的。

七、穿枝花

　　黄能馥、陈娟娟在《中国丝绸科技艺术七千年》一书中几次提到"穿枝花"，同

　　① （日）杉浦康平.造型的诞生——图像宇宙论.杨晶,李建华,译.北京:中国人民大学出版社,2015年,第54页.

　　② 田自秉,吴淑生,田青.中国纹样史.北京:高等教育出版社,2003年,第230页.

　　③ 田自秉,吴淑生,田青.中国纹样史.北京:高等教育出版社,2003年,第193页.

　　④ （韩）李姃恩.北朝装饰纹样.北京:故宫出版社,2014年,第20页.

　　⑤ 同注③.

　　⑥ 田自秉.中国工艺美术史.上海:东方出版中心,2005,第172页.

　　⑦ 田自秉,吴淑生,田青.中国纹样史.北京:高等教育出版社,2003年,第389～390页.

　　⑧ 同注③。

　　⑨ 本书云气纹即云纹。

　　⑩ 田自秉,吴淑生,田青.中国纹样史.北京:高等教育出版社,2003年,第229～230页.

时也认为穿枝花就是"唐草"。"穿枝花的基本结构是波状线组织,也可以利用切圆或咬圆的圆周为穿枝花枝茎的格架线,其穿插围绕更显得有生气和力量。穿枝花是唐代最流行的装饰形式之一,被广泛地应用在很多工艺装饰的领域……因此,穿枝花这种形式就通称为'唐草'纹样。"①"穿枝花的基本骨骼是波状线组织,……盛唐时期的穿枝花,在波状线主藤上生枝发叶,开花结果。花有正反相背,瓣有前后舒合,也有阴阳转侧,花藤与枝叶合拍合节,生长自如,绵延不断。根据使用要求,或向二方绵延而成花边,或向四方绵延而成四方连续,能适应广泛的用途。"②

八、串枝花

赵丰、包铭新在《中国织绣鉴赏与收藏》一书中将缠枝纹分为"串枝花"和"缠枝花":"它在整幅图案中用一根枝藤将所有的花卉串在一起,故称串枝花。……而串枝花与缠枝花的不同之处其实只是串枝花稍微写实一些而已……"③

田自秉认为,串枝花强调用"一根藤"将所有的花卉串在一起。

九、缠枝花

田自秉等认为:"……其实,此种卷草格式,……到明代称之为缠枝花……"④"缠枝花:名称各异,但大体均呈波浪形枝蔓骨架,配以叶片、配以花朵的,又称缠枝花。"⑤田自秉等认为缠枝花是由卷草纹变化而来,缠枝花、卷草纹是同一类型纹样。

赵丰、包铭新认为:"缠枝花不但在一根枝藤上串上一串花,而且其花朵四周还有枝藤在盘绕……"⑥他们不仅看到了缠枝纹向上向下重复延伸的骨骼特征,更是注意到了缠枝花卉的花形和其某些枝藤在四周盘绕,这实际上是讨论了不同的骨骼构成形式,不同的骨骼、枝叶构成了缠枝纹的千变万化,千姿百态。

十、缠枝纹

目前,在《中国工艺美术大辞典》中第一次提出了"缠枝纹"这一概念,认为缠

①　黄能馥,陈娟娟.中国丝绸科技艺术七千年.北京:中国纺织出版社,2002年,第119页.

②　黄能馥,陈娟娟.中国丝绸科技艺术七千年.北京:中国纺织出版社,2002年,第121页.

③　赵丰,包铭新.中国织绣鉴赏与收藏.上海:上海书店出版社,1997年,第55页.

④　田自秉,吴淑生,田青.中国纹样史.北京:高等教育出版社,2003年,第193页.

⑤　田自秉,吴淑生,田青.中国纹样史.北京:高等教育出版社,2003年,第230页.

⑥　同注③。

枝纹具体包括"缠枝牡丹""缠枝莲""缠枝葡萄""人物鸟兽缠枝纹"。并认为:"缠枝纹以牡丹组成的称'缠枝牡丹';以莲花、葡萄组成的称'缠枝莲'和'缠枝葡萄';以人物和鸟兽组成的称'人物鸟兽缠枝纹'。"①

吴山在《中国纹样全集(魏晋南北朝·隋唐·五代卷)》中写道:"缠枝纹,古称'万寿藤'(南宋称'万寿藤',以后称'缠枝'),亦称唐草和藤蔓纹。以牡丹组成的称缠枝牡丹纹,以莲花和葡萄构成的称缠枝莲和缠枝葡萄。缠枝纹在两汉时期已渐萌芽,四川万县出土和河南洛阳周公庙汉墓出土的画像砖上的蔓草(花)纹,已具有缠枝的特点。"②他在《中国工艺美术大辞典》中认为真正意义上的缠枝纹约起源于汉代,盛行于后世。③ 他认为,两汉时期在四川万县和河南洛阳周公庙出土的画像砖上的蔓草纹是缠枝纹的雏形,已经具有缠枝纹的特点,认为"魏晋南北朝和隋唐的缠枝纹就是从这一源流基础上发展起来的,并且是东亚缠枝纹的根源,这从日本飞鸟时代、奈良时代和朝鲜古墓等出土的缠枝纹可得到证明。"④

胡平、张道一认为:"缠枝纹,或称'穿枝纹''串枝纹',也有叫'卷草纹''蔓藤纹'的,日本则习惯称之为'唐草纹'。"⑤胡平认为:"埃及、希腊、罗马是以缠枝棕榈、缠枝忍冬、缠枝莨苕为其典型样式;波斯、印度则以缠枝葡萄、缠枝郁金香、缠枝忍冬和莲花为其典型样式。……中国装饰纹样最初接触外来缠枝植物纹,是随佛教传入中国才始其端倪的。自然便以出现频繁的缠枝忍冬纹为其模仿的典范。从这一意义上讲,缠枝忍冬纹是中国缠枝纹的早期形态。"⑥

笔者在《谈青花瓷缠枝纹的骨骼构成艺术形式》一文中,认为"青花瓷缠枝纹是以藤蔓、缠枝为基础,在一条连绵不断的'S'形波状曲线上,饰以各种枝叶、花卉或者其他装饰的纹样。"⑦

黄能馥和陈娟娟的《中国历代装饰纹样大典》辨别了穿枝花和缠枝花的区别,认为它们之间主要是纹样主茎的波状曲线和主茎咬圆(切圆)组织的区别。⑧ 实际上,无论是波状曲线还是主茎咬圆(切圆)曲线实际上都有主要的波状曲线,即都有

---

① 丁涛,吴山,陆晔,等.中国工艺美术大辞典.南京:江苏美术出版社,1989年,第1103页.

② 吴山.中国纹样全集(魏晋南北朝·隋唐·五代卷).济南:山东美术出版社,2010年,第6页.

③ 同注①.

④ 同注②.

⑤ 胡平,张道一.工艺文化的交流—— 缠枝纹典型例[提要].南京艺术学院学报:美术与设计版,1987(12),第22页.

⑥ 同注⑤.

⑦ 万剑.谈青花瓷缠枝纹的骨骼构成艺术形式.陶瓷学报,2013(3),第366～372页.

⑧ 黄能馥,陈娟娟.中国历代装饰纹样大典.北京:中国旅游出版社,1995年,第112页.

蜿蜒曲线的主茎结构。曲线幅度的大小不是决定是否是缠枝纹的根本因素。

在赵丰、包铭新的《中国织绣鉴赏与收藏》一书中所描述的串枝花和缠枝花的区别主要在于主茎和副茎的数量以及花卉数量、写实程度,实际上两者也皆有主要的波状曲线。

在上述内容中,我们可以看出,在不同的历史阶段,由于缠枝纹装饰内容的变化,其名称也有所变化,在田自秉先生的论述中,这一点尤为明显。我们可以这样理解,这些植物纹样是随着时代的发展而传承、变化、发展的,它们之间是一脉相承的关系,尽管缠枝纹在各个时代的名称不同,但其内容实则是一脉相承的。

根据上述专家学者的看法及见解来分析缠枝纹的命名,始终有"缠""绕""串"的含义。"缠枝纹"这个名称可以涵盖所有同类纹样的共性,用"缠枝纹"这一统一名称代表不同时代的不同名称(称呼、说法)是有文献支撑和实物验证的。本书所称"缠枝纹",涵盖了上述所有直接相关联的纹样。

第二节　中国缠枝纹的起源

关于缠枝纹的起源问题,虽然在此之前,并未找到专门针对中国缠枝纹的相关著作,但是从一些纹样研究方面的书籍中仍然可以找到一些相关的信息。前人的研究成果给本人提供了一些思考,这些思考可以作为有益的研究参考。对于中国缠枝纹的起源问题,学术界众说纷纭,看法不一。在此之前,主流说法有三种:第一种是"本土说",即以田自秉先生为代表的"本土说",认为缠枝纹是由中国的"云气纹""动物纹"变化而来。第二种是"西方说",以阿洛伊斯·里格尔、贡布里希、W.G.古德伊尔为主要代表,他们认为缠枝纹起源于古埃及。第三种说法是"中西融和说",以诸葛铠、雷圭元等为代表,认为在魏晋南北朝时期,佛教传播影响中国装饰艺术,外来纹样影响我国的本土纹样,缠枝忍冬纹由此而诞生,这也是最早的缠枝纹具体表现形态。

一、本土说

持"本土说"观点的人认为缠枝纹是在中国的传统纹样基础上发展演变而来的,主要的代表人物有田自秉、吴山、樊文江等,他们认为从战国两汉的云气纹、南北朝的忍冬纹一直到隋唐的卷草纹,形成了中国缠枝纹的发展脉络。

(一)汉代卷云纹

在谈到起源的问题时,田自秉先生的观点非常明确,认为缠枝纹最早在中国出现的形态应该是汉代的"卷云纹"①,在汉代的铜镜边饰上已经出现。② 这些云气纹或动物纹逐渐演变为卷草纹③,到了魏晋南北朝称为忍冬纹,唐代称唐草纹,近代称香草纹。④ 实际上,在这里认为卷云纹是缠枝纹起源纹样。

(二)汉代蔓草纹

丁涛、吴山、陆晔等在《中国工艺美术大辞典》中认为缠枝纹约起源于汉代,盛行于南北朝、隋唐、宋元和明清,⑤吴山在《中国纹样全集(魏晋南北朝·隋唐·五代)》中认为,两汉时期在四川万县和河南洛阳周公庙出土的画像砖上的蔓草纹是缠枝纹的雏形,已经具有缠枝纹的特点,认为魏晋南北朝和隋唐的缠枝纹就是从蔓草纹这一形态逐渐发展起来的,并且认为蔓草纹是东亚缠枝纹的根源,这从日本飞鸟时代、奈良时代和朝鲜古墓等出土的缠枝纹可得到证明。⑥ 从吴山的观点来看,他认为中国缠枝纹产生在中国汉代并且随着时代的发展,缠枝纹的形态进一步得到了发展,在各个时期有自己的特点:历年的考古资料表明,缠枝纹的发展,两汉为萌芽时期,朴实古拙;南北朝为发展阶段,清新泼辣;隋唐尤其是唐为盛期,充满着绚丽、旺盛、多彩的风格。⑦

(三)魏晋南北朝忍冬纹

到了魏晋南北朝时期,缠枝纹的形态为"忍冬纹"。

田自秉认为魏晋南北朝时期的忍冬纹已经具有明确的枝蔓和叶片,在当时工艺美术装饰中已经比较丰富,⑧尤其在石刻、铜器、染织表现较多。⑨

欧阳琳认为忍冬纹是我国北朝时期,西北地区人民尤其是少数民族人民,特别喜爱的纹样之一。认为忍冬纹就是金银花的纹样描绘,由于金银花的生命力很强,凌冬不凋,所以古人喜欢忍冬,在各种装饰中含有长寿延年的吉祥寓意。⑩

---

① 田自秉,吴淑生,田青.中国纹样史.北京:高等教育出版社,2003年,第193页.
② 田自秉,吴淑生,田青.中国纹样史.北京:高等教育出版社,2003年,第389页.
③ 田自秉,吴淑生,田青.中国纹样史.北京:高等教育出版社,2003年,第229~230页.
④ 同注②。
⑤ 丁涛,吴山,陆晔,等.中国工艺美术大辞典.南京:江苏美术出版社,1989年,第1103页.
⑥ 吴山.中国纹样全集(魏晋南北朝·隋唐·五代卷).济南:山东美术出版社,2010年,第6页.
⑦ 吴山.中国纹样全集(魏晋南北朝·隋唐·五代卷).济南:山东美术出版社,2010年,第7页.
⑧ 田自秉,吴淑生,田青.中国纹样史.北京:高等教育出版社,2003年,第229页.
⑨ 同注③。
⑩ 欧阳琳.敦煌图案简论//敦煌文物研究所.全国敦煌学术讨论会文集.兰州:甘肃人民出版社,1987年,第43~44页.

虽然在这里并未提到缠枝纹的名称,但是从历史遗存上的纹样形态来看,中国缠枝纹以忍冬纹的形态广泛出现,逐步席卷中国大地。

扬之水在《"曾有西风半点看"——对波纹源流考》一文中写道:"林徽因《敦煌边饰初步研究》一文曾述其源流,她说:忍冬纹原初是巴比伦-亚述系统的一种'一束草叶'的图案,即七个叶瓣束紧了,上端散开,底下托着的梗子有两个卷头底下分左右两股横着牵去,连上左右两旁同样的图案,做成一种横的边饰,此便是后来古希腊爱奥尼亚式柱头的发源。在希腊系中这两个卷头底下又产生出一种很写实的草叶,带着锯齿边的一类,寻常译为忍冬草,这种草叶,愈来愈大包在卷头的梗上,梗逐渐细小变成圈状的缠绕的藤梗。这种锯齿忍冬叶和圈状梗成了雕刻上主要的图案,普遍盛行于希腊。"扬之水认为:"所谓'忍冬纹',它在中土的装饰艺术中,最初只是外来的'一种图案中产生的幻想叶子',而并非某种特定植物的写实,与中国原产的忍冬亦即金银花更是毫无关系。因此我们如果对它作客观陈述,毋宁舍'忍冬'这一似是而非的名称而仍概称为蔓草或卷草。"扬之水论述:"……不同来源的'忍冬纹'又曾流行于印度及中亚,并在那里融汇、发展和演变,然后东传。"①

(四)唐代卷草纹——唐草

到了唐代,缠枝纹的形态为"卷草纹",一般按照国际的说法称之为"唐草"。田自秉认为唐代是中国卷草纹最为流行的时代。② "唐草"这个名称来源于日本。从日本学者城一夫的《东西方纹样比较》中,我们可以知道日本的"唐草"称呼来源于中国古代唐朝。③

日本学者杉浦康平也在《造型的诞生——图像宇宙论》中专门谈论过唐草,他主要认为唐草的依据是来自中国涡纹中的花纹。④ 他认为,"唐草"这个词语应该是日本人在平安时代创造的,流行于日本。后来这个名字流传到中国,逐渐就将缠枝纹称呼为"唐草"。

田自秉先生在《中国纹样史》中亦多处提到"唐草"是唐代的特色纹样,认为多数唐草是以牡丹为母题。⑤

----

① 扬之水."曾有西风半点看"——对波纹源流考.敦煌研究,2010(4),第1~8页.
② 田自秉,吴淑生,田青.中国纹样史.北京:高等教育出版社,2003年,第389页.
③ (日)城一夫.东西方纹样比较.孙基亮,译.北京:中国纺织出版社,2002年,第33页.
④ (日)杉浦康平.造型的诞生——图像宇宙论.杨晶,李建华,译.北京:中国人民大学出版社,2013年,第54页.
⑤ 田自秉,吴淑生,田青.中国纹样史.北京:高等教育出版社,2003年,第229页.

樊文江先生主编的《美术辞林·工艺美术卷》中对唐草纹样有这样的解释："唐草纹样是一种由蔓草变化所组成的纹样。中国古代铜镜、漆器、石刻等纹饰往往采用唐草纹样。而后来在织锦、建筑、陶瓷中被普遍地应用,它是一种装饰性很强,变化丰富的纹样,古希腊、罗马也有类似的蔓草装饰。"①他认为,古希腊、古罗马装饰中有类似的结构或者形态一致的植物装饰纹样。

（五）宋代缠枝纹

宋代,缠枝纹的表现形式丰富多样。田自秉认为宋代缠枝纹大量应用在建筑装饰上,具体包括海石榴华、宝牙华、太平华、宝相华、牡丹华、莲荷华等。②吕变庭先生认为宋代忍冬纹寓意着生命的生生不息。③在宋代忍冬纹并未消失,而是以更加流畅、生动的线条,强有力的节奏感出现在不同的工艺载体上。

（六）明代缠枝花

明代称缠枝纹为缠枝花。田自秉、吕变庭先生认为缠枝纹到了明代称之为缠枝花。田自秉先生将明代传承唐代的缠枝纹样称呼为卷草纹,认为此时的花形具有程式化特征,且发展到后期花冠变大,叶片变小。④

（七）清代万寿藤

清代称缠枝纹为"万寿藤"。田自秉认为"这些又统称为'万寿藤',取连绵不断,久长美好的吉祥意义"。⑤这里的"这些"指明代的"卷草纹"——缠枝牡丹、缠枝莲、缠枝菊、缠枝杂花等。⑥万寿藤的名称和清代的繁缛复杂但又精致绝妙的装饰风格是分不开的,并与当时的工艺品例如瓷器、珐琅的先进制造技艺有很大的关系。

（八）近代香草

近代,田自秉称缠枝纹为"香草"。⑦

---

①　樊文江.美术辞林·工艺美术卷.西安:陕西人民美术出版社,1989年,第41页.
②　田自秉,吴淑生,田青.中国纹样史.北京:高等教育出版社,2003年,第389页.
③　吕变庭.营造法式——五彩遍装祥瑞意象研究.北京:中国社会科学出版社,2011年,第119页.
④　田自秉,吴淑生,田青.中国纹样史.北京:高等教育出版社,2003年,第390页.
⑤　同注④。
⑥　同注④。
⑦　田自秉,吴淑生,田青.中国纹样史.北京:高等教育出版社,2003年,第193页.

综上所述,中国缠枝纹在不同的时期,因有不同的表现形式而有不同的称呼,而这些名称及其所代表的形态是具有传承性的,是在中国不同历史文化的熏陶下发展、演变而成的。从这种角度上来说,缠枝纹是生于斯,长于斯,传承了中国的传统装饰文化,这是非常值得肯定的。

二、西方说

持"西方说"的人认为世界上的"卷草纹"起源于古埃及。古埃及早期花卉植物纹样的表现形式和艺术风格影响了其他地区的植物装饰艺术,尤其是缠绕纹样。持此种观点的主要代表人物:W. G. 古德伊尔、阿洛伊斯·里格尔、贡布里希、杉浦康平等。西方学者大都认同卷草纹样研究创始人——阿洛伊斯·里格尔的观点,认为卷草纹起源于古埃及、地中海地区。日本学者杉浦康平明确赞同此类观点:"在这些莲花纹和椰枣纹中融入其他植物花纹,孕育出深受人们喜爱的装饰花纹。它作为象征充满丰穰力量的装饰的主要表达方式,从地中海世界向东西广泛传播"。① 中国学者张道一、胡平、吕变庭等基本认同在中国南北朝时期佛教装饰艺术的传入带来了西方忍冬纹装饰艺术风格。林徽因、薄小莹、朱利峰等人均认为忍冬纹是由国外传入中国的。

按照阿洛伊斯·里格尔在其著作《风格问题——装饰历史的基础》中的解释,卷草纹最初起源于遥远的古埃及。在古埃及,工匠们以莲花和纸莎草为原型并将其作蔓草状的连续用以装饰墙壁,继而在克里特发展为连续的波浪形纹样。在美索不达米亚平原以棕榈叶,在希腊以莨苕叶为主要题材,分别产生并融合而形成了卷草纹样的原型。

W. G. 古德伊尔提出了植物纹样起源的"埃及论",尤其对莲花纹有诸多论述。阿洛伊斯·里格尔在植物纹样起源的问题上,支持"埃及论"的观点,但是关于植物装饰的来源,又有不同的看法。W. G. 古德伊尔认为古代植物的装饰来源于太阳崇拜,当然,他的这一观点也意味着所有的植物纹样的起源都和太阳崇拜相关。阿洛伊斯·里格尔描述了 W. G. 古德伊尔的这一观点:"W. G. 古德伊尔在《莲花的文理》(*The Grammar of Lotus*)一书中首先提出,所有古代的植物装饰,还有大量的其他装饰,都是古代埃及莲花 Lotus 装饰的延续。在他看来,

---

① (日)杉浦康平. 造型的诞生——图像宇宙论. 杨晶,李建华,译. 北京:中国人民大学出版社,2013年,第54~55页.

使这种装饰四处传播的驱动力是太阳崇拜(the sun cult)"。① 紧接着,里格尔极力地反对这一观点,反对 W. G. 古德伊尔的"太阳崇拜"论,原因在于 W. G. 古德伊尔无法全面地说明植物装饰的起源。阿洛伊斯·里格尔认为:"就发展的动因而言,太阳崇拜对装饰有压倒性影响这一观点无疑是错误的。甚至不能确定的是,太阳崇拜的象征手法在古埃及装饰中是否起了主要作用,更不用说在埃及之外,既没有证据,又没有可能说它起过作用。"②

　　阿伊洛斯·里格尔在《风格问题——装饰历史的基础》中不仅论证了"埃及论",还在著作中对植物纹样进行了细节分析,尤其还专门阐述了波状和曲线骨骼的问题。"植物图案中最后一个非常重要的部分是木字旁一个更,因为正是它实际上把花、蕾、叶连在一起"。"在古埃及的艺术中,更很少被自然地表现,大多数是以线性的几何形状出现的。因而,从一开始,它就有了波状的和曲线的不同形状,从而为所有曲线的、纯几何的形状提供了基础。"③

　　杉浦康平(日)在《造型的诞生——图像宇宙论》中多处谈到"蔓草纹起源于遥远的古埃及",同时也认为莲花纹是古埃及蔓草纹的起源。他认为"在古埃及,莲花被作为圣洁之花受到尊重。它的花纹展现出各种形状。将莲花的地下根茎与从侧面看到的花形组合起来,创造出连贯的花纹。据信这个花纹即蔓草纹的起源。""莲花纹则从古埃及或地中海文化圈传播到西亚,并在这里不断增殖。它变成了类似现代伊斯兰教寺院墙壁上茂盛的、阿拉伯式蔓草花纹。"④其增殖的内容为"以椰枣为原型的花纹"。这种花纹在古希腊得到提炼,产生了"小棕榈"花纹。而后传入罗马、西亚、印度、中国,最后产生了各式"蔓草纹"。"前述小棕榈花纹通过古希腊传入罗马,再经同样的途径传到西亚、印度和中国。例如从装饰阿旃陀(Ajanta,印度的小村庄)佛教寺院壁画的精美蔓草涡旋和点缀敦煌(中国)石窟藻井图案的各种蔓草花纹创意中,就能够清楚地看到蔓草花纹传播的大概脉络。"⑤

　　李娅恩(韩)认为:"'卷草'纹样源于波斯、希腊,后来流行于欧亚各国,其各

　　① (奥)阿洛伊斯·里格尔.风格问题——装饰历史的基础.邵宏,译.杭州:中国美术学院出版社,第5页.
　　② (奥)阿洛伊斯·里格尔.风格问题——装饰历史的基础.邵宏,译.杭州:中国美术学院出版社,第6页.
　　③ (奥)阿洛伊斯·里格尔.风格问题——装饰历史的基础.邵宏,译.杭州:中国美术学院出版社,第29页.
　　④ (日)杉浦康平.造型的诞生——图像宇宙论.杨晶,李建华,译.北京:中国人民大学出版社,2013年,第54页.
　　⑤ 同注④。

种变形,成为世界装饰纹样中使用最普遍的一种纹饰。"①"卷草纹和莲花纹是从希腊、罗马、印度、西亚传入中国的。"②"例如,葡萄藤或棕叶纹就被证明是起源于与东亚或与佛教无关的近东和西方古代文明圈。"③李娅恩明确表示中国的卷草纹和莲花纹是由国外传入的。

雷圭元先生曾多次说:忍冬花(金银花)是希腊的特产,它作为装饰的主题,与掌状叶配合组成种种花饰。④ 这里雷圭元先生单纯是指忍冬纹。

胡平认为中国缠枝纹是随着佛教传入中国才开始发展的,认为中国缠枝纹的发展缘由是受外来纹样的影响,其起源的模仿典范为忍冬缠枝纹。他认为"缠枝忍冬纹是中国缠枝纹的早期形态"。"埃及、希腊、罗马是以缠枝纹棕榈、缠枝忍冬、缠枝莨苕为其典型样式;波斯、印度则以缠枝葡萄、缠枝郁金香、缠枝忍冬和莲花为典型样式"。"中国在晋代以前,植物系纹样并不很发达,以缠枝结构为骨式的植物纹就更少。没有像后世缠枝纹那样形成一个庞大的纹样体系。"在这里,胡平非常明确认为中国植物装饰纹样或者说是植物缠枝纹的发展转折点是在魏晋南北朝。"中国装饰纹样最初接触外来缠枝植物纹,是随佛教传入中国才始其端倪的。自然便以频繁出现的缠枝忍冬纹为其模仿的典范。从这一意义上讲,缠枝忍冬纹是中国缠枝纹的早期形态"。⑤ 在这里胡平讨论的是佛教在缠枝纹发展过程中的重要作用,而从佛教文化传入的角度上来看,认为忍冬纹是最早的缠枝纹。"中国缠枝纹在模仿的基础上,善于引入中国纹样的传统基质,而再造出一种新质的混合型纹样。"⑥胡平所说,缠枝忍冬纹是随着佛教艺术传入中国,中国本土缠枝纹以此为典范或摹本进行模仿,实际上是变相地承认,中国缠枝纹起源重要的原因是西方传入的忍冬纹。

吕变庭在《营造法式——五彩遍装祥瑞意象研究》一书中支持"忍冬纹源自古埃及"的观点。"学界一般认为,忍冬纹源自古埃及,后经地中海世界向东西方广泛传播,再传至西亚,印度,继而再由印度传入中国。"⑦这里非常明确地认为,忍冬纹来自古埃及,这意味着缠枝忍冬纹起源于西方。

---

① (韩)李娅恩.北朝装饰纹样.北京:故宫出版社,2014 年,第 20 页.

② (韩)李娅恩.北朝装饰纹样.北京:故宫出版社,2014 年,第 189 页.

③ 同注②.

④ 雷圭元,李骐.中外图案装饰风格.上海:上海人民美术出版社,1985,第 117 页.

⑤ 胡平,张道一.工艺文化的交流——缠枝纹典型例.南京艺术学院学报:美术与设计版,1987(12),第 22 页.

⑥ 胡平,张道一.工艺文化的交流——缠枝纹典型例[提要].南京艺术学院学报:美术与设计版,1987(12),第 20～23 页.

⑦ 吕变庭.营造法式——五彩遍装祥瑞意象研究.北京:中国社会科学出版社,2011 年,第 119 页.

朱利峰在《卷草纹源流考》中提到："他（里格尔）总结出西方卷草纹源于古埃及的莲花和纸莎草纹样，经过美索不达米亚的棕榈卷须饰、希腊的莨苕叶饰旋涡纹样、阿拉伯藤蔓花纹的发展演变，呈现了西方卷草纹的发展规律"。①

通过上述的资料，我们可以得知，在西方学界基本上认可缠枝纹是先产生在埃及的，然后通过一定的途径传播到了西亚，再传入中国。中国学者基本按照里格尔的理论来分析和判断诸如此类的纹样，认为在东汉末年佛教传入我国开始，到了魏晋南北朝时期，此类纹样随着佛教大幅度地传播到中国，从此以后渗入扩展到了各个角落，并一直在中国不断发展和演变。

三、中西融合说

通过对"本土说""西方说"的分析，缠枝纹的发展脉络的中西方因素已经比较明确了。目前学界还有一种说法就是"中西融合说"，或称之为"中西揉粹说""结合说"，以诸葛铠、雷圭元等为代表，认为在魏晋南北朝时期，佛教传播影响中国装饰艺术，外来纹样影响我国的本土纹样，缠枝忍冬纹由此而诞生。

诸葛铠先生并未直接提到"融合"或"结合"，但其在一些文章中表述的含义具有此意。他在《佛教艺术对中国花卉装饰的影响》中写道："极为看重花卉装饰的印度佛教，既吸收希腊和中亚的植物花卉装饰题材和形式，并输送到中国，影响了中国佛教艺术的装饰，引导了中国以动物为主体的神兽装饰转向华丽多姿的植物花卉装饰。"②"影响"这个词在这里非常关键，由此而明确承认希腊、中亚的装饰对植物装饰的作用。"引导"一词在这里主要表达的是一种装饰的观念引导，指中国的装饰纹样以动物为主，逐渐向植物装饰纹样转变。

诸葛铠先生表述忍冬纹时写道："与莲花纹同时在南北朝广为流传的花卉纹样还有源于希腊的'忍冬纹'。""这种纹样历经'犍陀罗艺术'时期与佛教艺术的融合，到达中国时，原型当然不可能那么容易辨认，这或许就是产生误解的原因。这种纹样在佛教中似乎并无特殊的象征意义，但中国人视其为与佛教同时东来的圣洁之物而倍加关爱，因此得到极为广泛的传播，并进而吸收希腊、罗马的莨苕叶饰而发展为与各种花卉相结合的卷草纹。"③

从历史资料来看，无论是倾向哪一种说法，本土说、西方说，还是中西融合说，国内外专家学者说得都有一定的道理，关键问题是从哪个角度看缠枝纹。关

---

① 朱利峰.卷草纹源流考.设计艺术（山东工艺美术学院学报），2010(4)，第65～67页.
② 诸葛铠.佛教艺术对中国花卉装饰的影响.艺术研究，2004(6)，第51～58页.
③ 同注②。

于缠枝纹的起源有不同的说法,专家学者所采取的角度或者主体内容不同,有的专家以植物花卉、枝叶为研究依据,有的以主茎、副茎的缠绕方式为研究依据,有的以寓意、含义为依据,有的以缠枝纹影响因素为依据……实际上,赞成缠枝纹起源于中国本土的专家学者,并未忽视西方装饰文化对缠枝纹的影响。西方起源说的专家主要考虑了早期埃及植物纹样的起源问题。确实,中国植物纹样装饰的大量出现阶段是魏晋南北朝时期,佛教的传入对中国文化的诸多方面产生了影响,植物忍冬纹、莲花纹的装饰是完整的例证。关于中西融合说,大部分专家并不认为中国缠枝纹在中西合璧之后变成了一个新的装饰纹样,基本上只是确认中国本土缠枝纹在发展的基础上,受到了外来文化、外来装饰的影响,只是这个影响是根源性的。

因此,中国缠枝纹在发展的道路上受到国外装饰文化尤其是花卉植物装饰的影响,这一点是毋庸置疑的。但是我们现在探讨的是缠枝纹的产生、起源的问题。本人认为,缠枝纹的根在中国,在这一点上,本书观点与田自秉先生、吴山先生保持高度一致。田自秉先生认为,汉代的类似卷云纹或者动物纹后来慢慢演变成了卷草纹。[①] 吴山先生认为,古代汉朝时期的蔓草纹为缠枝纹的萌芽。[②] 缠枝纹只是在发展历程中受到世界上不同的植物装饰风格的影响,而西方装饰风格的涌入对我国诸多文化艺术领域都有一定的影响,而实际上,此类的影响绝不仅仅局限于植物。中国缠枝纹受到世界诸多文化影响,甚至自身也影响世界其他国家和地区的装饰艺术发展,这是世界文化交流的结果。

从中国缠枝纹的发展历程中我们可以看出,缠枝纹萌芽在华夏大地,发展在中国的土地上,虽然在不同历史时期受到外来风格的影响和糅合,受到重视花卉装饰的印度佛教、犍陀罗艺术、希腊和中亚的植物花卉装饰题材和形式的影响,但是究其本质,整个缠枝纹装饰艺术的根源在中国。原始社会时期,早期人类已经学会了绘制曲线并进行完美的装饰,有动物,有植物,有自然现象的装饰。在夏商周时期,青铜器装饰上更是完美地运用曲线,而莲花造型在周代晚期已经被采用。春秋战国,瓦当、铜镜上夹杂着曲线装饰的花卉植物装饰纹样也不少见。秦汉时期,道仙文化发展,云气纹依然成为那个时候羽化成仙的代表纹样,而植物纹样与动物纹样完美地结合在丝绸织物上。尤其是汉代末期的蔓草龙纹,其实已经是中国缠枝纹的雏形了。龙纹、凤纹、云纹与植物纹样的组合形成了中国最早期的缠枝纹雏形。魏晋南北朝时期,海量的忍冬纹装饰铺天盖地,席卷而

①　田自秉,吴淑生,田青.中国纹样史.北京:高等教育出版社,2003 年,第 389 页.
②　吴山.中国纹样全集(魏晋南北朝·隋唐·五代卷).济南:山东美术出版社,2010 年,第 6 页.

来,若没有中国文化的包容兼蓄,绝不仅仅是佛教文化传入中国,带来一些外来文化的影响就可以做到的。在唐朝,中国以一个大国的风范接纳海内外的各种文化,并且通过丝绸之路向世界各地输出这种带有深深中国烙印的世界文化,唐草已然成为那个时期的文化代表。宋代,缠枝纹以一种含蓄、低调的方式在各种器物上生根发芽。元代,蒙古统治者不仅接受了缠枝纹,更是将缠枝纹融合西亚装饰母题,波斯文化极大地影响了此时的装饰,并将此作为繁复满密的民族象征。明清时期,缠枝纹已经成为普遍的装饰题材,代表着连绵不断的吉祥文化。这一切,都说明了缠枝纹的茎、枝、叶、花,是中国源远流长的文化代表,代表着中国装饰纹样艺术的最高峰。

在中国缠枝纹的起源问题上,我们必须坚定地认为,中国原始艺术自带着这样的装饰基因。至于中国人为何能够接受外来缠枝纹样形式的融合,最主要的原因是"形式心理同构",格式塔心理学理论对此有所论述,这是缠枝纹能够根植于中国大地上并持续不断发展的根本原因。西方大量的"类缠枝纹"传入中国,正好碰到汉末晋初中国植物装饰体系发展不健全时期,佛教文化在其中起到了很大的催化作用。在中国大地上持续发展的缠枝纹有着强大的吸收和改造外来文化的功能,并非被动接受外来纹样,而是积极地改造和吸收,形成了具有中国特色的缠枝纹。

第三节　　中国缠枝纹装饰艺术起源的理论界说

中国缠枝纹属于中国装饰艺术,既然是艺术的范畴,必须首先了解艺术的起源。关于艺术,《辞海》解释为:"通过塑造形象具体地反映社会生活,表现作者思想感情的一种社会意识形态。艺术起源于人类的社会劳动实践,是一定社会生活在人们头脑中的反映的产物。"陈之佛:"一切的艺术,均以装饰的意识为基础"。[①] 庞薰琹解释装饰为:"装者,藏也,饰也,物既成加以文采也。"[②]这指的是对器物表面添加纹饰、色彩以达到美化的目的。蔡元培认为"装饰者,最普通之美。"[③]关于纹样,《辞海》解释为:纹样是"器物上装饰花纹的总称"。田自秉认为:"纹样是装饰花纹的总称,又称花纹、花样,也有泛称纹饰或图案的。从其艺术的本质上来说,它必须附存于工艺品或工业品的本体上,从这个意义上看,它

---

①　李有光,陈修范.陈之佛文集.南京:江苏美术出版社,1996 年,第 182 页.

②　庞薰琹.庞薰琹工艺美术文集.北京:轻工业出版社,1986 年,第 116 页.

③　蔡元培.蔡元培美学文选.北京:北京大学出版社,1983 年,第 60~61 页.

不具有独立的价值。纹样具有装饰的属性，一般应与装饰联系起来探讨。……纹样的本质，可以概括为功能基础、符号意义和审美价值三个方面。"①"装饰是人类的本能，不论何人，皆有这装饰欲念，即在数万年前的原始人类，与禽兽争存，与风雨为敌，在那种生活困难的情形下，他们尚且在装饰洞壁，装饰器物，在这点上更加可证明人类的生活是不离装饰的。……一切的美术，均以装饰的意识为基础的。"②

　　艺术的起源问题一直被称为"斯芬克斯之谜"。目前，关于艺术起源的主要说法有以下几种：第一，模仿说，是最古老的说法，主要代表人物是古希腊哲学家德谟克利特和亚里士多德。第二，游戏说，代表人物是 18 世纪的德国哲学家席勒和 19 世纪英国哲学家斯宾塞，称为"席勒-斯宾塞理论"。第三，巫术说，代表人物为 19 世纪末 20 世纪初英国爱德华·泰勒和弗雷泽。第四，表现说，出现在 19 世纪末 20 世纪初，代表人物为意大利克罗齐、俄国的列夫·托尔斯泰、美国的苏珊·朗格。第五，劳动说，主要代表之一为 20 世纪初俄国普列汉诺夫。马克思主义理论认为艺术起源和人起源相关，艺术起源于人类以劳动为主体的社会实践活动，肯定了艺术起源于劳动，对艺术起源做出了历史唯物主义和辩证唯物主义的解释。

　　中国缠枝纹是人造的艺术。倪建林认为："原始装饰艺术是原始人类的创造，无论它是直接或间接地来自客观自然世界，都无法改变其人造的事实。"③通过专家学者对艺术的起源的论述，我们不难得出缠枝纹的产生有人本身的因素。当然，这个角度主要是考虑了装饰艺术的主体。人为什么要创造缠枝纹呢？人类对于自然的模仿，是缠枝纹产生的手段。人类通过刻、划、画等技术手法娱乐自己，通过体验缠枝纹装饰游戏，获得这种愉悦的情感。巫术是缠枝纹产生的桥梁，"万物有灵论"无疑是缠枝纹产生的最好解释。人类对于情感的追求是永恒的话题，这与游戏论在某一程度上是相一致的。无论是模仿、游戏、巫术、表现，这些因素都脱离不开劳动，因为劳动是生活之需要，人类生存之根本。劳动产生了艺术的需要，也培育了人类的审美意识，有意识的劳动让人类的审美意识觉醒，追求美，才产生了纹样的装饰，才有了缠枝纹这种动感纹样纵横历史，横贯东西。

---

　　① 　田自秉,吴淑生,田青.中国纹样史.北京:高等教育出版社,2003 年,第 2 页.

　　② 　李有光,陈修范.陈之佛文集.南京:江苏美术出版社,1996 年,第 182 页.

　　③ 　倪建林.装饰之源.重庆:重庆大学出版社,2007 年,第 165 页.

一、模仿说

人类,具有模仿的本能。亚里士多德认为:"艺术模仿的对象是实实在在的现实世界,艺术不仅反映事物的外观形态,而且反映事物的内在规律和本质,艺术创造靠模仿能力,而模仿能力是人从孩提时就有的天性和本能。"人类的模仿表现在语言、行为等各方面。人类在懵懂的时候,日出而作,日落而息,每日和大自然亲密接触。随着对自然的逐步了解,对动物、植物等身边熟悉的事物进行模仿绘制成为一种可能并且得到了实现。这一点我们可以在古代岩画中得到论证。岩画,是指在岩穴、石崖壁面和独立岩石上的彩画、线刻、浮雕的总称。岩画表明了人类早期装饰艺术已经诞生了。原始社会阶段,人类已经开始模仿动物、植物、自然现象,西班牙阿尔塔米拉洞窟的野牛图、中国新疆将军崖的岩画就是最好的证明。早期的动物纹样对于原始人有特殊的意义,而大量动物纹样产生的几何曲线纹样亦相当丰富。早期曲线纹样已经产生,且有重复的技法表现,具有一定的规律,这与当代的形式美规律法则是一致的,为后来的缠枝纹的骨骼发展奠定了基础。

二、游戏说

游戏说,是 18 世纪德国哲学家席勒和 19 世纪英国哲学家斯宾塞提出来的。游戏说认为,艺术起源于人类的游戏冲动,人类的过剩精力通过艺术得以发泄,呈现一种无目的、无功利的游戏特征,后人将这一理论称为席勒-斯宾塞理论。这一理论在 19 世纪末 20 世纪初曾被许多人信奉。原始先民,在空闲时节装扮自己,载歌载舞,进行游戏活动。绘画活动无疑也是游戏活动的一种,只是这是相对较为安静的活动。游戏说强调了游戏冲动、审美自由与人性完善之间的重要联系,这对于我们理解缠枝纹装饰是如何产生的有着重要的意义。我们是否可以理解为,在一些陶器上的装饰本身就是一种绘画的游戏、绘画的冲动。装饰纹样本是一种"附属"艺术,在这里绝没有贬低装饰纹样的意思,仅仅是从功能性的角度来看待这个问题。人们在最早期阶段制作工艺品,绝大部分是为了生存,为了能够储存、加工食物,或许是无意中形成的划痕,或许是用剩余的泥土有意为之,为器物添加了装饰纹样,这就是一种有趣的游戏。这种装饰的艺术游戏是属于超功利的,不能满足人们实际的物质需要,也就是无法改变物体本身的功能,但是这些装饰的艺术游戏——纹样能让人产生并体验这种愉悦的情感。

三、巫术说

"巫术说"是 19 世纪初西方最有影响力的艺术起源理论,认为艺术起源于原始人的巫术活动。艺术起源的巫术说是随着 19 世纪初西方哲学兴起的人类考古学而发展的。最初由英国人类学家爱德华·泰勒提出,英国史前文化学家弗雷泽、法国艺术理论家雷纳克均是持这一观点的代表。巫术说的典型思想有三点:万物有灵论,巫术是人与物沟通灵魂的方式,巫术仪式本身就是艺术活动。原始人认为日月星辰、山川草木、鸟兽虫鱼等世间万物同人一样,都有思想和灵魂,都可以与人沟通,或彼此间发生交流。在早期的缠枝纹装饰艺术中,那些可以称之为碎片化的缠枝纹装饰素材就是原始人描摹自然,描摹世间万物的种种证据。而原始人希望借助世间万物与上天,与灵魂沟通,表达了获得成功的愿望,实际上是想要获得更好的生存。巫术活动中有一项重要的内容就是用天然的颜料去描绘原始先民的想象,甚至是愿望、追求,通过巫术装饰活动,人的想象力得到了开发,人的情感得到了发挥,思想性得到了体现,从某种意义上来说,巫术鼓励或者刺激了装饰艺术的发展。

四、表现说

"表现说"准确地讲应该叫"情感表现说",认为艺术起源于人类情感的表现。这种说法在东西方都有悠久的历史。意大利美学家克罗齐是第一个将"表现说"建立为系统艺术理论的人,他认为:"艺术即直觉,直觉即表现"[①]。缠枝纹产生的目的,即表现,表现器物装饰的功能,表现人类装饰的情感,表现美好的愿望和追求。这些需要表现的情感推动着缠枝纹的诞生和发展,是重要的动力。根据缠枝纹的形态,体验其所表达的情感是感性而又理性的。从人类早期社会开始,曲线装饰纹样已经具有了一定的运动规律,到后来缠枝纹骨骼构成形式逐步发展为四方连续、二方连续,这是科学且理性的,造物者在不知不觉中已经进行了科学的运算和理性的分析。而从原始人早期对于植物装饰纹样的自由形态表现,以及后期对于花卉装饰变形的个性化表现,这无疑是人类感性情感的喷发。表现和交流情感的确是艺术的一个重要特征,因此表现情感也是推动艺术发生和发展的重要心理动力。而缠枝纹的情感表现的构建者恰恰是人类本身,人类是从缠枝纹发生之日开始并伴随始终的造物者们,而对情感表达的追求,也是人类的需求和愿望。

---

① 　朱光潜.朱光潜全集:第 1 卷.合肥:安徽教育出版社,1997 年,第 354 页.

五、劳动说

劳动是缠枝纹装饰起源的根本。恩格斯认为:"劳动创造了人本身"。① 没有人,自然就没有人类的文化、人类的艺术。"艺术起源于劳动",不能简单地理解为人类进行了劳动就产生了艺术,艺术是由劳动的人创造的,是在劳动的过程中产生的。恩格斯主要认为艺术产生的根本动力和原因在于人类的实践活动,尤其是占主导地位的物质生产实践活动。格罗塞指出:"艺术起源就在文化起源之中。原始文化涵盖着原始社会中的劳动生产、婚姻家庭、宗教崇拜、节庆娱乐等。"②而缠枝纹作为一种装饰文化,实际上是在劳动的过程中产生,并在原始文化中逐渐发展的。

第一,劳动实践创造了艺术创作的主体——人,为缠枝纹装饰艺术起源提供了前提。劳动使猿成为人,"完成了从猿转变到人的具有决定意义的一步"。③人是缠枝纹装饰艺术起源的主体,而之所以是人而不是其他动物,就是因为劳动在人类进化的进程中起到了关键性的作用。

第二,劳动推动着审美意识的产生和发展,为缠枝纹装饰艺术起源创造了必要条件。艺术伴随着劳动活动而产生,审美意识在劳动过程中逐步形成。人类的自觉意识逐渐苏醒,开始有意识地从事生产活动,开始学习运用和制造工具。原始人类从最初的捡拾合适的天然石块、木棍,到后来开始逐渐制造粗糙的打制石器,再后来开始制作精细的磨制工具,更有甚者,开始进行装饰品的创造了。这证明了人类审美意识的萌动从磨制石器开始直至今日并未停止。新石器时代的工具已经开始注重对称、均匀等,这已经是审美活动了,而精致的工具也可以称之为艺术品。于是我们看到这些工具在造型上更加具有对称均匀、方圆变化等美的特征,这些感性形式的出现在美的历程中具有重要的意义。早期装饰品的出现是主动的审美意识出现。早期装饰纹样的出现,或许与巫术、模仿、游戏等相关,但大多无关器物本身的功能。假设没有装饰纹样,工具还是工具,器物还是器物,但为何工具、器物上还是有装饰纹样呢? 因为劳动,劳动培养了人的审美意识,让单纯的工具器物同时具有美的装饰。

缠枝纹装饰艺术行为,本质上就是一种劳动。缠枝纹作为一种装饰纹样,并

---

① 中共中央马克思恩格斯列宁斯大林著作编译局. 马克思恩格斯选集:第 4 卷. 北京:人民出版社,1995 年,第 373 页.

② 格罗塞. 艺术的起源. 北京:商务印书馆,1984 年,第 26 页.

③ 中共中央马克思恩格斯列宁斯大林著作编译局. 马克思恩格斯选集:第 3 卷. 北京:人民出版社. 1972 年,第 508 页.

非独立存在。纹样由劳动产生,伴随着劳动的过程。纹样从一开始出现,其功能并非纯粹用来欣赏,而是具有一定的含义,这种含义就是一种功能性的体现。同时,纹样必须附属在工艺产品、实用器具上,否则就不是纹样而是纯粹的观赏性画作了。

六、缠枝纹装饰起源的多元因素

从艺术的起源来说,除去前面列举的有代表性的模仿说、游戏说、表现说、巫术说等,从艺术产生的角度来说,是单线式地在探索艺术的起源。而作为艺术的主体来说,人——本身就是非常复杂的一个综合体。因此艺术的起源绝不仅仅是一个单纯的因素,实际上是由多种因素决定的,缠枝纹装饰艺术的起源因素也是多元化的。

结构主义学者阿尔都塞(法)承认社会发展的多元化,艺术作为社会的一个组成部分,其起源的劳动学说也曾备受推崇。阿尔都塞认为:"社会发展不是一元的,而应是多元化的辩证结构,是纵横交错的复杂综合体,是建立在以生产劳动为基础之上的多元构成,艺术的产生既应该有模仿、表现的成分,也受原始巫术的启发与影响,当然更不可避免地受到创作者们内心情感的强烈冲击,是人类心灵世界中一块自由的土地。"艺术学家希尔恩(芬兰)认为:艺术本身就是一种综合性现象,因此,简单的以偏概全的研究方法是行不通的。这种对艺术起源的研究方法不是单线式的。他通过对模仿说、游戏说、表现说、巫术说等的批判,提出一种融合心理学、社会学和人类学研究的新方法。他认为,上述学说都只建立在单一的研究方法上,譬如游戏说侧重于生物学,表现说侧重于社会学,巫术说侧重于人类学,它们都有其正确的一面,但是它们是单一的,是单线式地在探究艺术的起源。实质上任何事物的产生都是由于多种因素共同作用而成的,仅仅从单个方面来论证本身就是片面的,所以都不可能真正解决艺术的起源问题。他认为对艺术起源的研究,必须深入历史,并且须对处于历史环境中的原始人的心理予以研究,才能有效地揭示艺术的起源。

倪建林先生赞成装饰艺术的起源是多元的协同,有内因和外因的作用:"装饰艺术的起源绝对不会出自某种单一的原因,就其内因来讲,人类作为一种特殊的生物物种,在本性中就有这样或那样的需要,一旦有机会或条件成熟就会显现出来……从外因的方面看,人类的意识、观念的发展趋向又无不与其实践活动相关联,为了基本的生存而从事的活动,从简单到复杂,从单一到多样,从纯粹的物质需求到神秘意识的渗入,从物质生产活动中发现和创造着精神性需求的因素。"[①]

---

①　倪建林.装饰之源.重庆:重庆大学出版社,2007 年,第 124 页.

　　谷莉认为:"装饰纹样……在其演变和发展的过程中具有连续性和沿袭性,它既来源于人类社会的实践,又来源于文化征服的需要,它在诠释自然、改造或征服自然中使人类从困惑中解脱出来……"[①]这里实际上也是表达了装饰纹样的起源原因是多样性的。

　　作为一种装饰艺术,中国缠枝纹起源的原因是多元化的。归根结底,中国缠枝纹装饰的产生和发展是人类社会实践活动的必然产物,其经历了一个由实用到审美,以模仿为手段,以游戏为兴趣,以巫术为桥梁,以表现为动力,以劳动为前提的漫长历史发展过程,是人类崇拜自然、诠释自然、改造自然的情感表达与抒发。中国缠枝纹的起源绝非仅仅只有一种原因,而是人类思维活动、情感活动和劳动技能的综合体现。

---

① 　谷莉.宋辽夏金装饰纹样研究.北京:中国戏剧出版社,2016 年,第 5 页.

第二章　新石器时代:中国缠枝纹的渊源期

　　新石器时代,我国的原始先民就已经就地取材,在黄河流域、长江流域、沿海一带以及华北、东北等广大地区制造出了陶器、牙骨器和玉器。通过考古发掘的遗存,原始先民制造的这些器物不仅有造型,有色彩,而且有纹饰。原始社会的陶器装饰在艺术上达到了相当的高度,是我国文化发展史上的一个重要阶段,这为了解和研究我国原始社会的人类生存的状况、社会组织的发展和原始思维的进化,提供了重要的资料。

　　法国美术史家雷奈·格鲁塞在比较波斯新石器时代的彩陶和中国仰韶文化彩陶时写道:"我们可以说,河南和甘肃出土的彩陶在那形式的健劲、质地的坚固、色彩的绚丽以及装饰花纹,无论是条纹、波纹和螺纹的富有节奏感上,都可算是史前艺术中最完美的作品。"①这些就是原始人创造的纹样文化。研究一种纹样,也就是研究一种文化,必定需要追溯起源。因为,纹样可以千变万化,但纹样文化的根源性是不会改变的。缠枝纹的定义:缠枝纹以藤蔓、缠枝为基础,在一条连绵不断的"S"形波状曲线上,饰以各种枝叶、花卉或者其他装饰的纹样。根据缠枝纹的定义,我们研究缠枝纹的源头,必须从两方面进行,一方面就是"S"形的主茎,"S"形缠枝纹的主茎是一条蜿蜒起伏、有节奏感的运动曲线。另一方面就是植物装饰的起源,探讨早期人类绘制花草树木的装饰形态。在本章中,着重分析既具有曲线纹样特征,又有构成意义的图形。

　　追溯最早的"S"形曲线,必须研究远古时期的几何纹。远古时期的装饰纹样中,除了部分具象装饰以外,大部分的装饰纹样以几何纹样为主。最早的"S"形曲线骨式出现在远古时期的几何纹中。曲线纹样本是人类最早喜爱的几何纹样,也是世界上最早产生的纹样之一。我国先民早期绘制的缠转不断的曲线纹样可以追溯到新石器时代的陶器、玉器上。在新石器时代的陶器、玉器上均装饰有各种曲线的装饰纹样。在我国的磁山文化、仰韶文化、马家窑文化中均可以见

---

①　雷奈·格鲁塞.近东与中东的文明.上海:人民美术出版社,1981 年.

到各式的曲线纹样。特别是马家窑文化中的涡形曲线很好地诠释了曲线的优美性、运动性,这与缠枝纹的主茎本质是一致的。

第一节　陶器上的曲线装饰纹样

在中国纹样的发展历程中,远古时期并未发现具有完全意义上的缠枝纹装饰纹样,但是曲线纹样早已出现在陶器装饰上,这是毋庸置疑的。陶器是随着原始农业的出现和人类定居生活的需要而产生。考古发现的资料证明,我国的陶器生产距今已有一万多年,陶器是原始先民主要的日常生产和生活用具。我国新石器时代的陶器分布相当广泛,南北各地均有大量实物出土,主要分布区域有黄河流域、长江流域、东南沿海及北方地区等。各地区的陶器都有其独特之处,但相互之间又存在着内在的联系。随着原始社会生产力水平的提高,曲线纹样不仅时常出现在新石器时代的陶器上,而且其形态、样式日渐丰富。

一、磁山文化的陶器曲线纹样

磁山文化是中国华北地区的新石器文化,因于 1973 年首次在河北省邯郸市武安磁山发现而得名。磁山文化将中华文明上溯到一万年前,因而具有十分重要的意义。

图 2-1　陶盂与鸟头形支架
(中国磁山文化遗址博物馆藏)

磁山遗址出土的陶器多数为沙质陶器,少数为泥制陶器,磁山陶器的制作,采用泥条盘筑和捏塑两种。出土的陶器中有圆底钵、三足钵、钵形鼎等,陶器表面纹饰有绳纹、编织纹、篦纹、乳钉纹等。在"陶盂与鸟头形支架"(图 2-1)这件陶器中,可以看到陶盂的上部捏塑着有起伏的、有节奏感的曲线。此处的曲线装饰采用重复的二方连续构成形式,虽不是特别细腻精致,但是质朴古拙,这其实已经是原始先民用来表达装饰观念的一种外在表现。在前人的研究中,并未有相应的资料显示更多的研究内容,而实际上,这个纹样是非常有意义的。当我们看见这个纹样的时候,也会感觉在现代的装饰中时常出现。因为这个装饰完全是个二方连续,其单位纹样是 4 条凸起的重复的曲线。二方连续,是中国传统图案的构成形式,是一种带状的图案花纹的组织方式,是由一个单位纹样(一个独立纹样或者几个纹样相组合为一个单位纹样)向上下或左右两个方向反复连续而形成的纹样。

根据田自秉先生对于纹样的本质中的描述，可以推测这个二方连续曲线既有区别口沿的功能，又具有一定的审美意义，当然甚至可以猜测这是磁山文化中的一种特殊的符号。当然，我们并不能就此认为这个二方连续曲线就是缠枝纹了，我们只能说，原始人在那么早的时候就已经熟练地运用了曲线，运用了连续的、具有节奏感的审美法则，而这些法则恰好与缠枝纹的审美法则是具有一致性的。

二、仰韶文化的陶器曲线纹样

仰韶文化是新石器时代黄河中游地区一种重要的彩陶文化，因 1921 年首次在河南省三门峡市渑池县仰韶村发现而得名。仰韶文化分布在整个黄河中游即今天的甘肃省到河南省之间，其以渭、汾、洛诸黄河支流汇集的关中、豫西、晋南为中心，北到长城沿线及河套地区，南达鄂西北，东至豫东一带，西到甘、青接壤地带。仰韶文化的制陶业代表着当时最先进的手工业经济发展水平。从考古发现看，各部落都掌握了相当成熟的工艺，包括选用陶土、塑坯造型、烧制火候等一系列技术和绘画、贴塑装饰的工艺。制陶的工匠能够在器物表面施加各种纹饰，有的用特制的模具拍打，有的用工具刻划，其中装饰作用最明显的是彩陶花纹。

仰韶文化各类型遗址发现的彩陶花纹形式与风格既有共同特征，又有不同风格。早期以红地黑彩或紫彩为多，中期流行涂抹白色或红色为地色，再加绘黑色、棕色或红色的纹饰，有的黑彩还镶嵌白边，色彩多样。绘画所用的颜料、磨砚、研磨锤等工具，在西安半坡、临潼姜寨、宝鸡北首岭等遗址的营地、墓葬中都有发现。仰韶文化的陶器，主要是泥质红陶、夹砂红陶、泥质灰陶，也有一些泥质黑陶和夹砂灰陶器。庙底沟型的陶器纹饰除蛙纹外，最富特征的是大量以圆点、曲线、涡纹、弧线、三角涡纹、方格纹组成的繁杂图案。

（一）半坡型

半坡型的陶器主要是夹砂陶罐、小口尖底瓶、钵和卷沿彩陶盆。半坡陶器表面多饰绳纹、线纹、锥刺纹、指甲纹和弦纹，彩绘图案是在钵的口沿外描绘一周紫色、红色宽带纹，盆的内外绘画人面、鱼、鹿、植物等花纹和三角形、圆点组成的几何形图案，其中最著名的装饰是人面鱼纹盆的人物头像。在圜底钵口沿的宽带纹上，发现有二十多种不同的刻划符号，可能是中国古代文字的渊源。

图 2-2　鸟纹的抽象化（1）①

图 2-3　鸟纹的抽象化（2）②

（二）庙底沟型

庙底沟型是仰韶文化向龙山文化过渡的重要文化类型。曲线纹样时常出现在庙底沟型陶器上,运动态势强烈。庙底沟彩陶"陶盆上的图案摆脱了早期的对称格式,多作活泼自如的不对称的动态结构,……显示出彩陶奔放活泼的艺术风格。"③图 2-2、图 2-3 是田自秉先生在仰韶文化庙底沟型陶器上描绘下来的图案,认为这是抽象化的鸟纹。我们姑且不论是何种纹样变形,从曲线的装饰上看非常灵活自由,大小对比强烈,曲线形态非常丰富,韵律感和结构感很强。这两幅装饰纹样上,我们可以与磁山文化"陶盂与鸟头形支架"（图 2-1）相比,几乎是同一类型的表达,只是弧线拥有了具体的"形状"。庙底沟型虽然存在的时间并不是很长,但对周边地区文化的影响却非常大,尤其是它富有特点的彩陶装饰,更是掀起了中国史前非常壮阔的一次艺术大潮。庙底沟文化彩陶向四方播散,对文化差异明显的南方两湖地区影响也非常强烈,这种影响一直越过长江,最远到达洞庭湖以南地区。庙底沟文化彩陶的传播,不仅只是一些纹饰题材的传播,更重要的是包含在这些纹饰中的象征意义的认同。由彩陶向两湖地区的传播,可以看出南北文化的趋同态势,这种文化趋同是后来文化统一的重要基础。

三、马家窑文化的陶器旋涡纹

马家窑文化是黄河上游新石器时代晚期的文化,因 1923 年首先发现于甘肃

①　田自秉,吴淑生,田青.中国纹样史.北京:高等教育出版社,2003 年,第 26 页.
②　田自秉,吴淑生,田青.中国纹样史.北京:高等教育出版社,2003 年,第 27 页.
③　杜金鹏,杨菊华.中国史前遗宝.上海:上海文化出版社,2000 年,第 114 页.

省临洮县的马家窑村而得名。马家窑文化是仰韶文化向西发展的一种地方类型，主要分布于黄河上游地区及甘肃、青海境内的洮河、大夏河及湟水流域一带，有石岭下、马家窑、半山、马厂等四个类型。石岭下的彩陶形状多瓶、罐、壶等，流行变形鸟纹、圆圈纹等。马厂类型是继半山类型后发展起来的文化类型，个别地方与半山类型并存。我们重点来关注马家窑彩陶、半山彩陶。

（一）马家窑彩陶

马家窑彩陶造型多瓶、罐、瓮等。马家窑文化时期，旋涡纹十分繁盛，在陶器的内部和外部表面装饰着大量的"S"形曲线、弧线、旋涡造型的纹样，动感强烈，装饰丰满。在这些几何纹样装饰中，旋涡造型是最具有代表性的。旋涡纹具有对称、均衡的特点，线条和谐、圆润、流畅，极富变化和运动感，充满无穷无尽的生命动态，具有生命力的美感，刺激和激励着原始人的刻绘，形成了一大批旋涡纹的装饰作品，表现出人们在生活中所需求的充满生命力的欢乐感情。马家窑旋涡纹鲜明地体现了形式美的规律，把外来自然界现象（物体），形成柔和的、富有人情味的形象，具有强烈的节奏感。正如杜金鹏等在《中国史前遗宝》中所述："人们在与水接触的过程中，汲水、洗涤、鱼跃、风刮、捕鱼、捞虾等人为和自然现象，集中于人的大脑，形成一种概念，尔后通过形象思维，表现在彩陶上，利用波浪纹、旋涡纹等与水有关的图案表现出来。"[1]对此，朱志荣先生指出：彩陶上的纹饰不仅仅是简单的装饰，它同时还包括与其实际功用相一致的内容，马家窑文化水罐不仅在外观上饰以大量水纹，而且"陶器的实用功能里蕴含着柔情似水的情感形态"。[2]

"蔓草花纹首先是'植物花纹'在常青藤的基础上开出莲花、葡萄、石榴、牡丹、菊花等花和果实，但是更重要的是蔓草的根源为'涡旋'。"[3]"仔细观察涡旋或者涡旋状物转化为花纹的过程，可以发现在世界各地的古代文明中，不仅有起源于植物的涡旋，还有各种涡旋状纹样。"[4]杉浦康平始终认为涡旋纹是"天涡、

---

①　杜金鹏，杨菊华.中国史前遗宝.上海：上海文化出版社，2000 年，第 168 页.

②　朱志荣.商代审美意识研究.北京：人民出版社，2002 年，第 174 页.

③　（日）杉浦康平.造型的诞生——图像宇宙论.杨晶，李建华，译.北京：中国人民大学出版社，2015 年，第 55 页.

④　同注③。

地涡生成的涡旋纹",是永恒的生命力的象征。[①] 马家窑陶器大量的涡旋纹就是早期人类对生命循环的一种认知表现,如图 2-4~图 2-7 所示。

图 2-4　螺旋纹彩陶大瓮[②]

图 2-5　螺旋纹双耳彩陶瓶[③]

图 2-6　波纹彩陶盆[④]

图 2-7　彩陶旋涡菱形几何纹双系壶[⑤]

（二）半山彩陶

半山陶器为马家窑文化晚期的一个类型,制陶工艺基本继承马家窑类型。半山器物主要以泥条盘筑法成型,常见器形有壶、瓶、盆、钵、罐等。半山陶器装饰以几何图案为主,黑、红两色相间的锯齿纹构成各种图案,色彩鲜明,形式多变,动感强烈。常见纹饰主要有网格纹、旋涡纹、水波纹、菱形纹、连续三角纹、宽带纹、平行条纹、圆圈纹、多线连弧纹等,其中旋涡纹最为常见,动感强烈,如图 2-8~图 2-12所示。

---

①　（日）杉浦康平.造型的诞生——图像宇宙论.杨晶,李建华,译.北京:中国人民大学出版社,2015年,第 59 页。

②　田自秉,吴淑生,田青.中国纹样史.北京:高等教育出版社,2003 年,第 32 页.

③　田自秉,吴淑生,田青.中国纹样史.北京:高等教育出版社,2003 年,第 34 页.

④　田自秉,吴淑生,田青.中国纹样史.北京:高等教育出版社,2003 年,第 36 页.

⑤　摘自北京故宫博物院官网。

图 2-8　旋涡纹双耳罐①　　　　图 2-9　联涡锯齿纹彩陶壶②　　　图 2-10　彩陶涡纹壶③

图 2-11　四圈纹壶④　　　　图 2-12　双耳彩陶罐⑤

　　马家窑文化的彩陶造型端庄，图案流畅华美，繁复丰满，达到了彩陶艺术的高峰，代表着中国彩陶艺术灿烂而辉煌的成就。无论是庙底沟型、马家窑型、半山型、马厂型，在马家窑彩陶文化的发展过程中，涡旋纹始终都占据着十分重要的位置。不少涡旋纹，已经不是简单的旋转涡旋，而是有交叉，有重复，有衍生感，不少涡旋纹的组织方式和后来成熟的缠枝纹组织方式几乎是完全一致的。

　　关于马家窑旋涡纹的由来，学界有几种看法：一种认为旋涡纹是由指纹演变而来的；还有一种认为旋涡纹源于人们对于水波的形象化；还有人认为旋涡纹是"图腾崇拜"的产物，很多的几何图案与蛇图腾的崇拜有关，马家窑旋涡纹似蛇的爬行状、盘曲状。若将这些观点汇总起来，即为：大自然是旋涡纹产生的直接来源。先民们在大自然中生活，大自然中的一草一木、一鸟一鱼、一山一水……均是模仿和创造的源泉。曲线由重复和变化产生的节奏让人们感受到了大自然的变化和生命的律动，从而使人类产生了对这种形式感的喜爱，这是人类在长期的社会发展中，通过对自然界的各种现象、人类自身以及人的实践活动的特点等不断的感知、认识、抽象而形成的，是人类经验积累之上的一种概括。

①　摘自北京故宫博物院官网。

②　田自秉，吴淑生，田青.中国纹样史.北京:高等教育出版社,2003 年,第 41 页.

③　摘自上海博物馆官网。

④　摘自上海博物馆官网。

⑤　吕章申.中国国家博物馆馆藏文物研究丛书:陶器卷.上海:上海古籍出版社,2015 年,第 115 页.

四、河姆渡文化的陶器曲线纹样

河姆渡文化是中国长江流域下游地区新石器时代文化。1973年,第一次发现于浙江余姚河姆渡,因而得名。河姆渡文化主要分布在杭州湾南岸的宁绍平原及舟山岛,是新石器时代母系氏族公社时期的氏族村落遗址,反映了约7000年前长江下游流域氏族的情况。

在河姆渡文化中,动物装饰纹样有鸟纹、羊纹、鱼纹、狗纹等,线条不仅松弛有度,而且韵味十足。河姆渡时期已经开始饲养家畜,野猪被驯化成家猪。猪纹表现了猪的丰满体态和温顺表情,生动自然。鸟纹,在河姆渡文化装饰纹样中占有重要地位,浙东区域是凤鸟纹产生和形成的主要地区。河姆渡陶器上的装饰曲线自然质朴,从文献上看,凤鸟等鸟类是我国东部沿海的一些氏族所尊奉的图腾,在《左传·昭公十七年》中,郯子对昭公言:"我高祖少暤挚之立也,凤鸟适至,故纪于鸟,为鸟师而鸟名。"由此表明:凤鸟等鸟类是东部沿海古居民的图腾神。河姆渡文化中的装饰纹样(图2-13)反映了河姆渡先民对自然的探索、思考及原始艺术的发酵。

图2-13　河姆渡文化中的装饰纹样(河姆渡博物馆藏)

五、屈家岭文化的陶器曲线纹样

屈家岭文化,因1955—1957年发现于湖北京山屈家岭而得名,主要分布在湖北,北抵河南省西南部,南到湖南澧县梦溪三元宫,西面在四川巫山。屈家岭文化以种植水稻为主,家畜以猪和狗为主。在出土的陶器中,除了鼎、豆、碗、杯、罐、篓,还出现了彩陶纺轮。彩陶纺轮上的各种纹饰,简练明快,生动活泼。如图2-14、图2-15所示。

六、大汶口文化的陶器旋涡纹

大汶口文化,因山东省泰安市大汶口遗址而得名,主要分布地区东至黄海之滨,西至鲁西平原东部,北达渤海南岸,南到江苏淮北一带,基本处于古籍中记载的少昊氏文化地区。大汶口文化中的彩陶旋涡纹多出现在鼎、壶以及单把杯的腹部，多黑地白彩，亦有红地白彩。例如广饶五村遗址出土的鼎（图 2-16），侈口、束颈、折腹、扁足，肩附双鋬，在颈腹肩绘旋涡纹，线条流畅，色彩艳丽。

图 2-14　屈家岭文化
　　　　旋涡彩陶①

图 2-15　彩陶纺轮②

图 2-16　大汶口文化
　　　　涡纹彩陶鼎③

七、辛店文化的陶器曲线纹样

辛店文化是西北地区重要的文化遗存，以畜牧业为主，兼营种植业。辛店文化彩陶的数量较多，主要器形有罐、盆、鬲、盘、钵、杯。陶器以夹砂红褐陶为主，掺有石英砂、碎陶末、蚌壳末和云母片等掺和料。总体上来说，陶质粗糙、疏松，火候较低，器表多磨光，大多施红色或白色陶衣。纹饰别具一格，笔触粗犷，以双钩纹、曲线纹、太阳纹、三角纹为主，还有少量的动物纹，例如犬纹、羊纹、鹿纹、蜥蜴纹等，反映出了畜牧生活的特色。辛店文化的"S"形曲线，虽然并不精致，但重复规律、运动态势强烈，如图 2-17～图 2-19 所示。

图 2-17　单耳彩陶豆(1)④

图 2-18　单耳彩陶豆(2)⑤

图 2-19　双大耳彩陶罐⑥

①　王仁湘.庙底沟文化彩陶向南方两湖地区的传播.江汉考古,2009(2),第67～74页.
②　王劲.屈家岭文化溯源辨.江汉考古,2010(4),第63～75页.
③　何德亮.大汶口文化彩陶的艺术特征.东南文化,2008(4),第6～12页.
④　吕章申.中国国家博物馆馆藏文物研究丛书:陶器卷.上海:上海古籍出版社,2015年,第201页.
⑤　吕章申.中国国家博物馆馆藏文物研究丛书:陶器卷.上海:上海古籍出版社,2015年,第202页.
⑥　吕章申.中国国家博物馆馆藏文物研究丛书:陶器卷.上海:上海古籍出版社,2015年,第204页.

八、大溪文化的陶器绞丝纹样

大溪文化位于中国长江中游地区,因重庆市巫山县大溪遗址而得名。大溪文化分布:东起鄂中南,西至川东,南抵洞庭湖北岸,北达汉水中游沿岸,主要集中在长江中游西段的两岸地区。大溪文化陶器以红陶、彩陶为主要地区性文化遗存。在觚形彩陶瓶(图 2-20)上下两端均有绞丝状横"S"形纹样,是两条反复延伸的"S"形曲线交叉缠绕在一起,我们可以称之为绞丝纹。在细颈壶(图 2-21)的肩腹部也有类似的缠绕绞丝纹样。这说明,当时此类缠绕纹样已经广泛应用。

在新石器时代,在各种器物上装饰着各种曲线及曲面形态。玉器、骨雕等其他装饰上具有异常丰富的曲线造型。例如红山文化中的大玉龙(图 2-22),其半圈就是一个弧线。通过新石器时代的器物,我们可以看到新石器时代异常丰富的曲线装饰,这足以明确证明我国先民已经不由自主地、较流畅地运用美的法则进行曲线绘制。

图 2-20 大溪文化觚形彩陶瓶① 　图 2-21 大溪文化细颈壶② 　图 2-22 龙山文化大玉龙③

第二节　新石器时代的植物装饰形态

远古时期,先民们已经开始用自己的观念描绘植物形态,众多的植物主题在几何形态中变形和发展。缠枝纹以藤蔓、缠枝为基础,在一条连绵不断的"S"形波状曲线上,饰以各种枝叶、花卉或者其他装饰的纹样。④ 缠枝纹上各种茎叶、

---

① 吕章申.中国国家博物馆馆藏文物研究丛书:陶器卷.上海:上海古籍出版社,2015 年,第 129 页.
② 王劲.屈家岭文化溯源辨.江汉考古,2010(2),第 63～75 页.
③ 摘自北京故宫博物院官网。
④ 万剑.谈青花瓷缠枝纹的骨骼构成艺术形式.陶瓷学报,2013(3),第 366～372 页.

花朵或果实穿插其中，才能真正构成缠枝纹婉转流畅、繁盛丰美的视觉效果。追踪早期人类绘制的植物装饰纹样，对我们了解缠枝纹的起源有重要作用。远古时期的植物纹样多为特征简化的抽象几何形式，不过我们依然可以辨析出不同植物的特点，宽厚的叶子，细细的叶脉，盛开的花瓣，聚拢的花苞，均是我们要观察的对象。

一、仰韶文化的陶器植物装饰形态

仰韶文化庙底沟型的装饰纹样特别丰富，花瓣纹特征明显，且编排有自己的规律。"花瓣纹作为新石器时代彩陶的一种图案母体，可能具有一种我们现在还揣度不出的神秘意义，或是一种比较特殊的标志，而且能为不同地区不同文化的居民接受。否则，它不可能分布这么广泛，不可能这么风靡一时。"[1]庙底沟型花瓣纹排列方式非常有规律，学者们对于这种纹样的编排模式进行了分析，绘制这种图案应先从盆沿形成的圆形平面入手，将圆形平面进行"米"字形分割，"米"字形分割线向下垂直延伸至盆的外腹部，这样的立体架构就完成了对器物腹部装饰带的等分和口沿的等分，在等分的单位纹样带绘图即可。还有，陶盆外壁的花朵图案展开后，代表花蕊的圆点连缀起来正好形成了一个变化规律的方格网（图 2-23）[2]。

对于庙底沟类型出现大量的花瓣装饰，如同其他原始装饰纹样一样，除对自然物象的简单模拟外，更多呈现的是一种"有意义的形式"，"即具有严重的原始巫术礼仪的图腾含义的，似乎是'纯'形式的几何纹样，对原始人们的感受却远远不只是均衡对称的形式

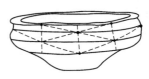

图 2-23　彩陶盆绘制

快感，而具有复杂的观念、想象的意义在内。"[3]"庙底沟类型的主要特征之一的花卉图案彩陶，可能就是华族得名的由来。华山则可能是由于华族最初所居之地而得名"。[4] 在郑州大河村遗址发掘的彩陶上有非常明确的花瓣纹样装饰，采用二方连续重复形骨骼。专家认同这个花卉中心向四周散发的是太阳的光芒，但是从整个图案形态来看，是非常完整盛开的花朵，这一定是对自然的模仿和写生。普列汉诺夫在《论艺术》中说过："事实上，从动物装饰到植物装饰的过渡，是

① 王仁湘. 论我国新石器时代彩绘花瓣纹图案. 考古与文物, 1989(1)，第 49～54 页.

② 钱志强. 古代美术与中国文明起源. 北京：中国社会科学出版社, 2007 年，第 137 页.

③ 李泽厚. 美的历程. 北京：文物出版社, 1981 年，第 18 页.

④ 苏秉琦. 关于仰韶文化的若干问题. 考古学报, 1965(6)，第 51～82 页.

文化史上最大的进步——从狩猎生活到农业生活的过渡——的象征"。① 这虽然仅仅是小部分的植物装饰,但实际上对于植物装饰纹样历史来说,已经是迈开了巨大的一步。

二、青莲岗文化的陶器植物装饰形态

青莲岗文化,以江苏省淮安市淮安区宋集乡青莲岗文化遗址命名。主要分布在山东省中部、南部和江苏省北部汶、泗、沂、沭诸水与淮河交汇的黄淮地区,

中心在淮河下游平原,大汶口文化为其主要的后续文化。除青莲岗外,主要遗址还有江苏邳县大墩子(下层)、连云港市二涧村和大村、阜宁梨园,山东滕县北辛、兖州王因(底层)、泰安大汶口(底层)等。在青莲岗文化彩陶钵(图 2-24)上,钵口至腹部为花瓣装饰,排列有序整齐。

图 2-24 青莲岗文化彩陶钵②

三、河姆渡文化的陶器植物装饰形态

河姆渡文化的陶器上出现了非常写实的稻穗纹(图 2-25)、叶纹(图 2-26)。河姆渡出土的陶块上,刻划有盆栽五叶植物。靳之林在《生命之树》一书中说:"四叶向左右分开,中心为花苞,即花蕊、花蕾、蓓蕾,或称花胜。总之是一个象征生命符号的含苞待放的生命之花……花苞下部饰以生命之源的三角形符号。"③

 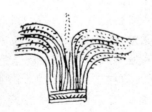

图 2-25 河姆渡稻穗纹(河姆渡遗址博物馆藏)

---

① 杜金鹏,杨菊华.中国史前遗宝.上海:上海文化出版社,2000 年,第 114 页.
② 摘自北京故宫博物院官网。
③ 靳之林.生命之树.桂林:广西师范大学出版社,2002 年,第 42 页.

图 2-26　河姆渡叶纹(河姆渡遗址博物馆藏)

四、大汶口文化的陶器植物装饰形态

　　大汶口文化的花瓣纹彩陶,主要出土于江苏邳县大墩子、刘林,山东泰安大汶口,兖州王因等地点。江苏邳州刘林遗址发掘的彩陶片中,有花瓣纹。所绘为五五复合式花瓣纹,花瓣较为宽大。在邳县大墩子出土的一件大腹小口彩陶花瓣纹壶(图 2-27),上腹绘有很张扬的四五复合式花瓣纹,下面为四瓣式花瓣,上面用一横卧的宽叶形连接左右的纹饰单元,构图形式非常独特。因为有了上面一叶,四瓣花就又变成很特别的倒置的五瓣花。在兖州王因,既有非常典型的多瓣式花瓣纹,又有一些变形的多瓣式花瓣纹。在一件双耳罐上,上面绘左右大体对称的双瓣花,下面绘数片上下相叠的长叶片,就像正在飘落一般。在另一件觚形杯上,绘不规则多瓣式花瓣纹,有的叶片中绘加点的中分线。还有一件敛口彩陶花瓣纹钵(图 2-28),上腹绘五五瓣复合式的连续花瓣纹,叶片中加绘有两三条中分线,画工非常细致。在泰安大汶口出土的彩陶花瓣纹罐(图 2-29),所绘也是五五瓣复合式花瓣纹,花瓣有勾边,但没有绘出中分线,画工不精。大汶口彩陶是实用与美观完美统一的典型器物,其图案既吸收仰韶文化彩陶的特点,又有独创的艺术风格,显示出大汶口文化彩陶由简单、原始向臻美、成熟发展的过程。

图 2-27　彩陶花瓣纹壶　　　图 2-28　彩陶花瓣纹钵　　　图 2-29　彩陶花瓣纹罐
(大汶口文化　南京博物院藏)　(大汶口文化　大墩子遗址出土)　(大汶口文化)①

---

①　山东省文物考古研究所.大汶口续集.北京:科学出版社,1997 年.

五、植物装饰纹样的构成形式

在新石器时代,人们不懂得什么是形式美规律,什么是图案构成形式、组织形式,但是确实他们的作品让我们惊艳,不由得让我们赞叹人类天生的审美能力,似乎这是一种本能,人脑的结构从人类的婴儿时期就已经注定与动物有了本质的区别。

不同器类的陶器用途不同,对装饰图案就有不同的要求。纹样是图案构成的基本单位,装饰图案的多样化要求纹样具有多种形式。仰韶文化的纹样从构成形式上,可以分为单独纹样、适合纹样和连续纹样这三类。单独纹样,亦称点装纹样,是一种与四周无联系,没有连续、重复,也不受外形轮廓的限制而独立存在的装饰个体,是相对于"连续图集"而言的。① 作为一个独立的装饰单元,在纹样构成上比较自由并具有独立性和完整性。既可以根据装饰图案的需要组成其他装饰纹样,也可以独立组成内容简洁的纹样。适合纹样,简单说就是在限定的外形轮廓内组织纹样,使外形和纹样内容组成一个有机的艺术整体。彩陶的纹饰图案是附着于器物的,图案的组织、布局和形式都必须适合器物的形状,并与器物外在的造型风格相匹配。因此,在某种程度上彩陶图案的纹样造型都具备适合纹样的特点。仰韶文化三期,彩陶图案创造性地运用共用线和边缘纹样造型,使适合纹样的发展达到一个新的高度。在适合纹样造型中,常常出现不同纹样单元轮廓线之间相互借用的情况,换句话说,这条轮廓线是共用的,不同的纹样单元形成了一种共生共存的关系。最典型的共用线造型是庙底沟遗址出土的彩陶上的花朵图案和回旋勾连图案。连续纹样,是相对于单独纹样而言的图案组织形式,是用一个基本单位纹样向上下或左右连续,或向四方无限伸展,使它能反复、循环而连续成大面积的图案设计。② 连续纹样可分为二方连续纹样和四方连续纹样。二方连续纹样是指一个单位纹样向上下或左右两个方向反复连续循环排列,产生优美的、富有节奏和韵律感的横式或纵式的带状纹样。四方连续纹样是以一个单位纹样向上下左右四方反复延伸,不断连续的纹样构成形式,具有整齐、统一、调和、丰富的视觉效果。

无论是半山鱼纹、鸟纹,马家窑蛙纹、舞蹈纹,还是马家窑螺旋纹、半山联涡纹……这些丰富精彩的曲线纹样都是缠枝纹发展的萌芽与源头。从上述的分析来看,远古时期的缠枝纹"S"形曲线和植物装饰纹样虽然没有动物纹样那么广

---

① 樊文江.美术辞林·工艺美术卷.西安:陕西人民美术出版社,1989年,第37页.
② 樊文江.美术辞林·工艺美术卷.西安:陕西人民美术出版社,1989年,第42页.

泛受到关注，但是不可否认的是，在器物的装饰上，曲线展示了其独特的魅力，形态多样，巧妙而灵活，在植物纹样花叶的组织形式上也让人大开眼界，二方连续、四方连续、适合纹样在那样一个尚未开蒙的时代就产生了，所以人类天生就是个艺术家。

第三节　神秘自然观影响下的植物装饰渊源

从早期人类社会开始，植物就一直是人类赖以生存的重要物质。虽然，在原始人的头脑中似乎动物占据了主要地位，并且这个周期持续了较长的时间。根据英国人类文化学家马林诺夫斯基的分析，"原始人将动物放在自然界的第一列。动物与人相近的地方（会动，会发声，有感情，有身体和面孔），动物较人占优势的地方（鸟能飞，鱼能游，爬虫能脱皮，能变换生命，且能避居地内），同时再加上动物是人与自然界的中间系结，即常在体力、机警、诡诈等方面超越于人，又是人的必要食品。凡此种种，都使动物在野蛮人的世界观里占到特殊地位。"[1]诸葛铠先生分析："正因为如此，在原始人的思维中，动物形象要比植物形象显得更重要，与人类一样生命特征显著的动物，更有可能成为图腾崇拜的对象。"[2]在原始人的遗存中，我们可以毫无疑问地确认大量的动物纹样占主体地位，但是我们依然不能否认原始社会遗存中也存在着一定数量的植物装饰纹样，只不过直接描绘植物的纹样数量不多，而大量的几何纹样充斥着整个彩陶世界。我们可以推测到的就是这些形态丰富的几何纹样的基础参照物肯定来源于现实自然界，通过原始人的头脑加工而形成的。而这个现实自然界，自然就包括动物、植物及一切自然现象。张朋川："在马家窑、半山、马厂等类型的彩陶花纹中出现了植物花纹，主要的植物纹有种子形纹、葵花形纹、叶形纹、树纹和荚实纹等。"[3]实际上，在新石器时代，植物装饰纹样是有各种丰富类型的表现性的。

中国古人信奉"万物有灵论"。在早期的中国神灵中，象征植物的神灵并不多见，在后来总结的中国神仙列谱中，位置较高的神农氏被尊为"三皇"之一，其他统领植物的神仙居于较低位置。虽然植物并没有成为图腾崇拜的主要对象，但是我们不能否认其在装饰中仍然具有重要的地位。中国植物纹具有人和自然的亲善关系。徐复观说道："在世界古代文化系统中，没有任何系统的变化，人与

---

① 马林诺夫斯基.巫术科学宗教与神话.上海：上海文艺出版社,1987年,第38页.
② 诸葛铠.裂变中的传承.重庆：重庆大学出版社,2007年,第142页.
③ 张朋川.中国彩陶图谱.北京：文物出版社,1990年,第195页.

自然,曾发生过像中国古代这样的亲善关系。"①植物装饰纹体现了人对于自然生态精神的追求。"人生天地间,艺术也生在天地间,天地同时在艺术与人心中展现。"②因此,植物装饰其实与动物装饰一样,是原始人描绘自然、模仿自然、象征自然的一种表现。

一、描绘自然

可以说,描绘自然是一种本能。"任何人类历史的第一个前提无疑是有生命的个人的存在。因此,第一个需要确定的具体事实就是这些个人的肉体组织以及受肉体组织制约的他们与自然界的关系。"③人类最初从自然界中分化出来,并非人类有意识的自觉行为,乃是由于不可抗拒的自然力量,因而,在远古人的思维中,他们还没有把自己与周围的自然界分离开来,人与自然处于浑然一体的状态。他们只是本能地依赖自然界所提供的现成的物质条件生活。例如,借助自然界中天生的石器来制造获取食物的工具,或者利用自然力进行取火,获得一定的生活资料,或者通过采集或者狩猎来获取基本生活物资,维持自身的生存和发展。

因此,在最初懵懂的状态中,观察自然,采集食物肯定是第一步。在狩猎的时候,人类应该本能地感觉到了动物蛋白质对人体的重要性,当然,不得不说的还有动物蛋白质入口的美味。又或者,我们在前面已经讲述到动物在某些地方与人类的相似性,人类似乎在后来漫长的岁月里,更加喜爱动物的形态。当然,也许是在生产力水平低下的时候,动物资源获取的困难——稀有性,导致动物形态成为原始人主要的象征物。

采集食物肯定先要观察植物。而观察植物久而久之,就会在原始人的头脑中形成某种经验——线条的,形态的或者色彩的,等等。因此,在彩陶上出现植物的形态就变得理所当然。这些彩陶的植物装饰并不是对客观形象逼真的模拟,也不是对抽象概念复杂的表现,而是将人们最本质的需求和最初的审美意识结合,客观地反映眼中的世界。

二、模仿自然

在原始社会中,涌现出了大量具有曲线特征的纹样,我们通常都归类为几何

---

① 徐复观.中国艺术精神.沈阳:春风文艺出版社,1987 年,第 285 页.
② 鲁枢元.生态文艺学.西安:陕西人民教育出版社,2000 年,第 89 页.
③ 中共中央马克思恩格斯列宁斯大林著作编译局.马克思恩格斯全集.第 3 卷.北京:人民出版社,1965 年,第 23 页.

纹样。我们通过前面的许多案例可以了解到，植物"S"形的曲线骨架从一开始就是被人类社会所看重，所喜爱的。原始人除了描绘自然以外，自然会去模仿自然中的各种事物。几何纹样无论是曲是直，我们都可以在自然界中找到依据。在自然现象中，出现曲线状态的情况应该是非常丰富的。荡漾的水波，柔软的藤蔓，弯曲的花卉轮廓，细腻的叶脉……都存在着曲线的状态。

　　原始人在描绘自然的时候，发现无法真实的像植物纹样那样全盘描绘某些状态，这个时候只能模仿自然，利用自己观察到的、存在头脑中的经验在彩陶上尽可能地进行描绘。这个时候，我想他们已经学会了概括。用概括的——流畅的曲线表现水流（水涡等）、律动的藤蔓、颤动的花叶……

　　在马家窑的彩陶装饰中，各式具有曲线特征的纹样，着实丰富异常。我们可以认为它们是自然的真实表现，客观地描述了自然状态，但是我们无法否认的是，这些线条是经过概括和加工的。描绘自然，模仿自然，而又超越自然现实，这着实让人惊叹原始人的智慧。从这个意义上来说，彩陶是艺术水平最高的工艺之一，它所传达的艺术精神是永恒的，无可替代的，是人们表现客观世界的最佳例证。

三、象征自然

　　原始人描绘自然、模仿自然，其最终的目的就是象征自然，即使他们的这种行为、这种目的不是主动发生的。当纹样经过人的头脑，通过原始人的"作品"，就直接象征自然了。这种朴素、原始的象征观念，形成了神秘的自然观。"这种神秘的自然观以准宗教的形式普遍存在于原始人之中，形成图腾崇拜、自然崇拜、死人崇拜、祖先崇拜、灵物崇拜和偶像崇拜，等等。"[1]因此，我们就不难奇怪，在后续的人类社会中，形成的各种崇拜观念的根源，就在原始社会。

　　远古时期，动物始终作为一种原始图腾广泛地出现在各种器物上，从早期的象形动物纹到新石器时代的几何纹都体现出远古先民的图腾崇拜意识。几何纹是对早期象形动物纹的一种抽象，虽然其形式逐渐简化和抽象化，成为纯形式的几何图案，但它的原始图腾含义不但没有消失，而且由于几何纹经常比动物形象更多地布满器身，这种含义反而更加强了。植物纹样装饰更多地融合在几何纹样中，强烈地刺激着原始人的感官，尤其是大脑的认知、想象和象征的能力。"原始人用与我们相同的眼睛来看，但是用与我们不同的意识来感知。"[2]原始装饰

　　①　诸葛铠.裂变中的传承.重庆：重庆大学出版社，2007年，第119页.
　　②　（法）列维·布留尔.原始思维.丁由，译.北京：商务印书馆，1981年，第35页.

艺术是原始思维的产物,有着鲜明的象征性。黑格尔《美学》第二卷绪论中说道:"按照我们这里所用的字义,'象征'就它的概念来说,还是就它在历史上出现的次第来说,就是艺术的开始,因此,它只应看作艺术前的艺术……"也就是在艺术产生的时候,象征已经开始了。

"中国装饰纹样不但历史悠久,而且长期传承,显示出鲜明的民族特色。象征不但是中国装饰艺术的重要特征之一,也是使之长期传承,并保持鲜明民族特色的要素之一。"①新石器时代的一切装饰都具有象征的意义,这个装饰内容涵盖了所有的动物、植物、几何纹。

---

① 诸葛铠.裂变中的传承.重庆:重庆大学出版社,2007 年,第 118 页.

第三章 夏商周时期:缠枝纹的形态雏形

随着生产力的发展,原始社会开始有了剩余产品。氏族部落的首领们成为贵族,开始占有和掠夺财富,一部分氏族成员成为奴隶,阶级形成,原始社会逐步瓦解,慢慢过渡到奴隶社会。我国传说中尧舜禹时期,就是原始社会向奴隶制社会过渡时期。夏朝是我国历史上第一个奴隶制国家。

青铜文化是人类文明发展到一定阶段的产物。夏商周时期,又称青铜时代。夏朝,青铜器的制造有了一定的水平。商周时期,是青铜器的繁盛时代,技术精湛,种类繁多,数量巨大,空前绝后。商周青铜器纹样,并未延续新石器时代装饰纹样的淳朴、自由、快乐的风格,而是走向了具有宗教性质和神话色彩的世界,绝大多数纹样恐怖凶猛、威严肃穆。商周时期的装饰纹样主要包括动物纹、几何纹,兽面纹占据了大半。兽面纹,神圣、威严、狰厉,具有神秘而恐怖的特征,这是奴隶主统治阶级为了维护统治地位的一种重要手段,是商周时期奴隶制大发展的代表性产物。此时的植物装饰纹样非常少见,与丰富的动物纹、几何纹相比较,表现并不突出。但是,动物纹样、几何纹样所采用点、线、面等形态构成元素及装饰技法是所有纹样装饰的基础。因此,夏商周青铜时代的动物纹、几何纹的形态、构成形式以及线条表现,为后续的植物纹样发展奠定了坚实的基础。

第一节 青铜时代的曲线形态

谈到夏商周时代的曲线形态,肯定会立刻联想到气势恢宏、纹饰繁丰的青铜器。青铜器时期的纹样主题以动物纹、几何纹较为常见。这个时期,人们通过认识自然界,加上头脑的主观加工,创造了一些神秘的、恐怖的动物纹样。这些动物纹样主要有饕餮纹、夔龙纹、凤鸟纹等。诸葛铠先生在《裂变中的传承》说道:"巨目裂口的饕餮纹,几乎遍布每一件大小铜器,不但威武雄壮,而且狰狞可怕。"[①]伴随着狰狞的动物世界的诞生,几何纹样以背景呈现的方式瞬间充满整

---

① 诸葛铠.裂变中的传承.重庆:重庆大学出版社,2007年,第46页.

个装饰的世界,方格纹、雷纹、云纹、旋涡纹等,自带几何规律的纹样以反复、重复的形式加重了人们的感官刺激。青铜时代的装饰世界,显示出一种极具神秘、肃穆、威严的气氛,凸显和映射了这一时代的精神面貌和文化背景,反映了我国奴隶社会期间从统治阶级到奴隶阶级,对上天、对权利、对图腾的崇拜和信仰。观察这些动物纹样和几何纹样,几乎所有的纹样带有小角度的曲线,有些甚至本就是曲线,这是中国纹样早期的曲线运动态势,也是后来缠枝纹样构成的骨骼形成之重要的内容基础和形态基础。

一、绕不开的动物纹

　　青铜器,刨去材料、造型,最值得我们研究的就是纹饰。纹饰在青铜器艺术中占有相当重要的地位,反映了当时社会生活和人们的观念。夏商周时期主要流行的动物纹有饕餮纹、夔纹、龙纹、凤纹等,下面以这4类纹样来进行分析。

图 3-1　商代二里岗青铜器
　　　　上的饕餮纹[1]

(一)饕餮纹

　　饕餮纹产生时间非常早,早在新石器时代山东龙山文化和浙江良渚文化中的玉器中就已经出现,只是轮廓和纹样的表达方式比较简单。商周时期,大规模地发展了这种纹样,如图 3-1 所示。传说龙生九子,饕餮便是其中之一,特点是极其贪食。饕餮无疑是想象中的神兽。最早把此类纹样称为"饕餮"的是《吕氏春秋》:"周鼎著饕餮,有首无身,食人未咽,害及其身,以言报更也。"《说文解字》释其为:"饕,乃贪嗜财货饮食之意。贪食每较贪财为甚,以食盖财,故从食。餮,为大张其口以人财货纳饮食,故从殄声。"艾兰在《龟之谜——商代神话、祭祀、艺术和宇宙观研究》中说道:"张光直先生曾指出,世界上包括中国在内的许多早期文化中,大张兽口的艺术母题是通向另一个世界通口的象征。确实,外部世界就像是一只永不厌倦的野兽,嚼食着人食,以及动物和庄稼。"[2]

---

　　① 吴山.中国纹样全集(新石器时代和商·西周·春秋卷).济南:山东美术出版社,2010 年,第250 页.

　　② 艾兰.龟之谜——商代神话、祭祀、艺术和宇宙观研究.成都:四川人民出版社,1992 年,第146 页.

饕餮纹构成的线条包括直线、小幅度与直线连接的曲线、涡纹、圆形等。涡纹的态势与后期的缠枝纹骨骼构成形态是基本一致的，似乎在人类早期社会已经预知了后期常用的吉祥形态。在商朝代表性纹样——青铜器司母戊鼎饕餮纹（图 3-2、图 3-3）中，来解析一下纹样构成。

图 3-2　商代司母戊鼎饕餮纹①　　　　图 3-3　商代司母戊鼎饕餮纹细节纹样

在图 3-3 中，在饕餮的鼻子部位，涡纹似乎是植物柔软的须条。在饕餮的鼻子上部，也有类似的卷须。在饕餮的耳部，其装饰线条的形态与原始时期一些龙纹的形态极其相似，例如红山文化大玉龙。不可否认，这些线条以及其构成的形态，也许与植物毫无关系，只是形态与植物装饰类似，我们并不能因为其形态相似，就认为是同一种主题或者内容。但是其顺畅的涡形纹样表现，为后面的直线、曲线描绘其他主题打下了基础，这是毋庸置疑的。

青铜器饕餮纹千变万化，可以和其他动物形态进行组合，可以有羊首、牛首、猪首等构成，这是一种模式化的象征图形。图 3-4～图 3-6 中的饕餮纹具有高度一致的模式，线条简单抽象，这些线条曲直相接，且涡纹仍然与不同的部位相接，应该具有一种程式化的意义。

图 3-4　羊首饕餮纹②　　图 3-5　牛首饕餮纹③　　图 3-6　猪首饕餮纹④

（二）夔纹

夔，是古代传说中的一种爬行动物，只有一足，在形象上和龙接近。《说文解

①　杜乃松.青铜饕餮纹.紫禁城,1984(5),第 30 页.
②　同注①。
③　同注①。
④　杜乃松.青铜饕餮纹.紫禁城,1984(5),第 31 页.

字》云：“夔，神魖也，如龙，一足。”《山海经·大荒东经》说道：“有兽状如牛，苍身而无角，一足，出入水则必风雨，其光如日月，其身如雷，其名曰夔。”《庄子·秋水》中言：“夔怜蚿，蚿怜蛇，蛇怜风……”其中，夔指的是一足怪兽。郭沫若认为夔可能是从蛇演化出来的。曹峻先生在《殷商青铜纹饰中的“夔纹”及其含义》一文中认为“夔”不是“神异类动物龙”，认为“夔”是现实中的动物，认为来自动物“虎”。[①] 郑志强先生在《殷周青铜器中“夔纹”之“夔”新解》中认为：“夔纹的夔，应该为‘四鳍一足特型海狮’。”[②]

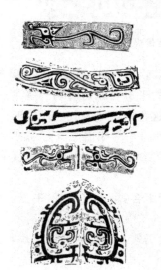

图3-7　殷、西周
铜器上的夔纹[③]

这种传说中的动物，主要盛行于商和西周前期，青铜器上经常以夔作为主题纹饰，多为侧形，常常出现在簋、卣、尊、彝的口或者足的边上或者腰部。夔的形态，有的张口卷尾一耳一足，有的口向下身弯尾曲，有的尾分两歧的，有的两头，也有的以几何形组成变形夔纹，纹样不尽相同，各有形态。如图3-7所示。

（三）龙纹

龙是中国人的图腾崇拜，具有神的意识，同时龙是王族意识的代表。龙是一种观念形态的体现，是观念形态与艺术创造的结晶。在中国历史的发展过程中，龙一直是中国人崇拜并且信奉的神兽。龙是商代人卜问的对象之一，在商代的卜辞里已有很多“龙”字。到了周代，人们更以龙属自居。《国语·周语》云：“我姬氏出自天鼋。”郑杰祥先生在谈到二里头遗址所见绿松石龙时，就龙纹的神圣意识和王族意识做过分析：“龙由于协助大禹治水有功而被夏人视为圣物或神龙，从而把龙形饰于贵重的器物并且借以显示着器物主人的高贵而受到尊崇。传至商周，龙形纹饰演变成为诸侯身份的标志，……以后又演变成为国王身份的标志。”[④] 刘一曼先生就妇好墓出土青铜器做过分析，就使用龙纹装饰的器物看，大部分是墓主之器，而其他人如官员、贵族、方国首领等所献之器，均无龙纹，由此指出：“在殷代，龙纹是贵族

　　① 曹峻.殷周青铜纹饰中的“夔纹”及其含义.中国社会科学报,2012,第11～28页.

　　② 郑志强.殷周青铜器中“夔纹”之“夔”新解.中国社会科学报,2013,第6～17页.

　　③ 吴山.中国纹样全集(新石器时代和商·西周·春秋卷).济南:山东美术出版社,2010年,第28页.

　　④ 郑杰祥.二里头遗址新发现的一些重要遗迹的分析.平顶山学院学报,2006(6),第49～51页.

身份、地位以及权力的标志之一。"①龙具有神的意识,有两个方面内涵,一方面是传统意义上的雷雨之神,在《淮南子·坠形训》中也有商汤曾因遭旱而作土龙以致雨的记载,这在甲骨文中可得到印证;另一方面就是一些学者所提出的帮助巫觋通天地的神,这种看法实际上是对张光直先生"萨满通灵说"的发挥。刘一曼先生也认为青铜礼器上的龙纹也担负着这一职能。

商周青铜器中的龙纹(图 3-8)主要出现在青铜器的盘底、鼎口、尊、卣、壶上,造型非常丰富。殷商时期,龙纹巨首生出两角,身似蛇形,盘曲如球状。春秋战国两身一头,头部居中,身子分列两边,有的有足,有的无足;有的双龙盘绕或者数龙盘绕。此时的龙纹形象,与封建社会中统治阶级所使用的龙纹还是有一定差距的。

图 3-8 商代青铜器上的
龙纹②

(四)凤纹

文献记载表明,我国原始社会时期鸟的图腾崇拜非常盛行,传说中少昊氏曾"以鸟命官",就是这种图腾意识的生动反映。《诗经·商颂·玄鸟》:"天命玄鸟,降而生商。"《史记·殷本纪》记载更详细:"殷契,母曰简狄,有娀氏之女,为帝喾次妃。三人行浴,见玄鸟堕其卵,简狄取吞之,因孕生契。"另外"商人的高祖亥,'亥'在甲骨文中有多种写法,但均与鸟的图形有关,这说明了商代极有可能以鸟作为图腾。"③周人与凤鸟也渊源颇深,《史记·周本纪》记载其祖先弃的诞生,也受到飞鸟的帮助,如《国语·周语》中"周之兴也,鸑鷟鸣于岐山。"从西周到东周,普遍都崇拜凤鸟,如《诗经·大雅·卷阿》曰:"凤凰于飞,翙翙其羽,亦傅于天。"又曰:"凤凰鸣矣,于彼高冈;梧桐生矣,于彼朝阳。"《山海经·南山经》载:"丹穴之山……有鸟焉,其状如鸡,五采而文,名曰凤凰。"青铜时代,凤鸟崇拜盛行,这是古代统治者意欲通过"天人合一""王权神授"的宗教外衣确立王权合法地位的一种手段。④

① 刘一曼. 略论甲骨文与殷墟文物中的龙. 三代考古,2004(9),第 381 页.
② 吴山. 中国纹样全集(新石器时代和商·西周·春秋卷).济南:山东美术出版社,2010 年,第 297 页.
③ 胡厚宣. 甲骨文所见商族鸟图腾的新证据. 文物,1977(2)第 84~87 页.
④ 钱耀鹏. 感生故事与早期政权的更迭.中原文物,2006(3):第 32~57 页.

图 3-9　殷代、西周青铜器上的凤纹①

凤纹(图 3-9)大多出现在卣和簋上,也有少数特殊的青铜器用凤纹作为全身装饰,比较特殊。凤鸟在商周青铜器上的形象,大多为侧面,只一足,小部分为回头,凤冠不与首相连且羽翼飘举。凤鸟有的头戴长冠,垂尾,有翼,尾作三重,冠向前绕;有的作跳跃飞翔状,等等。凤纹在后来的演化过程中越来越丰富,值得一提的是,在春秋战国时期,已经出现了凤纹与植物花卉纹样的结合,这是一个历史性的突破。因此,凤纹从一开始出现,似乎就带着不一样的使命,其凤为雄,凰为雌,可以飞翔,不仅传说中能够与上天仙界进行沟通,而且和植物花卉进行嫁接,其历史意义和历史地位是不言而喻的。

二、"S"形几何纹样

(一)窃曲纹

窃曲纹始见于西周,盛行于西周中后期,春秋战国时仍见沿用。窃曲纹是动物形态的简单化和抽象化,主要由鸟纹、龙纹发展而来,在周代不断成熟,并且变化多样。窃曲纹拥有更多灵活多变的曲线,一定程度上体现了人文情怀和历史文化特征。《吕氏春秋·适威篇》写道:"周鼎有窃曲,状甚长,上下皆曲"②,总的特点是长带形,两端钩曲,始见于西周晚期③。容庚先生在《商周彝器通考》中列出了 15 种窃曲纹的图像,成为近世确认窃曲纹的依据,通过《殷周青铜器通论》梳理后保留了 3 种纹样,认为:"窃曲纹中多含有目形和兽角的形状,故知其从动物形状变化而来。"马承源先生在《商周青铜器纹样》中发展了这一看法,认为窃曲纹是"具有浓厚宗教信仰气氛的兽面纹蜕化而成的变形兽面纹"。

窃曲纹的基本特征是一个横置的 S 形,中间常填以目形纹,符合"上下皆曲"的特点,这是一种适应装饰部位要求而变形的动物纹样,是动物的简化和抽象化。窃曲纹打破了商代以来,以直线为主的装饰特点,也打破了对称格式,两端回钩的"S"形线条构成扁长形图案,但又未完全摆脱直线的雏形,因而形成直中

---

① 吴山.中国纹样全集(新石器时代和商·西周·春秋卷).济南:山东美术出版社,2010 年,第 279 页.

② 北京大学藏《四部丛刊》本《吕氏春秋·适威篇》。

③ 摘自故宫博物院官网窃曲纹词条。

有圆、圆中有方的特点。西周青铜器窃曲纹如图 3-10～图 3-15^① 所示。

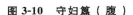

图 3-10　守妇簋（腹）

图 3-11　乳钉纹簋（圈足）

图 3-12　仲殷父簋（口下）

图 3-13　鲁司徒仲齐盨(口下)

图 3-14　莫伯盨(口下)

图 3-15　殷句壶（盖沿）

（二）云雷纹

云雷纹最早出现在新石器时代晚期,推测由旋涡纹发展而来。商周时代云雷纹大量出现在青铜器上,大多用作衬托主纹的地纹。商代晚期,云雷纹已经比较少见,但在商代白陶器和商周印纹硬陶、原始青瓷上,云雷纹仍是主要纹饰。到了汉代,随着青铜器的衰退,陶瓷器上的云雷纹也消失了。《梦溪笔谈》中有写:"礼书言罍画云雷之象,然莫知雷作何状。……予尝得一古铜罍,环其腹,皆有画,细观之乃是云雷相间为饰,如者,古云字也,象云气之形;如者,雷字也,古文为雷,象回旋之声。其铜罍之饰,皆相间,乃所谓云雷之象也。"

图 3-16 中云雷纹的形态与后期魏晋南北朝时期敦煌藻井、壁画中的忍冬纹或后期的缠枝纹须是非常形似的。当然,不是说后续发展的缠枝纹是由这些原始动物纹样、几何纹样变化而来,例如直接将饕餮纹中的涡纹直接列为后续涡纹的原型,这显然是不合理的。但是,文化肯定具有传承性。饕餮纹中,涡纹装饰线条,我们不能说是直接来源于原始陶器上的水涡纹,早期陶器装饰纹样为青铜时代的装饰纹样奠定了基础。我们不能否认,涡形纹样在很早就已经出现,当然一定会影响

图 3-16　殷代、西周青铜器
上的云雷纹^②

　　① 图 3-10～图 3-15 摘自:彭裕商.西周青铜器窃曲纹研究.考古学报.2002(4),第 21～43 页.
　　② 吴山.中国纹样全集(新石器时代和商·西周·春秋卷).济南:山东美术出版社,2010 年,第 30 页.

后世装饰的思维、形态、意义。饕餮纹、夔纹、龙纹、凤纹为我国后续两千多年的纹样发展奠定了基础,而此时的涡纹、云雷纹、窃曲纹都极大地为日后缠枝装饰纹样奠定了发展基础。

第二节　夏商周时期的植物装饰纹样

夏商周时期,农业、手工业进一步发展,生产力水平不断提高。毫无疑问,在夏商周时期,动物纹样占据了大部分的装饰空间。属于植物纹样的领地是非常有限的,植物纹装饰远没有动物纹装饰那么丰富。实际上,从农作物的角度来说,夏商周时期的植物作物已经很多样了,植物资源非常丰富。商代卜辞中除了禾、粟、稻、黍等关于粮食作物的字外,多次出现了诸如果、树、杏、栗、竹、木、杞、杜、柏、桑、森、林、楚、草、蒿等字。根据近年来的考古成果,夏商周时期出土了大量植物遗存,主要包括梅、莲、竹等。例如,在河南安阳殷墟博物馆发现有炭化的竹篓遗存,而同一时期出土的铜鼎等器物中,则发现有炭化梅核。在江苏省吴江县出土了新石器时代的梅核,商代在河南安阳殷墟出土了梅核碎片,在河南石门县殷商墓发现了莲子的踪迹,发现梅、莲遗存最为丰富。这些植物遗存向我们证实,夏商周时期人们利用各种植物改变生活已经成为常态,对植物的实用性认识与经验比较深刻。另外,我国园林的雏形——苑囿得以兴建。而发展到周代,体制更加清晰,甚至有专门掌管苑囿的官员出现,专门管理瓜果蔬菜及奇珍异物等。人们开始摆脱了狩猎的生活,已经完全进入定居采植的生活状态,人们不仅能够广泛地使用植物,而且慢慢开始了对植物的引进栽培。

我国专门关于花卉的文字记载,最早见于商代甲骨文中。"华"代表"花",华,像是垂穗儿的花。春秋战国时期的《诗经》《楚辞》《夏小正》等书籍记载了丰富的植物花卉内容。《梁书·何点传》中才有现代意义上的"花卉"二字。夏商周时期,非常明确的花卉有莲花纹,除此之外,还有创造性花卉——四瓣花纹。现代意义中,花是种子植物的有性生殖器官,引申为有观赏价值的植物;卉是草的总称。从某种潜意识来说,关注花卉也是早期先民对植物生殖崇拜的朦胧意识。

一、莲花纹

莲花是我国的原产花卉,在我国具有悠久的栽培历史。自古至今,为我国广大民众所珍爱。在中国的传统文化中,莲文化不仅体现着一种民族的文化情结,也积淀着中华民族特有的审美情趣。中国近代考古遗存和文献记载证明，早在大汶口文化时期，莲花就已进入人们的生活。考古工作者在浙江河姆渡文化遗址中发现距今约七千年的莲花花粉化石和刻划有荷花图案的陶器残片，以及在仰韶文化遗址发现的距今约五千年的炭化莲子，证明了新石器时代我国的长江流域、黄河流域范围内分布有大量荷花，在人们日常生活起着重要作用。

莲也称荷，古代又称芙蕖、芙蓉。我国最早的诗歌总集《诗经》中就有关于荷花的记载："山有扶苏，隰与荷华，彼泽之陂，有蒲与荷。"而屈原《楚辞》甚至几次提到莲（荷）花，"如芙蓉盖而菱华车兮，紫贝阙而玉堂乘水车兮荷盖，驾两龙兮骖螭。"《尔雅·释草》："荷，芙蕖……其华菡萏，其实莲，其根藕。疏，芙蕖其总名也，别名芙蓉；江东呼荷；菡萏，莲花也。"[①]

我国运用莲花装饰有考是从周代开始。商周时期青铜器盖顶装饰莲花花瓣多做立体造型，瓣形比较简洁抽象。西周晚期莲瓣装饰开始流行。在西周晚期的方壶盖上出现了莲瓣装饰，技术形式是浮雕。现存陕西历史博物馆的青铜器"梁其壶"（图 3-17）装饰有莲瓣纹，其壶盖四周饰有一周镂空的莲瓣作为盖钮，莲瓣呈波状环绕器口。西周晚期青铜器"颂壶"（图 3-18）的器口也可以看见类似的莲瓣纹。

图 3-17　梁其壶　　　　　图 3-18　颂壶
（陕西历史博物馆藏）　　　（台北故宫博物院藏）

二、四瓣花纹

商代中期，出现了四瓣花纹。四瓣花纹并不是指具体的某一种花卉，而是根据形态得名。四瓣花纹又被称作四瓣目纹、四叶纹，基本特点是以一个兽目居

---

① 《尔雅·释草》见阮元.《十三经注疏》.北京：中华书局，1980 年，第 2665 页.

中,四角附有四个等大的花瓣形纹样,每瓣中间均凹入,呈两岔状,模拟植物花卉而成。

　　在商代晚期和西周前期的青铜器物上亦有表现,到了东周几乎不可见。商代晚期的四瓣花纹,一般用作主纹或辅助纹饰。做主纹的,一般单独使用,独立构图,如安阳殷墟妇好墓出土的"妇好墓铜觯"(图 3-19、图 3-20),盖面与腹部均有此种纹饰,四瓣顶端的两叉均出钩,近于立刀形,又似与动物有一定关系,这是四瓣纹较为原始的形象。到了后来,纹样逐渐变异,花瓣变小,花瓣上的曲线消失,如收藏于宝鸡青铜器博物馆的"父辛铜盘"(图 3-21、图 3-22)。父辛铜盘上的四瓣花纹伸长作钳状,但仍与涡纹共组,四瓣变成月牙状,四角多加上螺旋形的云雷纹,与圆涡纹共同组成纹饰带。

图 3-19　妇好墓铜觯
（国家博物馆藏）

图 3-20　商代晚期妇好墓铜觯上的花纹

图 3-21　父辛铜盘
（陕西宝鸡青铜器博物馆藏）

图 3-22　西周父辛铜盘上的四瓣花纹

　　随着社会生活的发展,人们的精神需求越来越丰富,各种自然界的事物成为不同情感的载体,植物就是其中的一大类。夏商周时期的人们以各种方式寄托自己的情感,虽然这个时期植物花卉装饰并不多见,但植物装饰文化依然是夏商周文化的重要组成部分,这为后续的纹样大发展奠定了基础。同时,此时的植物地位已经由农作物发展到祭祀用品,进而进入文学艺术领域。这为春秋战国时期缠枝纹雏形的出现奠定了良好的基础。

第三节　夏商周时期曲线装饰纹样的载体

夏商周时期的曲线纹样，主要表现在青铜器、陶器、玉器、织绣、骨雕上，以青铜器最为丰富，陶器次之，其他器物的曲线装饰或多或少受到青铜器装饰风格的影响。

一、青铜器

商周时期，青铜器主要分为生产工具、生活用具、兵器、礼器、车马器等。青铜器上植物图案的数量和种类不多，且多起陪衬作用，但图案的表现手法却已经有很大的进步，逐渐成熟。按照纹样主题来分，可分为动物纹、几何纹、植物纹、人物纹、文字装饰等。动物装饰纹样数量最多，其次是几何纹样和人物纹样，植物纹样较少。商代晚期，先民开始尝试用植物题材装饰青铜器，从生活用具扩大到礼器上，运用范围有不断扩大的趋势。青铜器上以叶片为主要形态特征的两种植物图案四瓣花纹和蕉叶纹，就是最好的证明。虽然，商代人们已经逐渐利用和欣赏植物，但与丰富的植物遗存相比较，目前所看到的植物装饰纹样相对贫乏。

我国大件青铜器在夏代晚期（考古学文化的二里头时期）开始出现，到商代前期（二里岗时期）和商代后期（殷墟文化时期），出现了大量气势恢宏、纹饰繁缛的青铜器。到周朝出现了一批具有长篇记录历史事件文字的青铜器，这是中国青铜文化的特有现象。夏代的工艺文化以二里头文化为典型代表，其青铜器、玉器、陶器、石器、牙骨器、漆器等已经发展到一定的水平，特别是青铜器的制造，开创了我国古代工艺文化的新纪元。从河南偃师二里头文化出土的镶嵌绿松石的青铜牌（图3-23、图3-24①）中我们可以看到，兽面形象呈对称状，流线造型轻快灵活，曲线涡卷清晰明确，整体而言，似乎在曲线形态下孕育着某种神秘的气息。

公元前16世纪，商汤起兵，夏朝灭亡，建立了商朝。商代五次迁都，《竹书纪年》载："至盘庚后才定居下来。"迁殷以后，商代的经济和文化得到了空前的发展，青铜器高度发达，达到青铜器工艺的顶峰，这意味着装饰艺术得到了很大的发展。青铜器的纹样是这一时代的主流，其他器具如陶器、玉器、石器的装饰纹样大体与青铜器类似。商代青铜器纹样主要分为动物纹和几何纹，动物纹占据

---

① 图3-23、图3-24摘自（日）林巳奈夫.神与兽的纹样学：中国古代诸神.北京：生活·读书·新知三联书店，2016年，第126页。

了主体,几何纹样作为地纹,曲线线条运用熟练、流畅。"陪衬的雷纹也千篇一律,似乎没有变化的自由。"①诸葛铠在《裂变中的传承》中认为商代的装饰纹样"兽面无处不在,地纹千篇一律"。②

图 3-23　镶嵌绿松石的青铜牌　　图 3-24　镶嵌绿松石的青铜牌纹样

西周时期,我国青铜冶铸技术继续发展,青铜器的数量有较大的增长。青铜器主要包括礼器、乐器、兵器、工具和其他日用杂器等。西周时期除了铸工精湛、造型雄奇的重器以外,铭文青铜器多有增加,且有长篇铭文,以毛公鼎为例。西周青铜器主要纹样有云雷纹、窃曲纹、涡纹、夔纹、饕餮纹、弦纹、龙纹等。具体如图 3-25～图 3-27 所示。

图 3-25　西周窃曲纹鼎　　图 3-26　西周"召"青铜卣　　图 3-27　西周"矢"青铜方彝
　（中国国家博物馆藏）　　　（中国国家博物馆藏）　　　（中国国家博物馆藏）

二、陶器

探寻人类社会早期的植物装饰,夏商周时期的陶器仍然是一个很重要的突破点。白陶早在新石器时代晚期就已出现。至商代,由于烧制温度升高,原料的淘洗更加精细,白陶质地洁白细腻。商代早期白陶器形以鬶、盉、爵为主,纹饰有"人"字形纹、拍印的绳纹、附加堆纹等。商代中期,器物增加了豆、罐、钵等,其装

---

① 诸葛铠.裂变中的传承.重庆:重庆大学出版社,2007 年,第 47 页.
② 诸葛铠.裂变中的传承.重庆:重庆大学出版社,2007 年,第 46 页.

饰除少数绳纹外,以素面磨光为多。商代后期是白陶烧制的鼎盛期,在黄河流域的商代晚期遗址与墓葬中均发现不少白陶,其中以河南安阳殷墟出土的白陶最具特点,器物有觯、壶、尊、卣等酒器和鼎、豆、盘、簋等食器。商代陶器纹饰常见有云雷纹、旋涡纹、饕餮纹、蝉纹、曲折纹、夔纹等。特别是部分陶器造型模仿青铜器,装饰纹样亦与青铜器一致,主要雕刻装饰技法细腻,显示了商代后期白陶的高度发展水平。商代陶器如图 3-28~图 3-30 所示。

在夏代二里头遗址的陶器中,有两片刻划有植物图案的陶器残片。其中一块刻有草状纹样,而另外一块纹样则以绚丽繁复的线条,刻划出一朵似乎盛开的牡丹花。这证明了夏时,中国先民已经关注植物装饰,并试图表达情感。

图 3-28 白陶雕刻饕餮纹双耳壶 　　**图 3-29 白陶刻纹豆** 　　**图 3-30 白陶刻饕餮纹双系壶**
　(北京故宫博物院藏)　　　　　　(北京故宫博物院藏)　　　　　　(北京故宫博物院藏)

三、铜镜

铜镜,是古代人类生活中日常梳洗照面用具。殷商时期的铜镜,为圆形,背面有纹样装饰。商王武丁时期,铜镜已经开始使用。出土于河南安阳小屯村妇好墓的叶脉纹镜,两周弦纹间饰以四组均匀整齐的叶脉纹,叶脉排列有序,每组两片,为殷商铜镜之佼佼者。[①] 商周时期,植物纹样表现得不是很丰富,但是在表现形式上,商周纹样与原始社会纹样相比已经有明显的不同,在人类早期社会重视动物装饰纹样,忽视植物装饰纹样的情况下,这已经是一个巨大的进步了。春秋战国时期,铸镜技术大发展,是历史上第一个鼎盛时期,不仅数量大,种类繁多,分布较广,而且镜形新颖,纹饰繁缛,制作精细。两汉时期,随着青铜器钟鸣鼎食作用逐渐消失,铜镜得到了充分发展,产量大增,制作工艺也有了很大进步,图案丰富多样且富有艺术色彩。

---

① 程长新,程瑞秀.镜花水月——铜镜鉴赏与辨伪.北京:北京美术摄影出版社,2008 年,第 25 页.

第四节　夏商周时期的自然崇拜与装饰纹样

远古时期,动物纹样作为原始图腾广泛出现,从早期的象形动物纹到新石器时代的几何纹都体现出远古先民的图腾崇拜意识。几何纹是对早期动物形象、植物形象、自然现象等的一种超自然的概括与抽象。其形式,虽然逐渐简化、抽象最终成为纯形式的几何图案,但它的原始图腾含义不但没有消失,反而在不断地重复过程中,得到了加强与升华。

到了夏商周时期,人类社会的生产力有了一定的发展,奴隶制社会对自然的崇拜渗透到方方面面,虽然不似原始社会表现得如此外化,但依然以另外一种形式强劲地存在,宗教、巫术等是商周人精神世界中宗教化、自然观的物化表现。装饰文化"作为意识形态的文化,是一定社会的政治和经济的反映,又作用于一定社会的政治和经济。"①正如黑格尔在《美学》第一卷里说:"美的要素可分为两种:一种是内在的,即内容,另一种是外在的,即内容所借以现出意蕴和特性的东西。"②夏商周装饰纹样是经济、政治、文化的综合体现。

一、自然崇拜融入宗教崇拜活动

与原始社会相比,夏商周时期的植物装饰纹样不但没有日益丰富,反而在生产力逐步提高,人类智力逐步提升、活动范围扩大之后没有发展,甚至减少。随之而来的是海量的动物纹样——且绝大多数是想象中的神兽装饰充斥着整个装饰的世界。几何纹样在这个时代也得到了淋漓尽致的发挥,云雷纹、目纹等动物纹样和几何纹样的"超常规"发挥已经完全淹没了植物装饰纹样,主要的原因是当时朴素的植物崇拜观念已经完全融入宗教崇拜活动当中去。在神性方面,花卉树木等植物无法与能够上天飞翔、入地奔跑的动物相比,自然而然奴隶社会的统治阶级不会选择失去神秘意义的植物,毫无疑问地会选择动物。以兽面纹为主体的各种动物纹,在焰火缭绕的祭祀中,创造出令人窒息的严肃、神秘气氛。绝大部分的植物装饰已经融入动物纹样的曲线形态中,先人们自我创造的大量几何纹特别是妖娆的"S"形植物形态出现在宗教崇拜中。

占卜,是一种宗教活动。

辛亥贞,王正召方,受佑。己亥卜,争,贞王勿立中。己未卜,贞立事于南,右

---

①　辞书编辑委员会.辞海.上海:上海辞书出版社,1989年,第4022页.

②　(德)黑格尔.美学:第1卷.朱光潜,译.北京:商务印书馆,1979年,第25页.

从我,中从舆,左从曾。十二月。贞,生八月帝不其令多雨。丁酉雨,至于甲寅,旬有八日？九月 。

从以上卜辞可以看出,大到征伐、祭祀,小到出行、求雨、疾病以及生活中的诸多事情,几乎都要进行占卜 。

祭祀,即献祭。"祭者际也,人神相接,故曰际也"。祭祀是指通过物质性供品,与神交际,渴望得到神的帮助,表达了人与神之间神秘的宗教关系。祭祀是夏商时期帝王贵族们的一项重要的宗教活动,更是一项政治活动。《洪范·九畴》载:"八政,一曰食 ,二曰货,三曰祀⋯⋯"将祭祀置于治国八政之一且居第三位,这说明该时期祭祀对于政治活动的重要性。夏代祭祀,史书记载较少,仅可从《尚书》《礼记》等后世所著中管窥其大概面貌。夏代祭祀保留了大量万物有灵观念下的自然万物的祭拜,在万物有灵论的观念引导下,夏代祭祀自然万物,但"天命"观念已经初步抽象成为"神"。《尚书·甘誓》载夏启伐三苗时讲:"济济有众⋯⋯蠢兹有苗,用天之罚。"另外,中国"敬天法祖"的观念始于夏代。夏伐有扈氏时宣布:"用命,赏于祖;弗用命,戮于社。"夏代出现了野蛮的人祭、人牲现象。例如,二里头文化中,人祭姿势仪规化,有的双手缚于背,有的双手向上,有的头身分开,甚至肢解等不同祭法。殷商祭祀活动频繁且复杂,这在殷墟中遗留下来的大量祭祀卜辞记录得到证明。殷商祭祀活动名目繁多,如伐鼓而祭、舞羽而祭、献酒肉而祭、献黍稷而祭、合历代祖先而祭,并将此五种按次序先后反复进行祭祀,同时还有祭社。这些活动,均是自然崇拜的体现。

巫术,产生于原始狩猎时代,夏代尊重巫觋和占卜,崇敬自然天命,是"巫政合一"或"巫君合一"的时代。巫有男女之分,《国语·楚语》曰:"在男曰觋,在女曰巫。"部落首领是最大的巫,大禹是当时有名的大巫,《法言·重黎》云:"昔者姒氏治水土,而巫步多禹。"禹步是当时巫舞的一种表现,以声乐歌舞敬神,这正是"巫"的本质。

张光直先生认为,应该以"工"释"巫",而"工"即"矩",是木匠用来画方圆的工具,"用这工具的人,便是知天知地的人。巫便是知天知地又能通天通地的专家。"[①]《说文解字·巫部》曰:"巫,祝也。女能事无形,以舞降神者也。象人两袖舞形,与工同意。古者巫咸初作巫。凡巫之属皆从巫"。《说文解字·示部》曰:"祝,祭主赞词者。从示,从儿口。一曰,从兑省。"《易》曰:"兑为口,为巫。"段玉裁注:"谓以人口交神也。"就是说,巫祝是祭祀时主赞词的人,可以沟通神和人。

---

① 　张光直.中国青铜时代.北京:生活·读书·新知三联书店,2013 年,第 265 页.

殷商时,国有大事,有巫祭祀作法、请神消灾,一定的禳灾由一定的巫来承担。巫师有很高的社会地位,史籍中有名的商巫有巫咸、巫贤、巫彭,他们都是当时最重要的知识分子,既是智者又是圣者,具有通天知地的本领。史学家范文澜曾说:"商朝比夏朝有极显著的进步,庶民劳动,培养出拥有较高知识的人物巫和史。巫、史都代表鬼神发言,指导国家政治和国王行动。巫偏重鬼神,史偏重人事。"[1]君王本人或者君王指派的高级祭祀通过掌握种种巫术技巧,独占了与上天及其他神祇的沟通权利。陈梦家先生在《商代的神话与巫术》中认为在殷商时期"由巫而史,而为王者的行政官吏;王者自己虽为政治领袖,同时仍为群巫之长。"[2]祭祀时巫主管摆放神柱、供品、仪式 、程序安排和场所布置等。巫主要是跳舞,即"歌哭而起",将祭品的血涂在祭器上等。祭品有猪、牛、马、羊等动物,有谷类植物,还有器物鼎,等等。

二、祭祀用具的装饰纹样

夏朝的神权思想贯穿了商代至西周初期,人们在统治阶级的引导下,愈加尊神尚天。《礼记·表记》云:"殷人尊神,率民以事神,先鬼而后礼……"当时神治高于礼治,尊崇上帝和祭祀鬼神成了商王和王室贵族的重要活动,其人们普遍信仰天命论,认为自然界是由神操作的,人是依附于自然而存在的。奴隶主贵族阶层为了巩固统治,达到对祭祀权和征伐权的掌控,经常发动战争,进行祭祀祈求上天保佑。在安阳殷墟发现的大量青铜器中,相当一部分都是礼器和兵器,手工工具和农具则很少见。这些考古实物证实祭祀和战争在这一时期的重要地位。

商代青铜器作为礼器常常用作祭祀和墓葬的陪葬,用来祭祀天神、地祇和祖先等。祭祀天神、山川、湖泊、风雨和星辰等青铜器发现于专门的祭祀坑中。关于青铜器祭祀坑的埋藏意义,张懋先生有精辟的研究,他指出商代青铜器祭祀坑有三种:建筑祭祀坑、墓葬祭祀坑和山种祭祀坑[3]。这是人与自然通过器物进行沟通的重要案例。

纹以藏礼,商人宗教思想包含在青铜器器形和纹饰中。商代青铜器最突出的纹饰是饕餮纹(兽面纹)。关于饕餮纹之思想内容,《吕氏春秋·先识览第四》曰:"周鼎铸饕餮,有首无身,食人未咽,害及其身,以言报更也,为不善亦然。"目

---

① 范文澜.中国通史简编(第一编).北京:人民出版社,1994 年,第 222~223 页.

② 陈梦家.商代的神话与巫术.燕京学报,1936(20),第 535 页.

③ 张懋.殷周青铜器埋藏意义考述.文博,1985(5),第 43~47 页.

前学界公认,能够较为准确地揭示商代青铜器纹饰之宗教思想的是《春秋·宣公三年》中记载的王孙满的一段话:"昔夏之方有德也,远方图物、贡金九牧、铸鼎象物,百物而为之备,使民知神奸。故民入川泽山林,不逢不若;魑魅魍魉,莫能逢之。用能协于上下,以承天休。"俞伟超先生认为:供奉了"百物",便能抵御鬼怪侵扰,使得"魑魅魍魉,莫能逢之",那么夏鼎上的图像应是驱散"魑魅魍魉"的诸神,青铜时代上神化动物形象,当然就是神灵的象征。① 张光直先生认为,礼器上的动物是用来"协于上下",即是帮助巫师贯通天地的工具,是人与神之间贯通的桥梁。② 这两种观点是目前学界最为流行的权威观点。

青铜器装饰中的饕餮纹,表达了殷人祖先崇拜和自然崇拜的观念,是殷人观念中远祖神和各种自然神的形象。凤鸟纹是风神的象征,《说文解字》中记录:"凤,神鸟也……濯羽弱水,莫宿风穴,见则天下大安宁。"指的是与风有关系的灵物,是一种吉祥的神鸟。除此之外,商代青铜器纹饰还有大量自然界的现实动物,如牛、羊、猪、象、鹿、鸟,蝉、蚕、蛇、鱼等。这些动物都是以动物神的身份出现的,它们的大量存在说明了商代动物神崇拜仍很昌盛。动物神崇拜是原始宗教现象,原始人认为,宇宙间的每一种动物都是具有神力的,人们对它们加以崇拜,以企求其驱灾除祸,保护人类平安。这种思想在商代青铜器器形及纹饰中也表现得非常明显,因此装饰纹样可以说是承载了青铜时代人们的理想和愿望。

马克思曾经说过:"国家、社会产生了宗教即颠倒了的世界观,因为它们就是颠倒的世界。宗教是这个世界的总的理论,是它的包罗万象的纲要,它的具有通俗形式的逻辑,它的唯灵论的荣誉问题,它的狂热,它的道德约束,它的庄严补充,它借以求得慰藉和保护的普遍根据。"③同时,马克思也认为传统宗教在人类历史上对哲学、政治、道德、文艺等文化形式有着深刻的影响。宗教同样也是中国文化的源泉,夏、商、周三代以"敬天法祖"为核心内容的古代宗教奠定了当时中国文化的主体与核心,而三代宗教中渗透的天人观念,则是先秦诸子哲学天人观的源头和土壤。

---

① 俞伟超.先秦两汉美术考古资料中所见世界观的变化//庆祝苏秉琦考古五十五年论文集编辑组.庆祝苏秉琦考古五十五年论文集.北京:文物出版社,1989 年,第 120 页.

② 张光直.中国青铜时代.北京:生活·读书·新知三联书店,2013 年,第 436 页.

③ 中共中央马克思恩格斯列宁斯大林著作编译局.马克思恩格斯选集:第 1 卷.北京:人民出版社,1972 年,第 1 页.

三、夏商周装饰纹样的影响因素

(一)夏朝敬天尊神的神权思想

公元前 2100 年前后,夏王朝建立,标志着我国告别氏族社会,正式进入文明时代,华夏族的名称也随之产生。但是刚刚建立的夏王朝,政权极其动荡。为了巩固统治地位,统治阶级"以神为天",加强统治思想。天命论大约在夏代就已经出现,《尚书召诰》曰:"有夏服(受)天命。"商人自称是玄鸟的后代,"天命玄鸟,降而生商",意思是这个部族也像候鸟一样迁徙不定,直到商王武丁后期才建立了殷商。夏朝的敬天、尊神的思想影响着当时的政治、经济、文化等诸多方面,体现在装饰纹样上就是一切围绕着神权思想来进行。

夏朝是中国青铜文明的开幕时代,以二里头夏代王都遗址为代表,足以证明当时青铜器就已经开始繁荣。张光直先生认为:青铜器的确展示了我国古代高超的冶炼技术,但是更重要的一点是,夏商周时期的青铜器是为政治服务的,是统治阶级的政治工具。且他还认为:"中国古代文明特征为什么以青铜器为特征?这是因为在巫教环境之内,中国古代青铜器是获取和维持政治权力的主要工具。"[①]而青铜器装饰纹样同样也是为政治需要而服务的。

(二)殷商天命、天罚的巫术礼仪

到了商代,"商代的迷信思想较之原始社会有增无减"。[②]随着奴隶制生产关系的发展和王权的加强,殷商奴隶主阶级的"天命""天罚"思想有很大发展。殷商奴隶主以迷信鬼神著称,"殷人尊神,率民以事神"。商时"上帝"从自然神灵系统中进一步分离出来居于众神之上,成为至上神,"夏氏有罪,予畏上帝,不敢不正"。人们热衷于各种巫术礼仪活动,青铜器、玉器作为主要的祭祀品,祭祀品上装饰着巫术礼仪所需要的标记符号或者图形图像,它们浓缩着、积淀着原始人们强烈的情感、思想、信仰和期望。

值得注意的是,商代的巫术活动已经不是单纯的巫术活动,而慢慢变成具有祭祀宗教的性质。弗雷泽认为:巫术与宗教的区别在于,巫术相信有某种非人的力量对世界包括神灵的支配作用,同时,人可以通过某种方式操作这种力量;宗教则采取祈祷、祭祀等温和的手段取悦神灵。因此和夏代及之前的巫术有了本

---

① 　张光直. 中国青铜时代. 北京:生活·读书·新知三联书店,1990 年,第 494 页.
② 　诸葛铠. 裂变中的传承. 重庆:重庆大学出版社,2007 年,第 46 页.

质上的区别。殷商实际上是通过占卜,以一种间接的神秘交感方式测度帝、鬼神的意志,使得百姓"敬鬼神,畏法令"。《礼记·曲礼》载:"龟为卜,策为筮"。殷人信仰的神反映了他们对自然力的崇拜,而他们所信仰的天帝也并没有完全人格化,这使得周人在论证自己掌管殷合法性的时候赋予一种宇宙命运的色彩。

原始社会已经出现的数量不少的植物装饰纹样似乎全部在这里消失了,即使我们发现的莲花造型、四目花瓣纹,或者隐隐约约出现的一些植物茎叶痕迹也被融合在大量的动物纹样装饰中,这是统治阶级示意下的"神"的指示和全部意义所在。它让人联想到至高无上的统治者——神,神的权威通过让人产生恐惧联想的抽象图案投射在人的心灵上,更加重了恐惧的感受,并借助广大的联想空间催生了神秘的氛围。

(三)周人敬德尊德的礼乐文化

周人与殷商相比,重实际轻天命,认为"天命靡常""天不可信",形成了"敬德"的主导思想,强调用人力、人的道德保有"天命"即掌握政权,主张用体现国家制度、人伦行为准则和道德规范的"礼"来稳定社会秩序,用"乐"来引导人们在遵守等级秩序的前提下的和谐。它孕育和涵盖了"人治"理性精神和"统一和合"精神。这种思想在青铜礼器中也有体现,该期的纹样更加简朴和流畅,动物纹样依然还在周代青铜器中出现,但已远不如殷商繁复恐怖,殷商直线为主的遒劲风格开始透出圆润流畅的新气象。正如李泽厚《美的历程》所说,到了东周末期,"理性的、分析的、纤细的、人间的趣味和时代风貌日益蔓延,作为祭祀的青铜礼器也日益失去其神圣光彩的威吓力量。"

宗教力量的束缚被解除,现实生活和人间趣味更加自由地进入艺术创作中。饕餮等神兽纹逐渐失去神秘的威吓力量,但是这个时期宗教力量在纹饰上的退位,并没有带来植物系纹样的兴盛。植物作为生存必需的自然资源,虽对古人生活极为重要,但是五谷杂粮和草树花卉只是人间世界的组成部分,对于早期宗教来说,并未具有和神灵上天相关的意义,也不具备威慑、震撼的视觉力量,因此在早期作为宗教符号表现的纹样中,植物始终居于代表力量、权力、意志的动物纹之下。直到战国和两汉,随着历史的变迁,植物纹样才逐渐在装饰艺术领域多起来。

第四章　春秋战国:中国缠枝纹的萌芽期

　　春秋战国是奴隶社会向封建社会的转变时期,虽然在历史上属于两个阶段,但是在纹样装饰上,其历史风貌、艺术风格却较为接近,一般都整体看待这段时期的装饰。春秋时期,周王室逐渐衰落,各个诸侯国不断兼并,以取得霸主地位,历史上有著名的春秋五霸——齐、秦、宋、晋、楚。在争霸战争中,最后形成了战国七雄——秦、魏、楚、韩、赵、燕、齐。我国的封建社会起始于战国时期,这一时期生产工具的进步和劳动力的增多,使得社会生产力进入了一个新的发展时期。

　　春秋战国时期的纹样,在百家争鸣、彼此交流的时代背景下,显得十分活跃。除了延续上个时期的传统兽纹外,更加重视现实生活的内容,这是一个巨大的进步。春秋战国时期,装饰纹样有宴饮歌舞、渔猎、战争等,尤其是狩猎,在铜器、漆器上得到大量应用。这与当时的社会生活有直接的关系,说明狩猎仍然是非常重要的人类活动。根据《中国纹样史》的统计,在春秋战国时期,实际能寻找到的纹样要大大超出《山海经》中的纹样种类,动物纹有鸟、鹤、鸮、鸳鸯、鹦鹉、天鹅、雁、雀、鸭、象、虎、豹、鹿、猴、牛、马、鱼、蛙、蟾蜍、蝌蚪等;植物纹有梅、莲、花朵、花叶、柿蒂、藻、树等;神异纹主要包括龙、人面龙身、人面牛身、人面马身、人面羊身、人面鸟声、人面蛇身、人面猪身、人面兽纹、两头兽、独角兽、蟠螭、凤、三头鸟等;天象纹包括云纹和山纹;几何纹主要包括直线、波纹、弦纹、绳纹、勾连、锯齿、螺旋、棋格、圆圈、回纹、瓦纹、菱形、贝纹、如意、太极等;社会生活类有战斗、宴饮、舞乐、狩猎、车骑等[①]。从这些纹样形态来看,春秋战国时期,人们的装饰艺术已经开始逐步从商代天的遵从和周代礼的制约中摆脱出来,器物中的装饰开始表现现实生活,这种行为和思想为后续装饰艺术的发展,奠定了有利的基础。

---

　　①　田自秉,吴淑生,田青.中国纹样史.北京:高等教育出版社,2003 年,第 137 页.

第一节　春秋战国时期的植物装饰纹样

春秋战国时期,装饰纹样在继承传统的基础上有了新的变化和发展,各种动物纹日益形式化和抽象化,形成伸展连续的蟠螭纹、虺蟠纹。这一批反映社会现实的宴饮、狩猎、舞乐、战争等新题材既突破传统又反映了社会现实。不仅如此,还有一些写实与变形相结合的穿枝花草、藤蔓纹等具有时代特征的题材出现在纹样中,这些植物纹样和活泼而富有浪漫色彩的龙凤等动物纹相互穿插,被创造性地处理在弯曲回旋的旋涡状态之中,这成为春秋战国装饰纹样风格的一大特点,而我国最早期的缠枝纹形态也在这种形式中萌芽了。尤其是洛阳出土的铜壶、铜鼎、铜镜上出现了较多的具有植物花卉的装饰,这些植物纹样,比较写实,造型朴素,如图 4-1～图 4-3 所示。

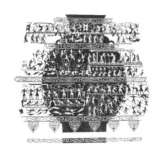

图 4-1　镶嵌宴乐渔猎攻
战纹铜壶(战国)摹本[①]

图 4-2　东周铜器攻战纹[②]

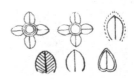

图 4-3　战国铜镜花叶纹

一、树纹

春秋战国时期的树纹主要出现在青铜器、漆器、瓦当上。尤其在战国时期,树纹比较丰富,有写实形态的,叶片似乎在微微颤抖;有抽象形态的,枝叶概括成线条或者是用点点的虚线表示树木的枝叶。在战国宴乐采桑水陆攻战铜壶上的采桑纹(图 4-4),可以看到枝繁叶茂的大树。《后羿弋射图》主要描绘后羿射日的情景。《山海经》说:"汤谷有扶桑(大树),十日所浴……有大木,九日居下枝,一日居上枝。"中国古代传说,"十日并出,焦禾稼,杀草木,而民无所食,尧乃命后

①　田自秉,吴淑生,田青.中国纹样史.北京:高等教育出版社,2003 年,第 116 页.
②　吴山.中国纹样全集(战国、秦、汉卷).济南:山东美术出版社,2010 年,第 8 页.

羿射下了九个太阳,从而拯救了人类。"《后羿弋射图》(图 4-5、图 4-6)木衣箱的盖面所绘两幅弋射图表现了后羿射日的情景,在两面用细密的笔触各绘有枝干挺拔、枝叶繁茂的大树。在弋射形象的边缘还绘有两条双首人面蛇(枝头蛇),反向互相缠绕,这可能是传说中的伏羲和女娲。

图 4-4　战国宴乐采桑水陆　　图 4-5　《后羿弋射图》　　图 4-6　《后羿弋射图》衣箱
攻战铜壶上的采桑纹①　　衣箱上的树纹②　　上的《日出扶桑图》③

　　在春秋战国的瓦当里面,我们亦可以看见丰富的树纹的表现。当然,瓦当里的树纹非常概括,既有用直线来描绘的,也有用曲线、涡线来描绘的。这些瓦当上的树纹装饰已经相当明确。造型主要以树干作为中轴,两侧枝叶作对称或均衡式排列。如图 4-7、图 4-8 所示。

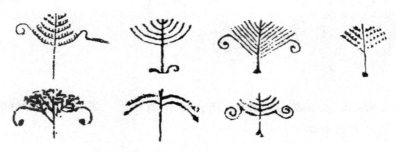

图 4-7　春秋战国时期瓦当上的树纹④

图 4-8　战国齐瓦当⑤

---

①　张晓霞.天赐荣华——中国古代植物装饰纹样发展史.上海:上海文化出版社,2010 年,第 9 页.
②　张晓霞.天赐荣华——中国古代植物装饰纹样发展史.上海:上海文化出版社,2010 年,第 55 页.
③　诸葛铠.裂变中的传承.重庆:重庆大学出版社,2007 年,第 235 页.
④　张晓霞.天赐荣华——中国古代植物装饰纹样发展史.上海:上海文化出版社,2010 年,57 页.
⑤　同注④。

二、叶纹

叶，本是花草树木的一部分，在春秋战国时期的铜镜上，叶子时常被单独用来装饰。春秋战国时期，中原广袤的大地上植被丰富，叶子自然形态各异。单独剥离植物母体的叶子，主要装饰在铜镜上背面。从考古发掘铜镜来看，春秋战国时期，此类装饰出现较多，在湖南长沙、益阳等地出土了较多装饰有此类叶子的铜镜。如图 4-9～图 4-12 所示。

图 4-9　四山字纹铜镜①

图 4-10　饰有四叶纹的铜镜②

图 4-11　羽状纹地方连纹铜镜③

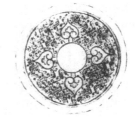

图 4-12　羽状纹地四叶纹铜镜④

铜镜背面的叶子，一般呈四叶状，即由四个叶片组成一个单位，学术界通常称为"四叶纹"。一般四叶纹呈东南西北"十"字形向外发射，叶柄部分朝向钮饰中心，叶尖朝外，位于钮饰的四周较为普遍。有的钮饰周围装饰有八个叶片，分布均匀，符合"米"字形规律。有的均匀地装饰在铜镜主纹的空隙部分，四片叶子围成盛开的花瓣状图案。有的叶子与如意云纹结合，构成了新的叶片形状。图 4-13 为张晓霞在《天赐荣华——中国古代植物装饰纹样发展史》中的对于战国铜镜上叶片装饰所绘之图，采用"太阳之花"这一称呼。本人赞同太阳的光芒

①　何林.你应该知道的 200 件铜镜.北京:紫荆城出版社,2007 年,第 18 页.

②　张晓霞.天赐荣华——中国古代植物装饰纹样发展史.上海:上海文化出版社,2010 年,第 45 页.

③　左汉中.湖湘传统纹样.长沙:湖南美术出版社,2010 年,第 92 页.

④　同注③。

"普照天上人间,给人温暖,给人生命,给人希望"的观点,但是本人依然从装饰叶片的形态本质出发,这是一种叶字纹的装饰,和铜镜后面的"山""羽纹""云纹"相衬。在战国画瓦筒凤鸟、玉璧、树纹(图4-14)上,树叶、玉璧、凤鸟排列整齐,树叶呈现对称,叶脉纹理清晰。

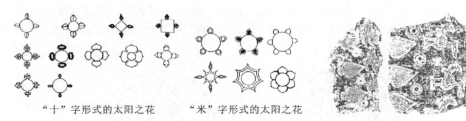

"十"字形式的太阳之花　　　　　"米"字形式的太阳之花

图4-13　战国时期铜镜上　　　　　图4-14　战国画瓦筒凤鸟、
"太阳之花"①　　　　　　　　　玉璧、树纹②

三、花草纹

春秋战国时期,楚国所处江汉平原,土地肥沃,气候适宜,草木繁盛。楚人热衷花草,在这些花花草草的装饰中体现了非常强烈的浪漫主义情怀。在湖北江陵马山1号楚墓出土的丝绸上,我们可以看见这些和凤鸟组合在一起的植物花卉纹样(图4-15、图4-16),采取了重复和旋转对称的形式。在这个丝绸纹样上,我们可以看见的动物有凤、鹿、鸟等,植物纹样有类似灵芝、鸡冠花、莲花等,画面中有花苞、花瓣、花朵,也有叶子、直茎、曲茎等。龙凤造型丰富多彩,龙、凤、虎、鹿、花卉、卷草几乎全是生动流畅的曲线构成,这些富于动势和韵律感的曲线缭绕盘旋,奇迹般地使画充满生气与活力。结构上主要采用对称、重复的形式。那舒卷自如的藤蔓、花叶、卷草,那昂扬向上的凤鸟,显示出一种合乎形式法则的总体规划以及它所强调的和谐运动效果,充盈着一种生命力勃发时的朝气。

在诸葛铠先生的《裂变中的传承》中明确分析了凤对于楚国人的重要性。凤是祝融的化身,又代表着太阳神,是楚民族精神的象征。③但是我们看到植物花草纹样却和楚民族精神的象征同时出现在丝织品装饰纹样中,而且其所占的面积居然快要达到二分之一了,这是花草植物纹样第一次被明确地提到如此重要的位置,这其实意味着在楚人的观念中,花草植物纹样的装饰肯定具有独特的地

① 张晓霞.天赐荣华——中国古代植物装饰纹样发展史.上海:上海文化出版社,2010年,第46页.
② 吴山.中国纹样全集(战国·秦·汉卷).济南:山东美术出版社,2010年,第127页.
③ 诸葛铠.裂变中的传承.重庆:重庆大学出版社,2007年,第234页.

位,由此可推知,春秋战国时期,植物纹样装饰提高到了前所未有的地位,这主要是楚国人的功劳。

图 4-15　丝绸上的花草纹样①

图 4-16　丝绸上的凤鸟花卉纹②

《楚辞》是战国时代的代表作,和《诗经》一样,是中国文学史上经典的著作之一。在《楚辞》诗文中出现次数最多的是"白芷"和"泽兰"。白芷为药材,全株具香味。泽兰,为有名的香草,可以作为香料,并用来驱邪。在《楚辞》中出现次数较多的植物,几乎都是香草或者香木,常常用香草、香木作为隐喻的对象。其他比较多的植物有薰草、芍药、花椒、肉桂、荷花、菖蒲等。《楚辞》各篇章共出现植物 101 种(类)。王逸在《楚辞章句·离骚序》有言:"离骚之文,依诗取兴,引类譬喻,故善鸟香草,以配忠贞;恶禽臭物,以比谗佞……"《楚辞》之中,寄言寓志的植物特别多,以"香木、香草"来比喻忠贞、贤良,而以"恶木、恶草"数落小人,这是《楚辞》最大的特色。③ 这足以证明植物装饰在春秋战国时期已经作为一种象征。

---

① 张晓霞.天赐荣华——中国古代植物装饰纹样发展史.上海:上海文化出版社,2010 年,第 51 页.
② 张晓霞.天赐荣华——中国古代植物装饰纹样发展史.上海:上海文化出版社,2010 年,第 52 页.
③ 潘富俊.草木缘情——中国古典文学中的植物世界.北京:商务印书馆,2016 年,第 74 页.

四、莲花纹

　　春秋战国,莲花纹饰、莲花造型开始频繁出现,主要出现在青铜器和陶器上用作装饰或造型,整体数量不多,但今日遗存都是精品,表现形式较为规整,见图 4-17、图 4-18。

图 4-17　战国铜器莲花纹
（河南汲县出土）[①]

图 4-18　战国彩绘陶上
的莲瓣纹[②]

　　莲花造型最典型的例子是 1923 年在河南新郑李家楼春秋大墓出土的莲鹤方壶（图 4-19）。壶盖四周外侈的双层透雕莲瓣形象逼真,莲瓣向四周翻仰,有力地烘托出莲心处一只展翅欲飞的鹤。春秋时期湖北京山出土的曾中游父壶、春秋晚期山西太原金胜村出土的龙形耳莲瓣状盖沿方壶、战国时期河南出土的华盖立鸟壶等,这些青铜器上的莲花纹饰的装饰形制和装饰位置基本都与莲鹤方壶相似。春秋早期青铜器曾伯陭壶（图 4-20）的壶盖处也有类似莲瓣造型,把手做成莲瓣形镂空环带纹。容庚等在《商周彝器通考》中称这种立体环带纹饰物为"莲瓣纹"[③],这种类型的莲瓣纹大多装饰在器物的口部。

图 4-19　莲鹤方壶
（河南省博物院藏）

图 4-20　曾伯陭壶
（台北故宫博物院藏）

---

①　吴山.中国纹样全集(战国·秦·汉卷).济南:山东美术出版社,2010 年,第 14 页.
②　吴山.中国纹样全集(战国·秦·汉卷).济南:山东美术出版社,2010 年,第 26 页.
③　容庚,张维持.商周彝器通考.北京:文物出版社,1984 年,第 437 页.

第二节　春秋战国时期植物纹与动物纹的融合

一、春秋战国的"S"形曲线纹样

也许是受到了前朝大量几何纹的影响，至春秋战国时期，装饰纹样中曲线的运用明显多于直线，兽面纹被大量出现的被描绘成弧线形、涡旋形、自由曲线形的动物纹所代替。在这些纹样中，龙、蛇、鱼、凤、鸟、龟等图腾都被赋予了"S"形曲线骨式。饕餮纹已经与蟠螭纹相结合，失去了商周时期威严、狰狞的形象。如图 4-21～图 4-31 所示。

图 4-21　铜壶上的龙纹①

图 4-22　镶嵌铜豆上的
蟠螭纹②

图 4-23　铜器上的蟠螭
龟蛙鱼纹③

图 4-24　饕餮纹④

图 4-25　玉饰龙纹⑤

图 4-26　玉佩鸟兽纹⑥

①　吴山.中国纹样全集(战国·秦·汉卷).济南:山东美术出版社,2010 年,第 56 页.
②　吴山.中国纹样全集(战国·秦·汉卷).济南:山东美术出版社,2010 年,第 57 页.
③　吴山.中国纹样全集(战国·秦·汉卷).济南:山东美术出版社,2010 年,第 59 页.
④　田自秉,吴淑生,田青.中国纹样史.北京:高等教育出版社,2003 年,第 120 页.
⑤　吴山.中国纹样全集(战国·秦·汉卷).济南:山东美术出版社,2010 年,第 95 页.
⑥　吴山.中国纹样全集(战国·秦·汉卷).济南:山东美术出版社,2010 年,第 101 页.

图 4-27　错金铁带勾上的卷云鸟纹①　　　图 4-28　铜镜绮缟细地三龙纹②

图 4-29　铜镜蟠螭纹③　　　图 4-30　漆器三凤纹④　　　图 4-31　圆漆盒及盒盖
　　　　　　　　　　　　　　　　　　　　　　　　　　　　　　　俯视图卷云纹⑤

二、"S"形植物纹样的萌芽与融合

　　春秋战国时期,曲线纹样与动植物纹样开始紧密融合。这一时期,植物装饰
纹样逐渐增多,在春秋战国时期的织绣纹锦上,花枝藤蔓或作为图案骨骼支撑画
面,或作为纹样的间隔、填充,或与龙凤幻化共形,成为具有时代特征的新题材。

　　1982 年湖北江陵马山砖厂一号战国楚墓,出土了大量丝织品,其中有对龙对
凤绣浅黄绢面衾、蟠龙飞凤纹刺绣浅黄绢衾被面等,是战国时期留存至今的衾被实
物。这些衾被由绢、锦等不同的材料制成,而且装饰非常华丽。从装饰纹样上看,
以龙、凤、瑞兽等动物纹饰为主,造型简练抽象,艺术构思自由、大胆,充满了神秘的
浪漫主义色彩。"马山一号墓丝织物的刺绣纹样有明显扶桑图者,计八件,均以缠
枝形式穿插于凤、龙之间,极易误解为花叶纹或一般的植物纹。"⑥诸葛铠先生的这
段话说明了在楚国织物纹样中明确出现了缠枝形式,只不过这个主体是凤、龙、扶

　①　吴山.中国纹样全集(战国·秦·汉卷).济南:山东美术出版社,2010 年,第 72 页.
　②　吴山.中国纹样全集(战国·秦·汉卷).济南:山东美术出版社,2010 年,第 85 页.
　③　吴山.中国纹样全集(战国·秦·汉卷).济南:山东美术出版社,2010 年,第 86 页.
　④　吴山.中国纹样全集(战国·秦·汉卷).济南:山东美术出版社,2010 年,第 108 页.
　⑤　吴山.中国纹样全集(战国·秦·汉卷).济南:山东美术出版社,2010 年,第 111 页.
　⑥　诸葛铠.裂变中的传承.重庆:重庆大学出版社,2007 年,第 236 页.

桑。根据湖北江陵马山砖厂一号战国楚墓出土的战国浅黄绢衾面绘制的对龙对凤纹刺绣纹样(图 4-32)中,曲线、直线组织构成的形态具有严格的秩序感,和谐统一。凤翔、虎跃、龙蟠共同构成一个生机勃勃的神话世界,这是大自然生生不息的绝妙缩影,是一个时代生机勃勃的风貌。在战国蟠龙飞凤纹刺绣浅黄绢衾被面(图 4-33)中,龙凤缠绕,植物穿插其中。该被面长约 190 厘米,近正方形,上端中部有凹口,该被面由 25 片绣绢缝接而成,正中 23 片为蟠龙飞凤纹绣,左右另有两片舞凤逐龙纹镶于两侧,龙纹交互盘绕,龙凤相间作反射对称排列,整个纹样设计充满了浪漫主义色彩 。

图 4-32　战国浅黄绢衾面对　　　图 4-33　战国蟠龙飞凤纹刺绣
龙对凤纹刺绣纹样①　　　　　　　浅黄绢衾被面②

　　楚国生产的刺绣品除了满足本国贵族追求"奇服"的嗜好之外,还通过商贸大量行销中原各诸侯国乃至更远的地方。20 世纪 50 年代,从苏联乌拉干河流域巴泽雷克战国时代的游牧民族的墓葬中发现了一些精美的丝绣品。在巴泽雷克古墓出土的春秋鸟纹鞍褥面刺绣(图 4-34、图 4-35)中藤蔓纹已经占据了整个画面,藤蔓枝条呈现对称形态,花蕊非常巨大。每个枝条上站立着一只凤鸟,两两相对。相对其他花卉纹样来说,该花卉以勾线为主,比较写实。这是中原绣工根据楚国刺绣艺术风格特点自己创作的,同时说明中原文化也在学习借鉴南方楚国的艺术形式。该刺绣的制作方法是在毛毡制品上,用彩色丝线以链环状线脚刺绣凤凰和斯芬克斯怪兽。凤凰的造型除了头部似鹰,身体、翼、爪和尾部与中国的凤凰没有多少区别,显然是受中国文化的影响。根据该装饰形态,巴泽雷

---

　　①　黄能馥,陈娟娟.中国丝绸科技艺术七千年:历代织绣珍品研究.北京:中国纺织出版社,2002 年,第 24 页.
　　②　黄能馥,陈娟娟.中国丝绸科技艺术七千年:历代织绣珍品研究.北京:中国纺织出版社,2002 年,第 25 页.

克纹样里可能含有楚文化的因素。

图 4-34　春秋鸟纹鞍褥面刺绣①　　　图 4-35　春秋鸟纹鞍褥面刺绣细节图②

春秋战国时期,除了总是与动物纹一起出现的藤蔓状植物纹样,还有少数初具骨式的植物纹样也会单独以连续纹样的形式出现在装饰艺术领域。例如,战国青铜器上的植物纹样以二方连续的组合形式出现在器物外壁,此类植物纹样已经具有了曲线骨式,只是形式过于单一,还没有完全将曲线生动流畅、充满动势的韵律感表现出来。但从纹样的特征来看,这些纹样已经属于缠枝纹的骨式雏形。

第三节　春秋战国时期植物装饰纹样的载体

一、染织

春秋战国,由于铁器工具的使用,各国纷纷开荒拓地,发展农桑生产。土地肥沃的齐鲁一带迅速发展成为当时丝绸生产的中心。在商和西周时期,绢、缣、绮、锦、绣是奴隶主专用,春秋时期富商大贾已经可以使用。齐鲁先进的织绣技艺随着战争或者迁徙向其他地区流传。刘向《说苑》:"鲁人善织履,妻善织缟,而徙于越。"《左传》:"成公二年,楚人伐齐,侵入鲁之阳桥,鲁人赂以执斫、执针、织纴各百人请盟。"在如今的湖南、湖北、河南战国时期的楚墓先后出土了许多织绣品和服装,技艺水平可见一斑。战国的织物已经相当发达,齐国、鲁国丝织物尤

---

①　吴山.中国纹样全集(新石器时代和商、西周、春秋卷).济南:山东美术出版社,2010 年,第 471 页.
②　同注①。

为著名。齐国女工的纺织技术在全国闻名，产品誉销全国。《史记·货殖列传》：
"冠带衣履天下""罗出齐郡"。《史记·苏代遗燕王书》说："齐紫，败素也，而价十
倍。"紫色成为富贵的象征。

　　春秋战国时期的丝织品达到了一个前所未有的高度。根据出土的情况，丝
织物中多为龙凤绣纹，不少纹样龙、凤、花、草穿插其中缠绕，花草纹形象秀丽，它
们或作花朵，或作枝花；或含苞，或舒瓣。在结构上，花茎可随纹样的走势任意伸
展连接。花中生出茎蔓。茎蔓中又生出花。在棺壁上也有很多的丝织品，例如
战国变体龙凤纹刺绣棺壁纹样，花瓣开裂为三瓣，凤纹结构已经和植物茎完全融
合。如图4-36～图4-39所示。

图 4-36　战国刺绣对龙对凤纹[1]

图 4-37　战国刺绣对龙对凤纹中的花卉图[2]

图 4-38　战国变体龙凤纹刺绣
棺壁纹样[3]

图 4-39　战国变体龙凤纹刺绣
棺壁纹样细节图[4]

---

①　吴山.中国纹样全集(战国·秦·汉卷).济南：山东美术出版社,2010年,第130页.
②　同注①。
③　黄能馥,陈娟娟.中国丝绸科技艺术七千年：历代织绣珍品研究.北京：中国纺织出版社,2002年,
第23页.
④　同注③。

值得一提的是,战国时期的刺绣,布局宏伟,严整,富有变化。在植物纹与动物纹组合成的各式各样的纹样里,有的顺着骨骼线反复连续,有的将图案中转隔断,有的作左右对称连续,有的作上下对称连续,有的按左右上下错开的位置作移位对称连续。在枝蔓交错的大小空间,则以龙凤等动物纹填充装饰。动物纹样往往头部写实,而身躯简化。有的直接与藤蔓连为一体,有的彼此缠绕,有的写实与变异结合,有的将数种或数个动物合为一体,有的动物体与植物共生,还有的将动植物变形之后,与几何骨骼线结合在一起。这样的纹饰既有有序排列所产生的严整的秩序感,又有灵巧的穿插变化。虽然层层穿插重叠,结构繁复,但繁而不乱,具有浓厚的象征意味和浪漫色彩。

二、漆器

我国漆器制作有着悠久的历史,距今约 7000 年的河姆渡遗址中便已发现漆器。根据文献记载,其历史可以追溯到传说中的尧舜时代。"漆器"一词最早出现在《汉书·恭禹传》,该书记载:"《地理志》河内怀、蜀郡成都、广汉皆有工官。工官,主作漆器物者也。"《韩非子·十过》记载:"尧禅天下,虞舜受之,作为食器,斩山木而财之,削锯修之迹,流漆墨其上,输之于宫,以为食器"。《韩非子·十过篇》记载:"流其墨其上""墨漆其外""朱画其内"。《庄子·人世间》:"桂可食,故伐之。漆可用,故割之。人皆知有用之用,而莫知无用之用也。"《周礼·春官·巾车》也有较多关于漆车的记载,如"漆车藩蔽"等。还有一种比较特别的漆器,《史记·刺客列传·豫让》载:"赵襄子与韩、魏合谋灭智伯,并三分其地。赵最怨智伯,漆其头以为饮器"。

春秋战国时期是我国古代漆工艺发展史上的一个高峰期,这一时期的漆工艺表现在胎骨、造型、髹饰等各方面。战国时期的漆器,最常见的是日常生活用品,如奁、盒、匣、匜、鉴、枕、床、案、几、俎、箱、屏风、天秤等。其次是兵器和乐器,如编钟架、钟锤、编磬架、大鼓、小鼓、虎座双鸟鼓、瑟、琴、笙、竽、排箫、笛、甲、弓、弩、矛柲、戈柲、箭、箭箙、剑鞘、盾等。有些漆器是模仿铜器和陶器制作的,也有模仿动物造型的。战国时期,漆的色调以红、黑两色为主,其特点是"朱画其内,墨染其外",器内涂朱红,明快热烈,外髹黑漆,沉寂凝重,红黑对比,衬托出漆器的典雅和富丽,呈现强烈的装饰效果,器物具有稳健端庄之美。

春秋战国漆器和青铜器的纹饰主要类型基本相同,包括动物纹、植物纹、自然景象纹、几何纹、社会生活纹五大类,具体表现形式有菱形纹、方块纹、三角纹等几何纹,更多的是点纹、目纹、涡纹、圈纹、云纹、夔纹、龙凤纹等。具体纹样如图 4-40、图 4-41 所示。

图 4-40　战国圆漆盒及盒盖俯视图卷云纹　　　图 4-41　战国彩绘漆盘卷云纹
（湖北江陵雨台山出土）①　　　　　　　（湖南长沙出土）②

　　楚国漆器是战国这一历史时期最具代表性的器物，以江陵、长沙、信阳、随州的发现最为著名。楚国出土漆器数量大，表面装饰绚丽多彩，与同时期的青铜器相比，呈现出更强烈的时代特征。春秋战国是中国漆器发展的重要阶段，迄今为止在我国许多地区均发现了此时漆器或其遗迹，数量品种之多、工艺之巧、文饰之精美远胜前代，对后世漆艺的影响巨大。

三、青铜器

　　春秋战国时期，铸造技术的长足进步，是中国古代青铜器铸作的又一个高潮期。湖北大冶县铜绿山的矿井遗址体现了东周时期青铜冶铸业的巨大规模，反映出春秋战国时期生产力的提高。春秋中期以后的青铜器以蟠螭纹的流行为标志，许多青铜器上均有丰富的平面蟠螭纹。春秋晚期至战国早期，青铜器纹饰发展成浮雕状，繁复的镂空花纹是青铜器制作的最高水平。到了战国中晚期，许多铜器都变成素面的，而且服御器、日用器大量增加。南北地区之间开始逐渐交流，例如吴越地区流行的细线云雷纹在楚地也时有发现，而原先用于北方的带钩纹也传播到了南方。

　　在战国青铜戈（金银错）云龙鸟兽纹（图 4-42）中，云纹袅袅上升，变成火纹向上升腾，演化成了一株向上生长的植物，顶部的叶片分裂为三片，茎上两两相对长出了涡卷纹。此类题材，在后来的魏晋南北朝时期的洞窟壁画中，经常可以看到。

　　①　吴山.中国纹样全集（战国·秦·汉卷）.济南：山东美术出版社，2010 年，第 111 页.
　　②　吴山.中国纹样全集（战国·秦·汉卷）.济南：山东美术出版社，2010 年，第 114 页.

图 4-42　战国青铜戈(金银错)云龙鸟兽纹①

四、铜镜

　　春秋早期铜镜沿袭西周中晚期的镜型和镜纹,数量和种类比西周有所增加。春秋中晚期至战国早期常见的镜类为素面镜、花叶纹镜、纯地纹镜、多钮镜。战国中期盛行的镜类有棱形纹镜、彩绘纹镜、羽状地纹镜、四山纹镜、花叶纹镜,但花叶由三叶、四叶发展到八叶。战国时候,铜镜产量增加,镂刻细致,形制为圆形,花纹多两层装饰。战国铜镜一般以绮缟细地和云雷纹作为底纹,主纹线条较粗,虚实对比分明,主纹为龙纹、蟠螭纹、凤鸟和兽纹,少数以花叶纹、"山"字纹和人物纹作为装饰。战国晚期除了沿袭中期的镜类外,新出现了叶纹蟠螭纹镜、棱纹镜和连弧纹镜③。

图 4-43　战国铜镜四叶纹钮座②

　　铜镜上的植物花卉纹饰以四叶纹为主,也有学者称其为柿蒂纹,这种图案大量兴起于战国,流行于汉代,具有很强的时代特色。柿蒂纹多见于铜镜的钮座(图 4-43)和把手部位,呈"十"字形向外发散结构。因其形状像柿子分作四瓣的蒂而得名。然而因为不同

　　①　吴山.中国纹样全集(战国·秦·汉卷).济南:山东美术出版社,2010 年,第 71 页.
　　②　吴山.中国纹样全集(战国、秦、汉卷).济南:山东美术出版社,2010 年,第 16 页.
　　③　程长新,程瑞秀.镜花水月——铜镜鉴赏与辨伪.北京:北京美术摄影出版社,2008 年,第 28 页.

铜镜上花纹形状有所区别,故又被称为叶纹、花叶纹、四瓣花纹、莲瓣纹等。唐代段成式《酉阳杂俎续集·支植上》记载:"木中根固,柿为最。俗谓之柿盘。"铜镜上的柿蒂状花形纹,大部分以四出样式为最,呈"十"字形向外扩散,也有少量的呈三出、五出和六出样式。纹饰布局各异,几乎每一面镜子都有自身的特色。如战国时期的十二叶纹镜,钮座外饰有四长叶纹,间饰有四桃形叶纹,长叶内饰有连珠纹(联),外围装饰四桃形叶纹①。人类对"四"的认识与空间方位感觉有密切关系。《说文解字》:"四,阴数也。象四分之形。""十"字结构可以划分出"四分之形",这是四叶纹的基本模式,是与日神相关的象征意义,体现了我国古代劳动人民朴实的宇宙观。柿蒂纹样围成的几何中心为圆形象征着天,四瓣、八瓣的柿蒂纹分别象征四面、八方,代表天圆地方的观念,是一种沟通天、地、人的器物。除了叶纹镜,还有花瓣纹镜。例如,战国花瓣纹镜②,圆形,由钮座正中向外伸出四组连贯花瓣,每组二瓣由镜边缘又向内伸出四花瓣、星点纹、几何纹和云纹填充地纹。

五、陶器

战国陶器造型比较丰富,具体有豆、鬲、盆、盨和壶,颜色有黑灰、墨灰、浅灰和红褐等色。战国陶器的装饰手法主要有彩绘、暗纹和刻花,除此之外,还有一种特殊的银箔装饰,这为陶器装饰多样化开辟了新的道路。例如,湖南长沙楚墓出土的用薄银箔包裹的壶、豆陶器。战国时期,彩绘陶比较多,是先在烧成的器物表面涂上一层白粉,然后彩绘。河南辉县出土的器盖上,中心图案多为旋纹,器身多以鸟纹装饰。洛阳烧沟的陶器纹饰大多以交互斜线为基础,组成二方连续几何形纹,并用兽面和莲花作为装饰。信阳陶器纹饰的几何形纹组合十分有特色,北京昌平出土的陶器纹饰大部分以粗细、长短不同的涡线构成纹样,这都显示出了不同的地方特色。在战国暗纹陶(图 4-44)中,横"S"形围成一圈,是二方连续典型的重复型纹样。

图 4-44　战国暗纹陶③

---

①　何林.你应该知道的 200 件铜镜.北京:紫荆城出版社,2007 年,第 17 页.

②　程长新,程瑞秀.镜花水月——铜镜鉴赏与辨伪.北京:北京美术摄影出版社,2008 年,第 31 页.

③　吴山.中国纹样全集(战国·秦·汉卷).济南:山东美术出版社,2010 年,第 26 页.

六、瓦当

战国时期,板瓦、筒瓦和瓦当大量出现。河北易县燕下都出土的半瓦当纹饰具有代表性,大部分是饕餮纹,形态与商周青铜器上纹样雷同。除此之外,双兽纹、鸟纹、山云纹、几何纹也比较多。齐国故城的半瓦当纹饰有树木双兽纹、树木双目纹,有树木作为装饰,非常罕见。鲁国的半瓦当纹饰有树木双目纹和以平行弧线构成的几何纹饰。洛阳出土的半瓦当,多以曲线和涡线构成,也有部分饕餮纹和兽纹,组合形式为对称,都带有当地的地方风格。

山东临淄故城出土的齐国瓦当双鹿树纹(图 4-45)、双马树纹、双兽树纹、驯兽树纹、骑马纹、骑兽树纹等均出现了树木纹样。瓦当上,树纹和几何涡纹(图 4-46)进行了组合,这实际上是涡纹与植物纹样的组合。在瓦当上简明概要的装饰,已经成为一种较为固定的模式。

图 4-45　战国齐瓦当之双鹿树纹①

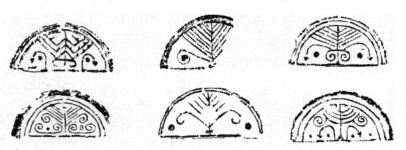

图 4-46　战国齐瓦当之树纹、几何涡纹②

---

①　吴山.中国纹样全集(战国・秦・汉卷).济南:山东美术出版社,2010 年,第 122 页.
②　吴山.中国纹样全集(战国・秦・汉卷).济南:山东美术出版社,2010 年,第 126 页.

第四节　春秋战国时期植物装饰纹样的审美特质

一、动态美

从原始社会开始，中国装饰艺术的"动态美"一直伴随着装饰艺术的发展。在前文中我们讲述了马家窑文化中的彩陶涡纹、大汶口文化中的花瓣纹、商周时期的动物纹，这都是动态美的体现。到了春秋战国时期，动态文化一直在持续向前发展。以楚国文化为代表，楚国人喜欢在纹饰上使用运动感的纹样，在装饰纹样上大量运用曲线，甚至有部分是将动植物装饰纹样进行"缠绕"。这和楚国人"万物有灵"的观念有关，他们喜欢将具有神力的事物进行叠加，或将几个事物的重要部分的特征进行人为的组合。一般喜欢将形象的特征部分放大，省略大量的非特征细节，而使特征部分得以突出，这种夸张和变形是经常使用的造型手段。

春秋战国时期，植物纹样、动物纹样、几何纹样巧妙深入结合，使得纹样装饰动感十足。"⊛ ❀ ⊛ ❀"是战国暗纹陶上的装饰。[①] 实话说，这个时候的陶器在装饰艺术上的地位并不高，也许是工匠的寥寥几笔，随便画画，但在陶器装饰表现上依然充满动感，传承着运动的旋涡。

湖北江陵马山一号战国楚墓出土的战国蔓草龙纹刺绣纹样（图 4-47），蔓草龙纹为半草半植物的合体，图像艺术格调浓郁，纹样结构以"吕"字形为基础，并作反射对称排列，上下按一半错位连接。在造型方法上使用线条比起面和点来更具有运动感、轻灵感。构成的法则是斜线比直线富有动感；曲线比直线富有动感；方形和圆形比较起来圆形更富有动感，在圆形中螺旋形更富有动感，各种自然形式中涡形更富有动感；对称和均衡比较起来，均衡更加富有动感。因此，在该类纹样中，这些元素造就了强烈的动态感，在缠枝纹的雏形阶段，动态感早已深入骨髓。

图 4-47　战国蔓草龙纹刺绣纹样[②]

① 吴山.中国纹样全集(战国·秦·汉卷).济南：山东美术出版社,2010 年,第 26 页.

② 黄能馥,陈娟娟.中国丝绸科技艺术七千年：历代织绣珍品研究.北京：中国纺织出版社,2002 年,第 24 页.

二、延伸美

延伸,似乎是春秋战国时期装饰纹样的共性特征。

线的延伸。例如涡纹,涡纹的本质就是转动的曲线,如果从圆形的角度来看,圆形是一种封闭的曲线,而涡纹似乎是一直转动永不停止的曲线,这其实就是一种线的延伸。

空间的延伸。在龙凤帛画(图 4-48)装饰中,我们可以感觉到一种空间的延伸感。从形式上看,这类纹样所表现出的空间大多是虚幻的,是物理空间在心理上的一种延伸和拓展,可以说它是一种不可度量的心灵空间,只有自由的心灵才能获得。其纹饰的形式使我们往往会不由自主地产生一种轻快的,仿佛就要离开大地般的超脱感与升腾感。战国湖北江陵出土的刺绣作品九彩龙凤纹绢地绣衾,此幅作品实际上是一种对纵向、横向空间的探索,该作品原长 1.9 米×1.9 米,是由 25 片绣绢缝成。正中 23 片为蟠龙飞凤纹绣,左右另有 2 片舞龙绣在边上,纹样设计充满浪漫主义色彩。湖北江陵马山砖厂一号战国楚墓出土物战国凤鸟花卉纹刺绣纹样(图 4-49)中,凤的尾羽与翅按对角斜线骨骼生长,花冠按垂直、水平线骨骼生长,并在中间转移隔断。

图 4-48　人物龙凤帛画摹本[①]　　　**图 4-49　战国凤鸟花卉纹刺绣纹样**[②]

春秋战国时期的铜器、漆器、绘画、织绣纹样等具有强烈的空间拓展意识。从春秋战国时期的一系列装饰纹样中,可以发现楚人对物象的描绘,不是出于固定视点的观察,而是力图观察到最能显示对象特征的方面作为主要表现的

---

① 　张晓霞. 天赐荣华——中国古代植物装饰纹样发展史. 上海:上海文化出版社,2010 年,第 53 页.

② 　黄能馥,陈娟娟. 中国丝绸科技艺术七千年:历代织绣珍品研究. 北京:中国纺织出版社,2002 年,第 24 页.

重点，比如植物纹中的藤蔓植物最具神力的特征在于它的枝蔓能蜿蜒曲折地向四周延伸，甚至能缠绕或覆盖住周围的物体继续生长。因此，人们抓住了藤蔓的这一特点，将藤蔓和动物纹结合表现在了纹样中，形成了别具特色的装饰世界。

三、嫁接美

春秋战国时期，人们的这种审美观念结合了老子和庄子的虚实相生的道家观念，使人们除了对实体的空间进行描绘，还重视对包围这种实体的"虚空间"的处理。正负形和图底转换是这种观念在纹饰上的反映。实际上，装饰纹样以一种严密的逻辑结构表现人们的思想和审美。通过这种嫁接将动物特征、植物特征运用曲线进行联结，产生新的纹样和意义。

在湖南长沙陈家大山楚墓出土的战国人物龙凤帛画的凤尾本来形态是凤鸟的长长的尾巴，但是在这幅作品上凤的尾巴是类似植物细长叶形的对称纹样。在战国铜壶立鸟纹（图 4-50）中，鸟的尾巴处连接着盛开的花朵。再看马山一号墓丝织品刺绣纹样扶桑凤鸟纹（图 4-51），凤纹和花卉纹、叶片纹通过植物的茎进行了紧密而巧妙的连接。在湖北江陵马山出土的战国刺绣凤纹（图 4-52）中，凤的形态与扶桑凤鸟纹类似，但是凤的翎毛上连接着植物花卉纹样，植物的茎呈现向右弯曲的状态，在茎中部是一个含苞欲放的花朵，翎毛的尾部上盛开着四瓣鲜花，正好对着凤的嘴部，形象生动而活泼。在战国刺绣对龙对凤纹（图 4-53），龙凤两两相对，绽开的鲜花两两相对，整体纹样呈现严谨的对称状态，严肃中带着活泼。

图 4-50　战国铜壶立鸟纹①

图 4-51　扶桑凤鸟纹②

①　吴山.中国纹样全集(战国·秦·汉卷).济南:山东美术出版社,2010 年,第 71 页.
②　诸葛铠.裂变中的传承.重庆:重庆大学出版社,2007 年,第 237 页.

图 4-52　战国刺绣凤纹①　　　　图 4-53　战国刺绣对龙对凤纹

（湖北江陵马山出土）

第五节　春秋战国时期植物装饰纹样的人文精神

一、天人合一的自然宇宙观

　　冯友兰在《中国哲学史》中概括了中国文字中"天"的五种含义："主宰之天、物质之天、运命之天、自然之天、义理之天"。② 虽然说，天的含义是多重的，多义的，"笼而统之地说'天'就有很大的模糊性。"③但是天人合一的抽象观念并未完全停留在哲学的理念之中，它以物化的形式显现，从而借助了"形象"。在春秋战国时期的纹样装饰世界里不仅体现了自然，更体现了一种向往天人合一的美好愿望和期盼。"天人合一"的自然宇宙观渗透着人们生活的方方面面。人有超自然的愿望，希望个体与宇宙保持一致，即天人合一。

　　文化不断发展的过程，也就是人们不断创造"人化自然"的过程。在春秋战国时期，种种"人化"的创造物使人们将自身与自然分开，与此同时，一种对自然、对空间、对时间的感觉和思考也开始萌芽。这种强烈的"人化"倾向往往把自己的意愿、意志注入自然对象之中，期待与所期望的保持一致。

　　另外，自然和宇宙的客观规律在不断活动的过程中，成为日常生活和劳动的指导性规则，自然和宇宙也是人的情感和愿望的体现，由此萌发了"天人合一"的朴素而原始的自然宇宙意识。"天人合一"的自然宇宙观也决定了春秋战国时期

---

①　吴山.中国纹样全集(战国·秦·汉卷).济南:山东美术出版社,2010 年,第 130 页.

②　冯友兰.中国哲学史.上海:华东师范大学出版社,2000 年,第 35 页.

③　诸葛铠.裂变中的传承.重庆:重庆大学出版社,2007 年,第 84 页.

艺术造型观念的基本性质。体现在装饰纹样上，是对自然的一种形象表现。装饰形象和自然万物一样，生长不息。对自然宇宙的终极关怀意识，事实上就是人们情感和意志对客体世界的一种理解。对于装饰纹样的形态来说，支撑起形象的精神内核从根源上看就是人的情感和意志。形式多样的根本来源不在客体，而在主体人本身的心理。这是"天人合一"的自然宇宙观所引申出的造型观念在春秋时期的装饰纹样中的体现。

二、"以美娱神"的巫术礼仪观

春秋战国时期，巫风浓郁，各种社会活动都围绕巫术展开，以美娱神的习俗是春秋战国时期社会巫文化的核心内容。史书记载，楚巫祀神时重在一个"娱"字，以美娱神，认为要想取悦于神灵并进而求得他们的赐福，首要条件就是满足他们对美的需求。法国哲学家丹纳认为，有一种精神的气候，就是风俗与时代精神，和自然界的气候起着同样的作用。每个民族，都生活在各自的"精神气候"中，创造着各自的巫术信仰、衣食住行、人文风情等。所以，楚人特别善于以美为核心，通过美花、美草、美歌、美舞、美酒、美器、美乐，构筑了一个庞大的娱神系统。楚巫在祭神时要举行盛大仪式，表演狂热歌舞。祭礼综合使用了演唱艺术、音乐艺术、舞蹈艺术、美器美物等艺术手段和艺术作品，祭神活动自始至终都是艺术的审美，人神之间沟通的整个过程被美丽的艺术形式装扮起来。楚人通过美歌美舞、美器美物等强烈的感官刺激，达到娱悦神灵的目的，从而求得神灵的荫庇。

在以美娱神心理的支配下，春秋战国时期的器物造型和装饰无一不表现出一种夸张繁艳的作风。漆器、铜器、玉雕、织绣等繁褥富丽、精工耀艳，美到极致。织绣品自成一个华美灿烂的世界，绣上舒展自如的美花美草，龙凤缠绕其间，显示出吉祥如意的景象。这既是美丽的人间事物，更是让神灵们享受的美好世界。楚国华美的表象世界背后，寄寓着强烈的巫祭心理，而缠枝纹也正是在这样一种巫风浓郁的环境中萌芽的。

三、人神合一的生命发展观

春秋战国时期楚国的艺术最具代表性。楚国的青铜器工艺、织绣工艺、髹漆工艺洋溢着浪漫与激情，其造型奇特，纹饰飞扬流动，色彩艳丽繁复的艺术风格，是上古时期南方艺术传统的代表。

人神交融的楚文化是对精神生命的执着与热爱。作为一种装饰纹样，它与社会现实并不是一种简单的模仿与被模仿的关系。装饰纹样是对客观世界的描绘，并根据客观世界结合自身的想象而创造的，因此并不是一种机械的描绘或者模仿。装饰纹样包含了早期人类对周而复始的自然运动规律的认识，是富有视觉动感的平面和立体构成形式，形成了人与自然的一种关系图示。纹样中拥有丰富的原始观念，具有多重严肃而神圣的含义。春秋战国时期纹饰隐含着对宇宙、对自然的理解，寄寓人们对幸福吉祥的向往。从某种意义上来说，装饰纹样是成为表征文化的精神代表之一。

第六节　春秋战国时期植物装饰纹样发展的影响因素

　　春秋战国时期，随着生产力的发展，人口的增加，各国都非常重视农业生产的发展，并把农业发展和国富民强联系在一起。由于重视农业生产，专门用于记录农业的著作也开始出现。随着人们满足了自身生存需求之后，精神生活也开始繁荣，《诗经》成为当时记录植物的最庞大的诗歌体系，而花草树木已经成为当时人们生活中不可或缺的重要组成部分，中国古代工艺技术的体系初步形成，为进一步表现各类型装饰纹样提供了可能性。

一、农业生产逐渐受到重视

　　恩格斯曾经说过："农业是整个古代世界的决定性的生产部门"。[①] 它可以为人们提供衣食所需要的原料，是富国富民的主要途径，是国家财政收入的源泉，而且能为战争提供物质基础，是战争取得胜利的保证。

　　春秋战国时期，诸侯争霸，战争纷起，各国对农业生产都非常重视，人们对于农业生产的重要性有了更进一步的认识。铁农具的广泛运用极大地提高了农业生产力的水平，促进了生产方式与生产经营组织的变革。当时的思想家都对农业的重要性提出了自己的看法，其中管仲的说法最具有代表性。管仲有"仓廪实则知礼节，衣食足则知荣辱"这样的名句，更把农业生产与国富民强联系起来。他提出："错国于不倾之地者，授有德也；积于不涸之仓者，务五谷也；藏于不竭之府者，养桑麻，育六畜，则民富。""凡有地牧民者，务在四时，守在仓廪。"魏国名相李悝提出了旨在重农的政策——"尽地力之教"，其中包括"尽地力"和"善平籴"两项政策。孟子《孟子·梁惠王上》言："五亩之宅，树之以桑，五十者可以衣帛矣。鸡豚狗彘之畜，无失其时，七十者可以食肉矣。百亩之田，勿夺其时，八口之家可以无饥矣。"《吕氏春秋》指出："凡农之道，厚（候）之为宝"。春秋战国时期农

---

　　① 　恩格斯.家庭、私有制和国家的起源.北京：人民出版社，1972年，第146页.

业发展与农业资源保护理论众说纷纭,诸多农业发展与保护理论,其宗旨只有一个,农业发展是立国之根本,这在当时刚刚萌芽的封建社会无疑是自然之道。

以楚文化为代表,色泽艳丽的丝织品,美轮美奂的漆器装饰,圆润细腻的玉器,均有植物装饰与动物装饰的结合,这无疑是楚国发达农业在手工业生产和商业交往上的投影,如此之丰富的装饰艺术,无论是属于物质文明内容的手工生产,还是属于精神文明范畴的文化艺术、哲学和科技等,均是建立在楚国发达的农业之上。从某种意义上来说,楚文化拉开了中国植物装饰纹样的序幕,虽然在前期也有各式植物装饰纹样,但是如此繁丰,如此美丽的表现,更是证明了农业生产的发展为中国植物装饰纹样的起源起到了不可替代的作用。

二、植物著作日益丰富

春秋战国时期,农业生产前所未有地受到重视,致使有关植物方面的著作日益丰富。《禹贡》和《山海经》中都有文字记叙各地的物产(主要是动植物)。《山海经》不仅著录各地动植物的名称,而且描述它们的形态特征,并记录它们的用途。而《尔雅》一书更是将动植物进行了系统的分类。《汉书·艺文志》所载农家的著作共有9种,其中《神农》20篇和《野老》17篇系"六国时"作品。前者为"诸子疾时,怠于农业,道耕农事,托之神农"。后者据东汉人应劭所说是"年老居田野,相民耕种,故号野老。"可惜的是这些作品均已失传。保存至今的属于先秦时代的农学文献,仅有被《汉书·艺文志》列为"杂家类"的《吕氏春秋》中的《上农》《任地》《辨土》《审时》四篇。《楚辞》各篇章中,出现植物种类较多的有《离骚》《九歌》《九章》《七谏》《九叹》《九思》等,各篇出现了21～32种植物。[①]《诗经》是中国最早的诗歌总集,收录自西周初年至春秋中叶五百多年的诗歌(前11世纪—前6世纪),"总计在《诗经》的305首诗中,有153篇出现植物,占50.2%,即超过一半的篇章内容提到或者描述植物,而多数的篇章用植物来进行'赋、比、兴'。"[②]

从上述内容中我们可以得知,较多的著作中涉及了各种植物的相关内容,春秋战国时期对植物门类已经进行了诸多的记录和分类,如此庞大的植物方面的诗词出现,说明了植物在当时的人们的观念里面占据了重要的地位,这极大地影响了人们对待植物的观念、态度、思维。

---

① 潘富俊.草木缘情——中国古典文学中的植物世界.北京:商务印书馆,2016年,第70页.
② 潘富俊.草木缘情——中国古典文学中的植物世界.北京:商务印书馆,2016年,第44页.

三、植物神话大量创作

春秋战国时期的先民们在《山海经》中的《五藏山经》（作者认同袁行霈先生对于《山海经》成书时间的看法：《五藏山经》出自战国初期或中期）创造了理想的植物功能，正是因为《山海经》中很多植物所具有的功用是不现实的，而恰恰是这些看似绚丽夸张但却荒诞无稽的功能呈现出了先民们的精神追求。其中有对宽广胸怀、仁德品性的追求，也有对智慧勇敢的崇尚。这些无疑是对先民们精神追求的真实写照，说明植物崇拜已经真正地根植在先民的心中。最吸引人的是，这里弥漫着一种安然自若、悠闲恬淡的气氛，包含了对完善自身修养的追求，也有对和睦的人际关系的渴望，我们可以借此从总体上了解先民的价值观。

《中山经·青要之山》中有对一种草的介绍："有草焉，其状如葌，而方茎、黄华、赤实，其本如藁本，名曰荀草，服之美人色。"此句话的意思是服用这种草会让人更美丽，表达了人们内心向往美丽的思想。《中山经·姑媱之山》中也有具备这样功能的草："帝女死焉，其名曰女尸，化为䔄（瑶）草，其叶胥成，其华黄，其实如菟丘，服之媚于人。"《中山经·半石之山》："其上有草焉，生而秀，其高丈余，赤叶赤华，华而不实，其名曰嘉荣，服之者不畏霆。"可见当时人们并未能理解产生雷霆的自然原因，对雷霆非常惧怕，又渴望自己可以有勇气不再畏惧，从而想象了这样一种服之不畏雷霆的草。《中山经·泰室之山》："有草焉，其状如荒，白华黑实，泽如蓣蒌，其名曰蓄草，服之不昧。"《中山经·少陉之山》："有草焉，名曰茵草，叶状如葵，而赤茎白华，实如蘡薁，食之不愚。"

《山海经》中有对木的想象。《山海经·中山经》："其上多棡，多栃木，是木也，方茎而员叶，黄华而毛，其实如楝，服之不忘。"从中洋溢出来的是对智慧的热情和追捧。春秋战国之时，在神话传说中，先人们将植物草木的地位提升至与动物等同的地位了。这也是春秋战国之时，植物纹样已经开始出现在器物装饰上的重要原因。

四、工艺体系初步形成

夏商周时期的工艺以青铜器为主，到了春秋战国时期，随着生产力的提高，陶器、漆器、瓦当、丝织物的技术进一步提升，形成了记录当时手工业技艺集成的重要文献《考工记》，它是先秦时期重要的儒家经典，是《周礼》的一部分，记录百工之事、百工之"法"及百工之"制"。"智者创物"，循天时、守地气，求材美、树工巧。其一，从《考工记》的内容来看，所记主要为百工之事以及百工之"法"。百工，为六职之一，《考工记》开篇即谓："国有六职，百工与居一焉"。一职为"坐而论道"的天子、王公、诸侯等，二职为"作而行之"的士大夫、管理者，三职为"百工"，"审曲面势，以饬五材，以辨民器"，然后才是"通四方珍异以资之"的商旅、"力以长地财"的农夫、"治丝麻以成之的"妇工。"百工"位居第三，手工业生产无疑在当时社会具有相当高度。《国语·齐语》记录："相语以事，相示以巧，相陈以功"，说明了当时百工工作场景及"竞技"状态。其二，百工作为"在官之工"，受各级工官管理，并有各种制度，如造物的具体尺度，还有"物勒工名、以考其诚"之类的管理制度。《考工记》中记录了当时已经实施较为规范的百工制度和管理制度，并且对于造物的尺寸、器物之间的区别包括同一大类器物规范下对于不同品类、特征、材料均有一定的规定。

　　《考工记》谓："天有时，地有气，材有美，工有巧。合此四者，然后可以为良。材美工巧，然而不良，则不时，不得地气也。"即在天时、地气、材美、工巧四者之中，天时与地气具有基础的和根本的地位。这浓缩了当时人们对自然界的认识，浓缩了当时设计与造物中作为其主导思想之一的关于人造物与自然关系的辩证认识，反映了当时人们对于自然规律的尊崇。"天有时以生，有时以杀；草木有时以生，有时以死；石有时以泐，水有时以凝，有时以泽，此天时也。"人们认识到天时的四季变化对于自然之物如草木、水甚至山石的影响，意指人造物和设计必须符合自然规律。地气是以土地的自然特性为根本属性，所谓"橘逾淮而北为枳，鸲鹆不逾济，貉逾汶则死，此地气然也。"《考工记》以动植物为例，说明自然物的存在总因应着地气之利，意指着人造物和设计也是地气的产物。

第五章　秦汉:中国缠枝纹的发展初期

公元前 221 年,秦统一六国,创立了专制主义的中央集权制度。秦朝短短十五年,却有深远的历史影响。秦朝实行了郡县制,统一了货币、度量衡、文字,开创了统一的局面。在工艺美术方面,由于统治时间过短,还来不及形成自己的新的工艺文化,因此大多继承前代的传统。秦代的总体风格呈现出一种宏伟、庞大而又富有现实主义精神的时代特色。汉代延续了近五百年,是我国多民族统一的繁荣强盛的时代,社会生产力有了进一步发展,政治、经济、文化的影响都扩大至国外。铜器失去了往日作为礼器的地位,向生活日用器皿方向发展。铁器得到了广泛的应用。其间,中国完成了从青铜时代向铁器时代的过渡,同时也完成了从奴隶社会向封建社会的最终过渡。漆器开始普遍应用,出现了自战国以来的第二次制作高潮;丝织的织造更为精美,成为对外工艺文化交流的重要物品,建筑技术进一步提高,与之相联系的画像石、画像砖成为汉代美术的重要代表。手工业的进步尤为显著,蔡伦的造纸术取得了成功,意义深远。

秦汉时期由于社会经济的发展,装饰艺术进入一个兴盛时期,逐渐摆脱了巫术宗教和礼仪旧制的束缚,装饰的题材开始多样化。在铜器、漆器、画像石、画像砖、壁画、瓦当、帛画上,都表现出相当高的艺术水平和技术水平。陶质用具和砖瓦艺术,气魄之宏伟,艺术水平之高超,是其他朝代难以相比的。汉代纹样题材日益丰富,包括劳动生产、贵族生活、乐舞杂技、历史故事、神话传说、自然天象等多个方面,反映了汉人从对天神的关注过渡到对现实生活的关注,世俗生活题材日益宽广,具有划时代的意义。植物装饰纹样逐渐增多,表现风格多样化。植物装饰纹样由于在很大程度上受到本土云气纹、动物纹的影响,绝大部分表现出来的特征是亦云亦草、亦草亦兽,依附于云气纹、动物纹而发展,并未形成自己独立统一的风格,在建筑、织物、铜镜上的植物装饰,也是建立在本土习俗之上,绝大部分与云气纹、动物纹混淆发展,就植物纹样在这一时期出现的规模和审美的完整性而言,依然居于云气、龙凤等题材之下,真正的植物装饰的高峰虽然还未到来,但是这些亦云亦草、亦草亦兽的曲线纹样,已然成为中国植物缠枝纹大发展的基础。

第一节　秦汉时期的植物装饰纹样

秦汉时,缠枝植物纹进一步发展。从考古发掘遗存来看,缠枝纹在汉代的画像砖、画像石、毛织物、刺绣等工艺美术品上有所表现,虽然发现的数量并不是特别多,类别也比较单一,但是缠枝纹的基本骨骼和枝叶装饰已经基本形成。从文字记录上看,植物纹样也愈加丰富。《全汉赋》全书收录汉赋293篇,其中156篇的内容提到一种以上植物,约占全书的53%,可见植物在汉赋中也具有举足轻重的地位。《全汉赋》现存的篇章中,可确定的植物种类有191种,未知种类有32种,合计223种。其中出现次数最多的植物有竹、桑、柳、松、桂等。在张衡的《南都赋》中,植物名称甚至都影响了汉赋的文体和内容。

汉代画像砖缠枝花纹(图5-1)绘制在四川万县市出土的一块画像砖上。吴山在《中国纹样全集》中解释这一缠枝花纹:"以前未见有缠枝花构成,此成首例。中为一瓶,花由瓶中生出,分向左右,为对称式,花的枝干描绘成蔓草波纹状,花从波间出,组合较规律。这种花形已具有缠枝花的特征。缠枝花纹在以后历代的装饰中,常被作为主纹应用。"[①]这非常明确地提出汉代已经有了缠枝花的装饰。观察汉代画像砖上所刻缠枝花纹,其茎看似是左右对称,实则可以视作一条运动的"S"形曲线,花朵在主茎上下两边装饰,每个弯曲的弧度均有一花朵,在弯曲的转折处还装饰有叶片,这与后期缠枝纹大发展时期的形态规律基本是一致的。这种规律也体现在河南洛阳周公庙出土的汉代画像砖梅花纹(图5-2)上,其运动的茎脉十分明显,但花朵和叶子并非十分具象,非常概括简洁,但其纹样骨骼和装饰规律却是非常明显的"S"形曲线加上一个起伏单位的单独纹样。

在陕西出土的汉代画像石卷叶纹(图5-3)中,其构成骨骼有散点式、斜线式、交叉式,但是实际上骨骼之间似乎已经连接上了,尤其是其中的图(3)、图(4)已经完全连接成绵延不断的斜"S"形骨骼,实际上,在魏晋南北朝时期的洞窟装饰中我们可以找到非常多类似的装饰,这是缠枝纹进一步发展的有力证据。

在蒙古国出土的汉代毛织物刺绣上的植物纹与几何纹(图5-4)中,我们可以发现植物装饰的形态非常丰富,这些植物纹基本以散点式二方连续构成,虽然并未出现与汉代画像砖缠枝花纹、汉代画像砖梅花纹完全一致的骨骼规律,但是其散点式结构并不明显,倒是有想要连接成曲线的意图显现。尤其是蒙古国出

---

① 吴山.中国纹样全集(战国·秦·汉卷).济南:山东美术出版社,2010年,第11页.

土的汉代毛织物刺绣上的植物纹与几何纹（图 5-4），其与欧洲装饰的莲花纹特别接近。

图 5-1　汉代画像砖缠枝花纹①

图 5-2　汉代画像砖梅花纹②

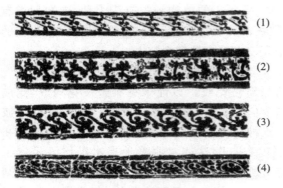

(1)

(2)

(3)

(4)

图 5-3　汉代画像石卷叶纹③

图 5-4　汉代毛织物刺绣上的植
物纹与几何纹④

一、树纹

　　秦汉时期，树纹装饰比前一时期丰富了很多。在汉代画像石上我们可以看到各种类型的树纹，有抽象的概括，也有具象的表现。有的树纹沿袭了前代的装饰方法，在汉画像石上的树纹（图 5-5）中树的表现形态依然是左右对称的树木向上生长的形态，这与春秋战国瓦当上的树纹同出一宗，只是将卷曲的涡线与树木的主茎进行了嫁接。但是，在这一时期出现了大量与此不同的树纹，有的树纹就与前代完全不同，而且可以说具有超越时空的设计思想，对称、嫁接、寓意等设计手法层出不穷。

① 吴山.中国纹样全集（战国·秦·汉卷）.济南：山东美术出版社，2010 年，第 11 页.
② 同注①。
③ 吴山.中国纹样全集（战国·秦·汉卷）.济南：山东美术出版社，2010 年，第 213 页.
④ 吴山.中国纹样全集（战国·春·汉卷）.济南：山东美术出版社，2010 年，第 324 页.

　　例如，陕西绥德王得元墓出土的汉画像石树纹（图 5-6）中树枝弯弯曲曲，相互交叉，好似动物鹿的角，叶子的形态像张开的手掌。山东微山出土的汉代画像石连理树（图 5-7）的树枝像张开的渔网，树枝间有规律的相互缠绕，树枝末端的树叶也相互缠绕，合二为一。山东嘉祥武氏祠发现的汉代画像石树纹（图 5-8）从树干延伸出两大条主干相互缠绕在一起，从主干发散出若干条左右对称的树枝，树叶在空隙中向外生长，形成了独特的图形构成方式。在嘉祥武氏祠发现的汉代画像石树鸟纹（图 5-9）更是有精彩的表现，从向上生长的主树干分裂成 2 个枝干，这 2 个枝干相互缠绕，呈左右对称结构，从缠绕的分枝上继续分出小枝丫，枝丫上生长着花和叶子，花呈铃铛形，均是用排线的方式。黑白相间的小鸟停在树中，有的在啄食，有的在栖息，有的在对话，灵动而生趣。与图 5-8 相比，构图改变了拘谨的装填，更自由舒展，毫不逊色于现代创意图形设计中的树形设计。

图 5-5　汉画像石上的树纹①

图 5-6　汉画像石树纹（1）②

图 5-7　汉代画像石连理树③　　图 5-8　汉代画像石树纹（2）④　　图 5-9　汉代画像石树鸟纹⑤

①　吴山.中国纹样全集(战国·秦·汉卷).济南:山东美术出版社,2010 年,第 58 页.
②　吴山.中国纹样全集(战国·秦·汉卷).济南:山东美术出版社,2010 年,第 170 页.
③　吴山.中国纹样全集(战国·秦·汉卷).济南:山东美术出版社,2010 年,第 182 页.
④　吴山.中国纹样全集(战国·秦·汉卷).济南:山东美术出版社,2010 年,第 210 页.
⑤　同注④。

　　汉代的树纹在二方连续中也有非常精彩的表现,在陕西绥德出土的汉画像石树枝纹(图 5-10)中树枝与树枝通过弯曲的形态"歪歪扭扭"与连接,已经具有了藤蔓植物的特性,形成了独特的装饰效果。在汉画像石人物走兽树枝纹(图 5-11)中,树枝成为分割"工具",叶片与叶片似乎构成了一个丛林,动物在其间奔跑欢腾。此类纹样的出现证明了部分树纹装饰向二方连续缠枝纹的过渡,后续缠枝纹宽泛的装饰母题在汉代就已经开始形成。

图 5-10　汉画像石树枝纹①　　　　　图 5-11　汉画像石人物走兽树枝纹②

二、莲花纹

　　秦汉时期,莲花纹成为瓦当、壁画、画像石、画像砖,以及铜镜等日常器物上频频出现的装饰题材。莲在古代诗文中的名称有:荷、莲、芙蓉、芙蕖、菡萏、藕花等。在这里的莲是泛指。荷花原产自中国,栽培历史悠久。《诗经》早已载录之,如《陈风·泽陂》之"彼泽之陂,有蒲与荷",及《郑风·山有扶苏》之"山有扶苏,隰有荷华"。莲花纹在建筑上常用,有避火的象征意义。东汉应劭撰写的《风俗通义校释》记:"殿堂象东井形,刻作荷菱。菱,水物也,所以厌火。"沈约《宋书》:"殿屋之为圜泉方井兼荷华者,以厌火样"。莲花纹还装饰在宫室建筑和墓室建筑之上。汉代《鲁灵光赋》中就记载了莲花纹饰装饰于宫室的文字:"圆渊方井,反植荷蕖。发秀吐荣,菡萏披敷。绿房紫菂,窊咤垂珠,云瑟藻棁,龙桷雕镂。"这是在圆的方井中装饰莲花的记录。汉代张衡《西京赋》记载:"蒂倒茄于藻井,披红葩

图 5-12　莲花藻井

之狎猎。"也是莲花装饰在宫室建筑藻井中的记载。与此相对应的是在考古发现中的例子,山东武氏祠堂前室西间藻井装饰有鲜明特征的莲花装饰(图 5-12),莲瓣 8 瓣,莲瓣朝下突出,与《鲁灵光赋》描述相符合即在方井中倒植莲花。

　　汉代瓦当中的莲花纹开始批量出现,此时莲花应该已经作为一种重要的植物装饰主题

---

① 吴山. 中国纹样全集(战国·秦·汉卷). 济南:山东美术出版社,2010 年,第 146 页.
② 吴山. 中国纹样全集(战国·秦·汉卷). 济南:山东美术出版社,2010 年,第 170 页.

了。在瓦当中装饰的莲花花瓣非常清晰,特征明确,有 4～8 个花瓣不等。莲蓬、莲子均在瓦当上明确表现。汉代张璠《汉记》曰:"连阁洞门,文井莲华,璧柱采画,鱼池台苑,拟诸宫阙。"这记载了汉代在藻井中装饰莲花纹饰。从汉代开始,莲纹广泛用于装饰,建筑中的瓦当中也出现莲瓣纹饰,纹饰整体饱满、质朴,如图 5-13 所示。

图 5-13　汉代莲花纹瓦当(陕西西安秦砖汉瓦博物馆藏)

三、茱萸纹

茱萸在古代被认为是一种具有神秘力量的神奇之物,传说可以辟邪驱寒,令人长寿。茱萸是一种落叶小乔木,开小黄花,果实椭圆形,红色,味酸,可入药。茱萸又名"越椒""艾子",是一种常绿植物,气味芳冽,具备杀虫消毒、逐寒祛风的功能。《西京杂记》曰 :"戚夫人侍儿贾佩兰,……说在宫内时,……九月九日佩茱萸,食蓬饵,饮菊花酒,令人长寿。"[①]由南北朝梁宗懔编撰记录我国古代楚地(以江汉为中心的地区)的汉族岁时节令风物故事的笔记体文集——《荆楚岁时记》曰:"九月九日佩茱萸,食蓬饵,饮菊花酒,令人长寿。"南朝梁吴均的《续齐谐记》记载:"汝南桓景随费长房游学累年。长房谓之曰:'九月九日,汝家当有灾厄,宜急去,令家人各作绛囊,盛茱萸以系臂,登高饮菊花酒,此祸可消。景如言,举家登山,夕还,见鸡犬牛羊一时暴死。'长房闻之:'此可以代矣。'今世人每至九月九日登高饮酒,妇人带茱萸囊,因此也。"《太平御览》引《风土记》曰:"九月九日……俗于此日以茱萸气烈成熟,当此日折茱萸房以插头,言辟恶气而御初寒"。[②]

---

① (汉)刘歆.西京杂记校注·卷 3.戚夫人侍儿言宫中乐事.上海:上海古籍出版社,1991 年,第 138 页.
② (北宋)李昉.太平御览·卷 32.时序部九月九日.北京:中华书局,1960 年,第 153 页.

由于茱萸纹可以辟邪除恶,颂祝长寿,在九月九日重阳节时爬山登高,臂上佩戴"茱萸囊"。但佩戴某种植物不是很方便,这个时候织物成为最好的载体。演变到后来,佩戴"茱萸囊"变成了一种长期需求,因此在服饰中出现大量茱萸纹,以示辟邪。从一开始的佩戴驱邪,到茱萸辟邪观念的形成,茱萸纹成为一种观念化的物化载体。

茱萸纹为汉代使用最为广泛的题材,有去恶消灾、延年益寿的美好寓意。最早的茱萸纹丝绸实物锦发现于马王堆汉墓,共有三件,分别由织、绣、印绘三种工艺制成。现藏湖南省博物馆马王堆一号汉墓出土的绢地茱萸纹绣(图 5-14),茱萸的形状清晰写实,深红色的茱萸锦上显示的是果壳、籽和枝的结合;在棕黄菱纹罗地上,用深绛色、浅绛色绣线绣出茱萸纹和卷草纹等花纹。茱萸纹成行成列排布在菱纹罗上的菱形中间,空隙里绣有卷草纹和云纹等纤细的连理绣迹。蔓草花卉纹的印花敷彩纱采用的也应是茱萸纹,例如变形植物纹印花敷彩纱纹样(图 5-15)。

图 5-14　绢地茱萸纹绣　　　　图 5-15　变形植物纹印花敷彩纱纹样①

四、葡萄纹

中国早期对葡萄的记载的是本土野生葡萄——光叶葡萄。《诗经·周南·樛木》:"南有樛木,葛藟累之;乐只君子,福履绥之。"《诗经·王风·葛藟》:"绵绵葛藟,在河之浒。"《诗经·大雅·旱麓》:"莫莫葛藟,施于条枚。"这里的葛藟,即指本土葡萄。

汉代,丝绸之路开通,葡萄和葡萄纹随之传入中原。"葡萄"一词是外来语的

----

① 左汉中.湖湘传统纹样.长沙:湖南美术出版社,2010 年,第 45 页.

译音，也曾被写为"蒲陶"或"蒲桃"，有学者认为是从希腊语"BOTPUS"的发音演变而来的。张骞于公元前139年、公元前126年两次出使西域，从中亚带回了葡萄、苜蓿等农作物。我国古代农业生产技术著作《齐民要术》曰："汉武帝使张骞到大宛，取葡萄实，如离宫别馆旁尽种之。"《汉书·西域传·大宛国》载："汉使采蒲陶、目宿种归。"说明汉使从西域得此物种，之后在中原普遍种植。清《广东通志》引《西京杂记》记载："南越王尉佗，献高祖鲛鱼、荔枝。高祖报以蒲桃锦四匹。佗筑朝汉台，朔望升拜以朝汉。"此处"葡萄锦"（蒲桃锦）虽然没有注明其所出，但从"葡萄锦"作为中央政府和边远政权交好的礼品性质上看，说明它在当时应该相当稀有珍贵。异域葡萄经西域而传入中原，在饮食、文学、装饰等方面的葡萄文化广泛传播。

英国艺术史家贡布里希（E. H. Gombrich）在其《艺术发展史》曾说："早在汉代，就有一些装饰艺术母题从欧洲传入中国，特别是葡萄叶纹及葡萄饰，还有莲花纹。这些花卉旋涡纹已被中国工匠改造后用在了银器和陶器上"。1959年新疆民丰出土的织品葡萄纹（图5-16和图5-17），葡萄错落排列，纹样疏密有致。在1987年塔里木盆地南部的察吾乎沟出土的公元前800年左右的陶罐上，已经出现了藤蔓葡萄纹的纹样。

图 5-16　汉代织绮走兽　　　　　　图 5-17　东汉罽毛织品
　　　　　葡萄纹[①]　　　　　　　　　　　葡萄纹[②]

五、云纹

云纹，自古有之，在我国的装饰纹样中历史久远，与我国民族生活以及思想观念关系极为密切，应用广泛。《说文解字》："云山川气也，从雨云象回转形也。"《左传》："黄帝以云纪官，故为云师而云名。"《周礼》："保章氏以五云之物辨吉凶

①　吴山.中国历代装饰纹样（第二册）.北京：人民美术出版社，1988年，第515页.
②　吴山.中国历代装饰纹样（第二册）.北京：人民美术出版社，1988年，第520页.

水旱丰荒之祲。"云有卷云纹、流云纹、行云、坐云、四合云、如意云等,丰富多彩。在古代文献中,云名有多种,例如《尚书》有:"卿云";《史记》:"庆云见喜气也";《礼斗威仪》:"景云景明也,言云气光明也";南朝齐孔稚圭《北山移文》:"度白雪以方絜,干青云以直上。"后以青云直上意为步步高升,在古人看来,云是一种吉祥物。《春秋元命苞》:"阴阳聚为云"。《礼统》:"云者云气布恩普也"。《河图帝纪通》:"云者天地之本也"。所以,古代将云与日、月、星辰同列,以显示其重要地位。

　　云纹在夏商周青铜器、春秋战国漆器上均有非常精彩的表现,到了秦汉,主要以卷云纹为主,唐之后演化成流云纹。汉代云纹以一种千姿百态、势不可当的趋势呈现给大众,在青铜器、漆器、织锦、刺绣、陶瓷、雕刻中广为应用。田自秉先生认为:"汉代云气纹,实是由古代蟠螭纹或鸟纹的发展和演变而来,此时虽已构成云纹,但仍可以在云纹中发现兽头或鸟头的遗留。汉代云气纹的盛行,确也和当时的神仙思想相协调。"[①]在汉代的丝织物中出现了大量的云纹,乘云绣、信期绣、长寿绣、茱萸绣似乎都和云纹有着无法摆脱的亲密关系。长沙马王堆出土的竹简遣册《衣物疏》中,有明确的"乘云绣"名称。例如长沙马王堆出土现收藏于湖南省博物馆的鸟菱纹乘云绣刺绣残片,图案色彩丰富,如朱红、浅棕红、橄榄绿、藏青等,云卷云舒,似驭风驰骋,挥洒自如,单元构图中有眼状如意云形纹样,似鸟头,也似兽体,延承了先秦刺绣的浪漫主义色彩。汉代漆坊上的装饰云纹(图 5-18)弯曲缠绕,似乎带有植物的叶脉特征。在汉代陶坊上的云纹(图 5-19)以一种非常迅猛的气势奔腾而来。汉代的云纹,在装饰中起着重要的作用:一是分割,将画面分割成各个装饰部分,以丰富纹样的内容;二是联系,通过云纹可使各装饰部分连成一个整体;三是填充,即利用云纹填充装饰面的空间,使虚实相间,产生变化;四是增加动感,汉代纹样既有稚拙感,又富有动感,主要在于云纹的巧妙运用。汉代云纹,携裹着植物藤蔓纹,这是植物缠绕纹与卷云纹逐渐融合的过程表现。秦汉之时,云纹几乎已经充斥着整个的装饰世界,甚至极大地影响着中国的植物装饰纹样的发展。将云纹结合动物、植物绘于或织绣于漆器、布料上,其实就是一种天地融合的象征,关注天、地、人的关系,表达了汉代人祈求风调雨顺的愿望,这是一种祝愿、祈福的思想。

---

① 田自秉,吴淑生,田青.中国纹样史.北京:高等教育出版社,2003 年,第 145 页.

　　图 5-18　漆坊上的云纹①

图 5-19　陶坊上的云纹②

第二节　秦汉时期植物装饰纹样的载体

一、漆器

　　秦汉时期的漆器工艺在战国的基础上又有了新的提高和发展,达到了早期的昌盛水平。《汉书·恭禹传》曰:"《地理志》河内怀、蜀郡成都、广汉皆有工官。工官,主作漆器物者也"。③《汉书·外戚传(下)》载:"其中庭彤朱,而殿上髹漆。颜师古注:'以漆漆物谓之髹'。"这些较早的文献记载呈现出秦汉漆器制造艺术的悠久历史。

　　秦汉时,漆器制作有官府的专门机构加以管理,如秦代中央政府就设有管理手工业漆器作坊的部门,如"咸市""咸亭""许市"等,而汉代从中央到郡都设有管理漆器生产作坊的官员一职,以蜀郡和广汉郡的金银饰漆器管辖下出产的品种最为著名。西汉文学家扬雄在《蜀都赋》中描绘蜀汉、广汉郡生产的雕填、螺钿、金银扣等名贵漆器制作的盛况时写道:"雕镌钿器,万技千工,三参带器,金银文华,无一不妙。"可见,这一时期漆器工艺管理有序,生产规模及工艺水平盛况惊人。秦汉时期对工匠实施分工管理。对于汉代严谨的漆器生产组织,史书多有记载,仅汉代出土的漆器铭文中就记载了漆器生产细致的分工名称,包括:造工、供工、漆工、素工、髹工、画工、上工、铜扣黄涂工、铜耳黄涂工、清工等。如湖南省博物馆收藏的马王堆汉墓漆器铭文中的"𦥑"就记载负责漆器阴干的工种职别和工序。漆器生产组织严密,分工细密,汉代漆器有大量精品。

　　史料记载,秦汉时期名贵的漆器是允许上市出售的,甚至远销海外,漆器作坊更是遍布今日的山东、河南、陕西、江苏、福建、广东、广西等地,成为东传日本、

---

①　左汉中.湖湘传统纹样.长沙:湖南美术出版社,2010 年,第 77 页.

②　左汉中.湖湘传统纹样.长沙:湖南美术出版社,2010 年,第 76 页.

③　(汉)班固.汉书·恭禹传.北京:中华书局,1962 年,第 3071 页.

朝鲜半岛和东南亚的新兴商品。西汉桓宽的《盐铁论》有云："一杯棬用百人之力，一屏风就万人之功……今富者银口黄耳，金罍玉钟；中者舒玉纻器，金错蜀杯，夫一文杯得铜十杯。"这段话意思为，一杯用百人之力方可制成，因此价格十分昂贵，一个漆杯的价格甚至相当于十个铜杯。作为饮食器皿，漆器比青铜器更具优越性，故为宫廷及贵族官僚所喜爱。漆器因此也成了特权和财富的象征。在汉马王堆墓出土的漆器上，出现了大量的云纹与动物纹、几何纹的结合装饰，形态自然生动，线条自然飘逸，酣畅淋漓地表现了秦汉尤其是汉代漆艺的高超技术及装饰水平。

二、瓦当

在秦汉时期的装饰艺术中，瓦当装饰是一类兼具实用与美观的艺术。瓦当，人们通常称之为筒瓦头、勾头，是房檐筒瓦顶端的半圆或者圆形的下垂部分，起着装饰屋檐和保护椽头的作用。瓦当能避免房屋檐头免遭风雨的侵蚀，延长房屋的寿命。同时，古人总是在实用功能之后思索其装饰效果，进而使建筑看起来更加美观，既具有避免"出头先烂"的实用价值又富有欣赏价值，是建筑设计史上集装饰与实用为一体的极富特色的建筑构件。

秦汉瓦当中，亦有丰富的装饰图案，究其与植物纹样之关系最亲近者，当属云纹（图 5-20）、葵纹、莲花纹。在秦国宫殿遗址中出土的瓦当，大多数为云纹瓦当，这说明云纹是当时瓦当上最流行的纹饰。

图 5-20　云纹瓦当（中国国家博物馆藏）

葵纹瓦当（图 5-21）主要见于秦代，但数量比云纹瓦当少得多。它与动物纹瓦当、吉祥语的文字瓦当以及叶纹、树纹、水涡纹瓦当一样，都是赞颂秦始皇，这是歌颂秦始皇统一六国大业的思想在建筑艺术中比较直接的反映。葵纹瓦当的装饰纹样由数条向心的涡形曲线组成，看上去像葵花纹，细部极富变化。大部分的葵纹瓦当，中心有凸起的乳钉纹，围绕着乳钉纹，外侧生成模印的阳弦纹一圈，以乳钉纹为中心呈顺时针方向伸出涡状弧纹，数目八至九条不等，极富有韵律美感。

图 5-21　秦葵纹瓦当（陕西西安秦砖汉瓦博物馆藏）

到了汉代，葵纹瓦当数量减少，莲花纹瓦当迅速增加。这与佛教在东汉末年传入我国有关，佛教思想和佛教艺术的流行影响了我国的寺院、石窟、壁画、建筑等装饰。在建筑上比较突出的一点就是莲花纹瓦当的出现和普遍使用，逐渐代替了秦汉时期的云纹瓦当，这成为中国古代建筑砖瓦构件发展过程中的阶段性特征之一。莲花纹瓦当一般有 4～9 个花瓣，花瓣有的写实，有的抽象概括，大多为凸起的浮雕。其中缠绕形式的莲花花瓣也在瓦当上出现，有 8 个花瓣，花瓣是由凸起的弧线构成的，每个花瓣的弧线相互缠绕共生，类似中国结的构造形式，这是秦汉工匠们对装饰图形构成形式的一种探索。

三、织绣

秦朝存在时间比较短，汉承秦制，出土多为汉代刺绣。秦汉刺绣发展得益于大一统的局面，由于此时中央集权制取代了分封制，在经济文化方面各地交流融合日趋广泛，社会农业生产和手工业生产日益繁荣，纺织工艺，如丝、麻、毛、棉织造技术有了较大的改进，使得丝织物从纺、织、染、绣到花纹处理等各道工序都有了空前的提高和发展。西汉都城长安就设有东西织室，作缯帛、文绣之服。东部的临淄和襄邑也设有服官，负责制丝织衣物，织工多达数千人。纺织业快速发展的同时，也出现了专业的刺绣艺人，除了丝绣，在西北地区出土中也常见毛织物上的绣品，刺绣图案非常丰富。另外，矿物染料的发掘和植物染料的使用，进一步扩大了刺绣线色色谱。汉代官作坊织造的精美丝麻织物，除供皇室享用外，还用于赏赐和对外贸易。张骞出使西域,开辟了"丝绸之路",向中亚、西亚乃至地中海东岸运销大量绚丽多彩的丝帛锦绣。

　　秦汉时期,已经有完备的政府机构可以生产各类繁多的丝织品,这为许多丰富而新颖的植物纹样的产生奠定了物质基础。汉代织锦上的花纹众多,比较复杂。有车马纹、双禽纹、云纹、龙纹、鸟纹、灵芝纹、豹纹、葡萄纹、树纹、鱼纹以及各种几何形纹。这些纹样延至晋代一直生产,晋代陆《邺中记》记录当时的织锦署所织锦名称:"大登高、小登高、大明光、小明光、大博山、小博山、大茱萸、小茱萸、大蛟龙、小蛟龙、蒲桃纹锦、斑纹锦、凤凰朱雀锦、韬纹锦、核桃纹锦,或青绨、或白绨、或黄绨、或蜀绨,工巧百数,不可尽名也。"文中记载织锦与汉代实物均能一一对上。

　　(一)印花

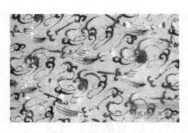

图 5-22　印花敷彩花残片图案
(中国国家博物馆藏)

　　1972 年湖南长沙马王堆出土的印花敷彩花残片(图 5-22)图案,为藤本科植物的变形纹样,由枝蔓、蓓蕾、花穗和叶组成,外廓略为菱形。该图案单位面积较小,长 4 厘米、宽 2.4 厘米,四方连续,错落排列。图案采用印、绘相结合的方法,整个程序包括用型版印出暗灰色枝蔓,印花时将四个单位拼成一版,即拼成一个长 8 厘米、宽 4.4 厘米的大菱形,借以提高印染的速度和质量;用朱红色绘出花穗;用重墨点出花穗的子房;绘浅银灰色的叶、蓓蕾和纹点;绘暖灰色调的叶和蓓蕾苞片;绘冷灰色调的叶;用粉白勾绘、加点。整个织物花纹线条流畅,层次分明。

　　(二)刺绣

　　据长沙马王堆出土的《衣物疏》竹简中描述,汉代刺绣的四种代表性纹样为信期绣、乘云绣、长寿绣、茱萸绣。刺绣作为专业名词出现在当时的文献中,说明刺绣的普及和专业性已经有一定基础。湖南长沙马王堆一号墓出土的信期绣、乘云绣、长寿绣、茱萸绣,都是用菱形凸纹印花版,在绸面盖印出墨线绣稿,然后用彩色丝线刺绣出满地变体云纹、变体茱萸纹、变体龙凤纹。这些形态类似变体云纹,神秘浪漫,具有流动感,色彩华丽富贵。在这些绣品中,云纹和藤本植物、花卉变形纹样结合,这个时候中国本土缠枝纹雏形实际上已经逐渐从动物纹样当中脱离出来,变得独立而自由。

1. 乘云绣

湖南长沙马王堆出土的西汉黄绮地乘云绣残片（图 5-23），为黄色对鸟纹绮，以朱红、黑、紫红、灰色丝线绣乘云纹，该乘云纹布局匀称，流转生韵，华丽精美，是汉代典型的图案，绣法主要是锁绣。湖南长沙马王堆出土的西汉浅黄色对鸟菱纹绮地乘云绣残片（图 5-24），此件在对鸟纹绮地上以朱红、浅棕红、橄榄绿、藏青等色丝线满绣变体云纹。每组图案单元中有似眼状的如意云形纹，神秘浪漫。

图 5-23　西汉黄绮地乘云绣残片　　　　**图 5-24　西汉浅黄色对鸟菱纹**
（湖南省博物馆藏）　　　　　　　　　绮地乘云绣残片
　　　　　　　　　　　　　　　　　　（湖南省博物馆藏）

2. 信期绣

信期绣以变形的鸟类为图案的原型，就像燕子，而燕子作为常见的候鸟，年年按期南迁，信期而返，因而这种绣品被称作信期绣，寓意"忠可以写意""信可以期远"，故称"信期"。人们已经能观察到其按期南迁又按期而返的"信"，出于对这种美好德操的追求和赞美，便将有燕子的外形特点的绣纹谓之"信期绣"。信期绣如灵鸟飞舞，悠游天地，酣畅舒展。信期绣与云纹进行了深入的结合，部分信期绣还增加了花草纹，虽然没有明确的骨骼规律，但实际上，植物纹、动物纹、云纹相互结合，已经形成了缠绕形式的纹样。

1972 年长沙马王堆汉墓中出土了一批信期绣的精品。西汉丝锦袍的表面绣了许多变形的燕子，仿佛在云海中穿梭飞翔，意蕴深远。在柘黄菱纹罗"信期绣"绣作上的信期绣（图 5-25）以锁绣法将朱红、浅棕红、深绿、深蓝等色丝线，在织有菱形纹样的罗纹地上绣出穗状流云和卷枝花草等连续图案。西汉黑色罗地信期绣残片（图 5-26）在黑地罗绮上以朱红、黄等色丝线绣出流云缠枝花草纹。

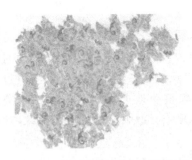

图 5-25 西汉柘黄菱纹罗"信期绣"
（中国国家博物馆藏）

图 5-26 西汉黑色罗地信期绣残片
（中国国家博物馆藏）

3. 长寿绣

20 世纪 70 年代马王堆汉墓出土一批长寿绣，20 世纪 90 年代以来，在江苏、山东等地又出土了很多汉代长寿绣实物，为长寿绣的系统研究提供了比较充分的条件。在湖南长沙马王堆出土的西汉绛红绢地长寿绣残片局部（图 5-27），此件在黄色绢地上用浅棕红、橄榄绿、紫灰、深绿等色丝线，以锁绣针法绣穗状变体云纹和花枝纹。云纹的头部似如意，尾部似飘动的穗须。湖南省博物馆藏的西汉黄绢地长寿绣残片（图 5-28），这件长寿绣纹样的单元较大，每个图案单元的穗状流云纹花头较多，主要用红棕、紫灰、橄榄绿、深绿等色丝线绣成。绣法主要是锁绣。

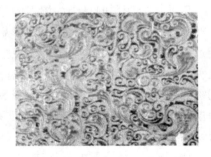

图 5-27 西汉绛红绢地长寿绣残片局部
（中国国家博物馆藏）

图 5-28 西汉黄绢地长寿绣残片

4. 茱萸绣

茱萸是一种苗香科植物，古人认为佩戴茱萸，可以辟邪。茱萸纹也就成了中国古代一种寓意吉祥的图案。汉代丝绸上的茱萸纹，是少有的以植物命名的纹样。茱萸纹（图 5-29、图 5-30）主要应用于汉代丝绸织物，是佩戴茱萸辟邪的替代形式，体现了汉代楚文化中既深沉又浪漫的艺术气质，与当时追求长生不老、羽化登仙的时代风尚相融合。不论是乘云绣，还是信期绣、长寿绣、茱萸绣，这些纹样里面都离不开云纹，因为汉代人始终认为"云纹"代表了一种可以羽化登仙的可能性，代表了一种美好的祝福。我们在这些织物刺绣上，看到的是满目的云纹、鸟纹、曲线纹与植物纹的完美组合，也许是植物大发展时期到来之前的信号。

图 5-29　茱萸纹绣绢西汉丝织品
（中国国家博物馆藏）

图 5-30　东汉茱萸纹绣裤脚边
（新疆维吾尔自治区博物馆藏）[①]

四、陶瓷

两汉时期，是原始青瓷向成熟青瓷过渡的时期。汉代陶器主要是各种饮食器、贮藏器等容器，也包括其他生活用具，以及专为随葬而制作的明器。当时汉代东南一带窑场密布，陶车拉胚成型替代了泥条盘筑法，使瓷胚制作更加精细。汉代艺术陶数量之多、种类之丰富，超过了以往，而陶器装饰也出现了当时大量流行的云气纹以及少量的植物纹样。汉云气纹彩绘陶坊（图 5-31）、汉彩绘陶方壶（图 5-32）、汉彩绘云气纹陶扁壶（图 5-33）等陶器装饰上，云气纹或是缓缓流动升腾，或是相互缠绕运动，或是如流水般顺畅自然倾泻而下，姿态美丽动人。在汉彩绘陶器盖（图 5-34）上的卷云纹四面围绕，五个运动升腾的云朵紧紧追逐，构成了流动的画面，云朵的线条同样可以视作卷曲的植物须卷，上面还有可爱的叶片，这种图案的构成方式真是令人赞叹。

[①]　黄能馥，陈娟娟. 中国丝绸科技艺术七千年：历代织绣珍品研究. 北京：中国纺织出版社，2002 年，第 65 页.

图 5-31　汉云气纹彩绘陶坊①　　　　　图 5-32　汉彩绘陶方壶
　　　　　　　　　　　　　　　　　　　　　　　（北京故宫博物院藏）

图 5-33　汉彩绘云气纹陶扁壶②　　　　图 5-34　汉彩绘陶器盖卷云纹③

五、铜镜

　　汉代铜镜沿用战国铜镜样式，并在此基础上大力发展了装饰体系。汉代铜镜的特点为圆形、薄体、平边、圆钮，装饰程式化，制作规范，做工精良，装饰层次最多可达到九重以上。汉代铜镜具有非常明显的装饰性，图案繁杂，折线纹、弧纹、柿蒂纹、乳钉纹、云雷纹等都是汉镜的特殊纹饰。汉代铜镜中最流行的款式有蟠螭纹镜、蟠虺纹镜、章草纹镜、星云镜、云雷连弧纹镜、鸟兽纹规矩镜、重列式神兽镜、连弧纹铭文镜、重圈铭文镜、四乳禽兽纹镜、多乳禽兽纹镜、变形四叶镜、神兽镜、画像镜、龙虎纹镜、日光连弧镜、四乳神镜、七乳四神禽兽纹镜等。在这些铜镜中，S形曲线装饰丰富异常。如图 5-35～图 5-38 所示。

①　田自秉，吴淑生，田青.中国纹样史.北京:高等教育出版社,2003 年,第 146 页.
②　同注①。
③　吴山.中国纹样全集(战国·秦·汉卷).济南:山东美术出版社,2010 年,第 367 页.

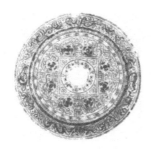

图 5-35　东汉"汉有善铜"规矩仙人四灵纹铜镜① 　**图 5-36　东汉规矩仙人四神纹铜镜**②

图 5-37　新莽上太山规矩禽兽纹铜镜③ 　　**图 5-38　西汉云锦纹地三龙纹铜镜**④

六、玉器

　　秦代玉器继承了前代的成就，并力图有所创新。从品种上来说，礼仪性的玉器逐渐减少，例如有玉璧、玉圭、玉琮等品种，成组佩玉种类趋于简化。汉代玉器基本继承了战国的技法，并有所发展和创新，品种齐全，数量庞大，工艺精湛。汉代统治者崇尚道家的"玉是山石之精，吞食可以长寿，敛尸可以不朽，佩戴可以辟邪"，葛洪《抱朴子》曰："金玉在九窍，则死者为之不朽"，因而丧葬用玉显著增加，典型的有河北满城发掘出土的西汉中山靖王刘胜及其妻窦绾墓中的"金缕玉衣"、江苏徐州东汉墓出土的银缕玉衣等。

　　秦汉玉器精雕细刻，风格上趋向雄浑豪放。汉代玉器隐起处常用细如毫发的阴线雕饰，以弥补其立体感不强的弱点，这对后世玉器有着深刻影响。在玉器中，没有出现明显的植物装饰纹样，但是龙纹、凤纹、葵纹等结合云纹进行了婉转

①　左汉中.湖湘传统纹样.长沙：湖南美术出版社,2010 年,第 100 页.
②　左汉中.湖湘传统纹样.长沙：湖南美术出版社,2010 年,第 98 页.
③　左汉中.湖湘传统纹样.长沙：湖南美术出版社,2010 年,第 96 页.
④　同注③。

缠绕,线条生动流畅,宛若缠枝纹样缠缠绵绵。在秦代玉饰蟠螭纹(图5-39)中,蟠螭头部特征明显简化,身体缠绕弯曲,尾部嫁接了三叶植物纹,不仔细观察,以为是植物缠枝纹。在汉代玉璧蟠螭纹(图5-40)中,蟠螭纹、云纹缠绕组合,仿佛在云气缭绕中得到升腾,羽化成仙的意境显现。

图 5-39　秦代玉饰蟠螭纹①　　　　　图 5-40　汉代玉璧蟠螭纹②

七、画像石

汉画像砖,是一种表面有模印、彩绘或雕刻图像的建筑用砖,它形制多样、图案精彩、主题丰富,深刻反映了汉代的社会风情和审美风格,是中国美术发展史上的一座里程碑。从 20 世纪 60 年代开始,许多汉画像砖陆续在中原一带出现,这些砖上绘有阙楼桥梁、车骑仪仗、舞乐百戏、祥瑞异兽、神话典故、奇葩异卉等,内容丰富,画技古朴,成为研究我国汉代特别是东汉时期政治、经济、文化、民俗的宝贵文物。

在山西离马石茂庄出土的汉代画像石蔓草纹(图5-41)中,龙形蔓草的龙头特征逐渐淡化,身体呈二方连续骨骼,连续复制的"斜 S"动感、节奏感强烈。汉代画像石蔓草纹中,是春秋战国时期动物和植物藤蔓嫁接后的持续发酵。在此类型的蔓草纹中,动物特征已经完全消失,动中有静,与后来的二方连续卷草纹几乎完全一致,完全可以称之为缠枝纹。此类纹样沿用至明清,只是在细节的组织方式上略有增加,整体形态也并未发生大的变化,堪称经典的植物缠枝纹。

在山东沂南出土的汉代画像石云草纹(图5-42),是凤鸟变成的云草,凤头的形态已经完全弱化,头部的翎毛依稀可以辨认,尾部有流苏状羽毛,身体和云

---

①　吴山.中国纹样全集(战国·秦·汉卷).济南:山东美术出版社,2010 年,第 325 页.

②　同注①。

草完全深入融合,飘逸感强烈。在云草纹边上漂浮有很多小气泡,类似羽毛被风刮起的小旋涡或似云气旋涡纹。

图 5-41　汉代画像石蔓草纹①

图 5-42　汉代画像石云草纹②

第三节　秦汉时期装饰纹样的艺术风格

楚汉文化一脉相承,装饰纹样在内容和形式上有着明显的连续性,从《楚辞》《山海经》到西汉艺术,展示给人们的恰恰是从远古留传下来的种种神话和故事,是一个充满了幻想、神话、巫术观念以及奇禽异兽和神秘的符号、象征的浪漫世界。从题材上来说,从西汉到东汉意识形态的变革,确定了儒家思想在汉代封建社会的统治地位。以儒学为标志,以历史经验为内容的先秦理性精神,逐渐进入文艺领域和人们的观念之中。进而经学盛行,儒学教义与巫术迷信进一步结合,逐渐形成了汉代独特的南北文化交融现象。楚地的神话幻想与北国的历史故事,儒家文化与道家文化相互交叉传播,混合出现在人们的审美观念和艺术世界之中。

秦汉纹样具有神话、历史、现实的融合之美。神话、历史、现实三者混合反映在秦汉纹样上。从题材来看,秦汉时期也是一个鸟飞鱼跃、狮奔虎啸、凤舞龙潜、人神杂陈、云气缭绕的极为热闹的世界。在如此氛围中成长的植物纹,同样寓意深远,它交织在起伏绵延的流云纹、动物纹之中,因其可以无限扩展延长,故又称为"长寿纹",寓指长生不老之意。在东汉织锦中频繁出现的植物纹,就更加直接地反映出封建统治阶级企慕长生不老、皇权永固、羽化登仙等祥瑞思想。

秦汉时期流行神仙思想,人人追求羽化升仙,以秦始皇、汉武帝为代表的统治阶级都追求长生不老。秦汉时期,抽象的云气纹和本土神话中的仙人神兽代表着这一时代装饰的主流风尚。从东周晚期到西汉初,正是神仙传说在中国各地盛行的时候,从王宫贵族到普通百姓,成仙的愿望都极其强烈。西汉末年,佛教已传入中国。佛教作为外来的宗教,在中国的发展受到儒、道为代表的高度发达的本土传统文化影响。这一时期的缠枝纹样较前朝来说,"S"形曲线骨式已

①　吴山.中国纹样全集(战国·秦·汉卷).济南:山东美术出版社,2010 年,第 213 页.
②　同注①。

更成熟、更稳定,植物特征非常明显。

  汉代装饰纹样寄托了现实的美好愿望。从西汉到东汉,经历了汉武帝"罢黜百家、独家儒术"的意识形态的变革。以儒学为标志,以历史经验为内容的先秦理性精神也日渐侵入文艺领域和人们观念中。李泽厚在《美的历程》中说道:"比起马王堆帛画来,原始神话毕竟在相对地褪色。人世、历史和现实愈益占据重要的画面位置。这是社会文明进步的必然结果。"[①]风调雨顺、粮食盈余、生活富足、年年丰收,不仅仅是人们对物质生活的追求,也代表了精神层面上的追求和对幸福生活的渴望。汉代是自然灾害频繁的时代。自然灾害的频繁发生,在汉代这个"以天人感应为最高信念的时代里",灾异本身的含义就格外沉重了,它负载的是天命理论的非合理性,如天人关系的破裂造成恐慌,导致百姓乃至统治阶级缺乏安全感。在汉代人眼中,云可以代表"天",因为似乎只有"云"才可以"通天"。将云气纹结合动物、植物绘于漆器、布料上,其实就是一种天地融合的象征,表达了汉代人祈求风调雨顺的愿望。当然,对于当时的汉代人来说,肯定不会是因为美观而凑合,因为美观而创造,而是因为要象征,表达有目的性的象征。除此之外,就是要美观,这里的美观是指"天地融合、仙气飘飘"。而对于今天纹样装饰艺术的意义来说,这"天地融合"的艺术表现形式,极大地影响了植物纹的发展与演变。

---

  ① 李泽厚.美的历程.北京:中国社会科学出版社,1984年,第69页.

第六章 魏晋南北朝:中国缠枝纹的发展期

魏晋南北朝,是分裂和战乱的时代,也是民族大融合时期。从三国到南北朝的三百六十余年中,除西晋得到短暂的统一外,我国的北方和南方长期陷于分裂和对峙的局面。在这期间,江南广大地区战乱较少,社会相对安定,而黄河一带自西晋末年战祸频繁,使社会经济遭受严重的破坏。长期的分裂和动乱为宗教的发展提供了机会。佛教、道教发展势头迅猛。在分裂割据的政局中,各族人民交流频繁,大批北方少数民族内迁,促进了民族间的交流与融合,也促进了文化艺术的交流。

魏晋南北朝是我国植物纹样重要的发展变化时期,这时期出现的民族大迁移、思想大变迁,以及中外经济文化的广泛交流,对于植物纹样产生了巨大影响。由于这一时期南北分治、各族杂居、外来文化的影响及中外宗教长期并存,使得多种纹样形式在这种大环境中混合发展。这一时期,外来纹样与本土纹样混合发展,植物系纹样在装饰艺术中开始占据重要的位置。植物系纹样的大量流行,促成了中国纹样的历史性转变。

诸葛铠先生认为:"秦汉与隋唐之间有一条分水岭,那就是花卉母题的悄然崛起,并有取代传统神兽母题而成为装饰主流的趋势。经过隋唐及至两宋,花卉装饰果然在中国成为显赫一族。"日本学者长广敏熊曾把南北朝时期的装饰特色起名为"花的文化"。韩国李妍恩认为魏晋南北朝时期"特别是植物花纹的出现意义重大,周汉以来达到发展顶端的动物图案逐渐被植物花纹所取代,以后逐渐成为花纹界的主流。"[1]

在此,我们必须承认,佛教传入中国的时候,带来了由西方植物装饰纹样影响的印度佛教装饰纹样,此类纹样必定在佛教装饰上影响中国本土装饰纹样的发展,但是这是"影响",而非"替代"或者"决定",只能说是极大地改变了中国动物纹样占主体的地位,影响了中国植物装饰纹样的发展趋势。芮传明、余太山两位学者合著的《中西纹饰比较》一书中也指出:"纹样之迁徙既是各地民众在自然

---

① (韩)李妍恩. 北朝装饰纹样. 北京:故宫出版社,2014年,第15页.

的交往之中,无意之中传播开来的。"区别的原则有两条:"第一,绝大多数类似的纹样是由传播而造成的;第二,纹样之'类似',不仅表现在它的外观上,也体现在有关它的信仰上,亦即是说,即使纹样的外观颇不相同,若其含义和信仰十分接近,二者也极有可能有着共同的源流。"①因此,我们不必纠结于诸如此类的佛教缠枝纹样是主动还是被动传入中国的,问题在于纹样属于在"自然的交往之中,无意之中传播开来的"。而专家们比较一致并且肯定地认为,魏晋南北朝时期是中国植物纹样的发展转折期,无论是在装饰内容、表现母题、形式构成以及植物数量上,特别明确外来文化对中国本土缠枝纹的影响作用。

第一节　魏晋南北朝时期缠枝纹的典型纹样

一、缠枝忍冬纹

魏晋南北朝时期,忍冬纹极其流行。

忍冬是一种缠绕植物,俗称"金银花""金银藤"。其花长瓣垂须,黄白相伴,称金银花;凌冬不凋,固有忍冬之名。这时期流行的具有忍冬特征的图案,在石窟装饰中较常见,忍冬纹随着时代的不同,构成上也略有不同。有的似为花,有的似为叶,有的花瓣和花叶裂开,有的和火焰纹进行了组合,有的与几何纹进行了组合,有的与鸟兽在一起形成新的装饰风格。在各个装饰艺术领域中均可以看见忍冬纹的装饰题材,缠枝纹已覆盖了全部的纹样构成形式,单独纹样、适合纹样、连续纹样均能见到大量踪迹。

(一)植物忍冬

植物藤本忍冬,蔓性小灌木,叶为长椭圆形,对生,在我国早有栽培。忍冬又叫金银花,"金银花"一名出自《本草纲目》,由于忍冬花初开为白色,后转为黄色,因此得名。忍冬是一种藤蔓植物,花开先白后黄,故称金银藤;又以它凌冬不凋,故称忍冬。②忍冬又称金银藤、银藤、二色花藤、二宝藤、右转藤、子风藤、鸳鸯藤、二花等。植物忍冬分为两部分,忍冬藤和金银花。忍冬藤是忍冬的藤蔓,金银花是忍冬的花卉。忍冬藤和金银花均有药用价值。明代李时珍在《本草纲目》

---

① 芮传明,余太山.中西纹饰比较.上海:上海古籍出版社,1990年,第6页.
② 田自秉,吴淑生,田青.中国纹样史.北京:高等教育出版社,2003年,第192页.

中说道："忍冬在处有之，附树延蔓，茎微紫色，对节生叶，叶似薜荔而青。"①《履岩本草》："忍冬藤治筋骨疼痛。"《滇南本草》载其能"宽中下气，笑痰，祛风热，清咽喉热痛。"我国古代的医书中有十几本书籍均记载了忍冬的药用价值。

（二）忍冬纹的起源

关于忍冬纹的来源有几种说法，总体来说，有三种：一是随着佛教传播传入我国；二是由于佛教的传入，外来纹样与本土云纹、植物纹的结合；三是本土忍冬纹的装饰。本人赞同第二种说法，随着佛教在汉代传入我国，大量异域装饰题材、造型的纹饰也进入中原。忍冬纹便是随着佛教艺术传入我国的装饰花纹题材。在碰到了中国强劲的装饰艺术体系之后，与中国本土云纹进行结合，产生了新的改良的忍冬纹。而忍冬纹传入中国，仿佛为中国装饰艺术注入了一剂催化剂，拉开了中国植物装饰的序幕。诸葛铠先生认为："极为看重花卉象征的印度佛教，一方面从希腊和中亚吸收新鲜的花卉题材和形式，一方面把印度和外来的花卉装饰输送到中国。这不仅直接形成别具一格的中国佛教艺术，还启发原本就冲上自然、喜爱花草的中国人，把选取装饰主题的目光，从质朴庄严的神兽，转向华丽多姿的花卉……"②这个时期，绝大部分忍冬纹不以主纹出现，而被常常用作边饰，与其他纹样例如联珠纹、莲花纹、动物纹、火焰纹、云纹等结合使用，组成丰富多彩的图案。

目前，国内的许多学者其实对忍冬纹都有研究，田自秉、诸葛铠、吕变庭等均对此有所论述。田自秉先生认为其源于我国汉代的卷云纹。"忍冬纹，通称卷草。这也是六朝流行的一种植物纹。有人认为它是忍冬花（即金银花）的枝叶变化；也有人认为是莲叶的演变。六朝的忍冬纹比较清瘦和程式化……这种纹样有人认为出自近东，其实我国汉代铜镜边饰称为卷云纹的，就是这种卷草纹的前身，到唐代，则演变为繁复的卷草，近代也称之为香草。"③从形象上看，忍冬纹的形态与云纹有着相同的卷曲格式，而忍冬"久服轻身，长年益寿"④的药用价值，与贯穿于中国传统文化中的延年益寿的意义相合，从而推断其为中国传统的自生纹样。另一种观点认为这是一种外来纹样，主要代表人物有：薄小莹、常盘大定、水野清一、梁思成、陈清香、吕变庭等。薄小莹先生称忍冬纹为叶纹，从外形

①　李时珍.本草纲目(上).哈尔滨：黑龙江科学技术出版社，2011年，第483页.
②　诸葛铠.裂变中的传承.重庆：重庆大学出版社，2007年，第141页.
③　田自秉.中国工艺美术史.上海：东方出版中心，2005年，第172页.
④　同注①。

上看,忍冬纹样与自然界的忍冬叶形态有相当大的差距,与自然生长的忍冬叶原型不符。但从纹样发生学的角度看,薄小莹先生认为忍冬纹是受到西方棕榈叶、蕊苔叶、葡萄叶等叶形装饰纹样的影响,因为叶纹装饰从古希腊、古罗马流传到西亚有着非常清晰的传承过程。在魏晋之前的中国古代装饰艺术中,类似叶纹的植物造型数量少,与忍冬纹之间并不能直接找到类属关系,而到了魏晋南北朝突然出现了大量的装饰叶纹,这种图形出现的最大可能性是受到外来的影响。① 常盘大定、水野清一、梁思成、陈清香等诸多先生均认为其源于古希腊的"阿堪突斯(acanthus)"叶纹。② 吕变庭:"学界一般认为,忍冬纹源自古埃及,后经地中海世界向东西方广泛传播,再传至西亚、印度,继而再由印度传入中国。因此,在中国许多佛教寺院的壁画上都能看到精美的卷草旋涡和藻井图案。"③

　　本人认为,忍冬纹应该来自植物忍冬,但是忍冬纹中的装饰叶并不是来自植物藤本忍冬的叶,而是来自忍冬的花——金银花。我们通过图片可以得知,金银花在花骨朵的时候似乎与忍冬纹的装饰叶没有太大关系,但是当我们看到成熟绽开的花朵之后,花朵会自然裂开成几瓣,有三瓣,也有四瓣、五瓣,而花瓣会自然卷曲成弧线。从侧面观察,我们可以清楚地看见花瓣卷曲下垂的状态,这个与敦煌石窟中的缠枝忍冬纹的绘画表现是一模一样的。

　　而许多学者在对忍冬纹的分析中,始终定位在叶片上。他们认为现实的忍冬叶为椭圆形,包括李时珍说忍冬叶形似"薜荔",而"薜荔"的叶子亦是椭圆形,没有叶瓣的分裂,更没有卷曲的叶态,只是形如枣状的小圆叶。所以认定:忍冬纹是一种几乎完全由外来叶片改造而成的。而实际上,古人画图的参照物为忍冬的花,自然就无法在忍冬的叶片上找到类似的特征。所以,我们可以得出,如此数量巨大的忍冬装饰纹样中的叶子,其实并非植物忍冬的叶子,而是花卉。在这一点上,我们并不能说忍冬叶和莨苕叶相似,就一定认为是叶子。

　　从忍冬纹中的茎来看,其来源的确应该是植物忍冬的藤。虽然,现在经过人工培植有藤本和木本的忍冬,但是在那个遥远的岁月,藤本植物应该在西北地区非常发达,并且生命力旺盛。关于这一点,几乎所有的学者都或多或少地承认植物忍冬藤与"忍冬纹"的"茎"是有很大关系的,认为忍冬纹的自由波动的姿态,与

　　① 薄小莹.敦煌莫高窟六世纪末至九世纪中叶的装饰图案.乌鲁木齐:新疆美术摄影出版社,1992年.
　　② 大同市考古研究所.山西大同沙岭北魏壁画墓发掘简报.文物,2006(10),第4～14页.
　　③ 吕变庭.营造法式——五彩遍装祥瑞意象研究.北京:中国社会科学出版社,2011年,第119页.

植物忍冬"附树延蔓"的茎,以及旺盛的生长能力有关。即使个别专家不认为"忍冬纹"的"茎"是植物忍冬藤的真实写照,但也无法否认两者之间的关系。忍冬藤,柔软而结实,缠缠绕绕。佛教基本精神有一条为"生命的连贯性",认为生命的存在有连贯性——生命活在前世、现世及来世,认为人死后并非一无所有,只不过是存在的形态不同。忍冬藤这种缠绕形式似乎是命运的轮回,与佛教追求的生生世世来回循环的永生精神是非常一致的。

　　忍冬的生命力非常旺盛,其名字就是取自其旺盛的生命特征。忍冬是一种适应性非常强的植物,对土壤和气候的要求并不严格,山坡、梯田、地堰、堤坝、瘠薄的丘陵都可栽培,尤其喜欢土层较厚的沙质壤土。忍冬根系发达,生根力强,是一种很好的固土保水植物,山坡、河堤等处都可种植,故农谚讲:"涝死庄稼旱死草,冻死石榴晒伤瓜,不会影响金银花"。而这种生命力,与佛教当中的永生精神是一致的。凌冬不凋,故名忍冬,赋予生命力的含义。我国许多专家都认为忍冬纹象征着"生命之树",例如诸葛铠先生在《忍冬纹与生命之树》一文中就深入地分析了忍冬纹所代表的生命之树的多重含义,其中有写道:"一是受中亚文化的直接影响,把卷叶'忍冬纹'与'生命力'联系起来"①。欧阳琳认为:"忍冬纹样,是我国北朝时期,西北地区尤其是少数民族人民,特别喜爱的纹样……忍冬即是金银花……它的生命力很强,犹如松柏,凌冬不凋,……古人喜欢忍冬,是取其长寿延年的吉祥含义。"②《大唐西域·摩揭陀国》载:"菩提树者,即毕钵罗树也。昔佛在世,高数百尺,屡经残伐,犹高四五丈。佛坐其下,成等正觉,因而谓之菩提树焉。茎干黄白,枝叶青翠,冬夏不凋,光鲜无变。"这里描述的"菩提树"与忍冬的"枝叶青翠、冬夏不凋"是具有一致性的。佛教装饰中采用具有永恒生命力的忍冬纹是符合佛教精神的。

　　忍冬的药用价值——救死扶伤,与佛教教义"普度众生,慈悲为怀""救人一命,胜造七级浮屠"是相一致的。中国人以忍冬入药有悠久的历史,关于用忍冬藤做药用的记载可以见于《名医别录》,这是一本秦汉时的医书,早已佚失,南梁陶弘景撰注《本草经集注》时辑入该书的 365 种药物,使此书的主要内容得以流传。这就已经证明,秦汉时期,忍冬藤叶已经入药。明代李时珍《本草纲目》:"久服轻身,长年益寿",因又有益寿保健的意义,对于一直追求长生不老的中国统治阶级来说,忍冬的推广使用在当时是有一定的社会环境支持的。

---

　　① 　诸葛铠.忍冬纹与生命之树.民族艺术.2007(2):第 90~99 页.
　　② 　欧阳琳.敦煌图案简论//敦煌文物研究所.全国敦煌学术讨论会文集.兰州:甘肃人民出版社,1987 年,第 43~44 页.

（三）忍冬纹的形态

1.忍冬纹的基本形

魏晋南北朝时期，敦煌莫高窟忍冬纹二方连续的基本形有三片叶、四片叶、五片叶，有的中间叶片为圆头，有的为尖头；有的左边叶片呈涡状卷曲，有的右边叶片为圆头；在北周时期的忍冬叶片分裂为 4 片、5 片，右边的叶片已经变成了波浪形。如图 6-1 所示。

北魏-西魏　　　北魏　　　北魏-西魏　　　北魏　　　西魏　北魏　　　　北周

图 6-1　敦煌莫高窟忍冬纹装饰单独纹样摹绘

2.楣额上的忍冬纹

楣额上的忍冬纹二方连续是由忍冬单独纹样构成的，排列有序，单独纹样连接的纽带是叶片的一部分。忍冬叶片分裂为 3 片或者 4 片，最右边或者最左边的叶片向上、向中心位置延长拉伸。同时，叶片的回旋部分构成了下一个叶片的起始。如图 6-2、图 6-3 所示。

图 6-2　忍冬纹（云冈石窟三九窟外壁楣额）

图 6-3　巩县石窟一窟西壁第三龛龛楣

3.二方连续忍冬纹

魏晋南北朝时期，二方连续忍冬纹大量出现，有的忍冬纹非常具象，有的忍冬纹和动物纹、几何纹结合在一起，有的已经受到外来纹样莨苕的影响，纹样丰富且灵活。北魏古阳洞忍冬心形纹边饰（图 6-4），此系古阳洞魏灵藏龛的龛底上沿边饰，是散点式二方连续心形纹，心形内饰以相背的忍冬叶图案，新颖娟秀，朴实素雅。

图6-4　古阳洞忍冬心形纹边饰

敦煌莫高窟忍冬纹的骨骼形态丰富,从基本的"S"形骨骼演化出多种类型的骨骼形态,如图6-5～图6-8所示。

图6-5　北魏忍冬纹边饰(1)
(莫高窟四三一窟)①

图6-6　北魏忍冬纹边饰(2)
(莫高窟二五一窟)②

图6-7　北魏忍冬纹边饰(3)
(莫高窟四三五窟)③

图6-8　西魏忍冬纹边饰
(莫高窟二八八窟)④

(四)缠枝忍冬纹装饰起源的影响因素

第一大因素:佛教。可以说,没有佛教传入中国,就没有后来忍冬纹装饰大发展时期,至少不可能出现如此丰富而精美的忍冬纹装饰。一般认为"忍冬纹"是跟随佛教从西域通过丝绸之路传入中原的,时间在3—4世纪,相当于魏晋南北朝时期。

波士顿美术馆收藏葡萄蔓纹(图6-9),是出自今巴基斯坦北部的犍陀罗艺术风格的陶制门框。该门框上雕刻着葡萄缠枝纹,中间还有人物,在古希腊,这种图案的出现,一般与酒神有关。我们必须考虑犍陀罗艺术是受古希腊艺术影响。我们可以从犍陀罗艺术中看出中国的

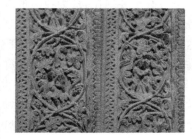

图6-9　葡萄蔓纹⑤

① 杨东苗,金卫东.敦煌历代精品边饰、圆光线描图集.杭州:浙江人民美术出版社,2016年,第4页.
② 杨东苗,金卫东.敦煌历代精品边饰、圆光线描图集.杭州:浙江人民美术出版社,2016年,第5页.
③ 杨东苗,金卫东.敦煌历代精品边饰、圆光线描图集.杭州:浙江人民美术出版社,2016年,第6页.
④ 杨东苗,金卫东.敦煌历代精品边饰、圆光线描图集.杭州:浙江人民美术出版社,2016年,第7页.
⑤ (韩)李姃恩.北朝装饰纹样.北京:故宫出版社,2014年,第207页.

佛教石窟艺术与其是一脉相承的。显而易见,这种图案纹饰随着佛教艺术传入中国,在魏晋南北朝时期在佛教石窟艺术中得到了极大的延伸和发展,以至于到唐代演化成海兽葡萄镜、缠枝葡萄纹镜的纹饰,应该说与这种艺术风格的影响是不无关系的。外来的佛教装饰纹样艺术迅速地在中国的土地上落地生根,经过魏晋时期与本土的中国缠枝纹进行了结合,在南北朝时期发展出了独具特色的忍冬纹饰。

犍陀罗艺术形成于1世纪,是南亚次大陆西北部地区,在今南亚次大陆地区的巴基斯坦北部及中亚细亚的阿富汗东北边境一带的希腊式佛教艺术。犍陀罗地区原为公元前6世纪印度次大陆古代十六列国之一,孔雀王朝时传入佛教,1世纪时成为贵霜帝国中心地区,文化艺术很兴盛,犍陀罗艺术主要指贵霜时期的佛教艺术。因其地处于印度与中亚、西亚交通的枢纽,又受希腊-马其顿亚历山大帝国、希腊-巴克特里亚等长期统治,希腊文化影响较大,它的佛教艺术兼有印度和希腊风格,故又有"希腊式佛教艺术"之称。犍陀罗艺术形成后,对南亚次大陆本土及周边地区(含中国内地、日本、朝鲜等国和地区)的佛教艺术发展均有重大影响。

第二大因素:莨苕叶纹。莨苕叶的起源可以上溯到古埃及,在古希腊、古罗马的装饰中曾发挥巨大作用。里格尔对莨苕叶起源问题进行了深入的阐述,他认为,早期莨苕叶纹样是从古老的棕榈叶纹样变化而来,而棕榈叶纹样却是由古埃及象征太阳的莲花纹样发展而来。在希腊化时期以前,棕榈叶纹样在古希腊的装饰艺术中占有重要地位,最为典型的棕榈纹样有两种:一种是喷射状棕榈纹样,一种是分裂状棕榈纹样,后者与随后出现的莨苕叶饰非常相似,而按照里格尔的观点,莨苕叶饰并不是对有着锯齿边蓖麻植物的直接模仿,而是在艺术风格发展的过程中,在"艺术意志"的作用下,装饰纹样在新的时代、新的语境中的产物。

希腊化时期,科林斯式柱头的主体装饰采取莨苕叶饰图,莨苕叶纹具有旋涡状的特点,一出现就为装饰设计师的基本活动提供了发挥技艺的机会,莨苕叶的旋涡状线条容易对其进行灵活微妙的处理,把装饰设计的基本活动"构框、填补和联结"结合在一起。莨苕叶的曲线线条给纹样带来一种灵活的描述方式和设计思路,让人联想到了鲜花和绿叶组合的优美画面。由于莨苕叶纹自身的优势在整个希腊到近东的装饰领域迅速流行。莨苕叶纹东传至印度,又到达西域并传入中原,之后与当时新兴的忍冬云气纹相遇,在本土文化的影响下,魏晋南北朝时期大量的忍冬缠枝纹出现,至唐朝时形成花叶繁茂、果实累累的卷草纹——唐草。

第三大因素:本土云气纹的渗透。秦汉时期,云气纹开始慢慢与中国传统的龙凤等动物纹样结合,在汉代末期已经出现了龙形蔓草纹。同时,植物纹样与云气纹结合也逐渐开始成为装饰的主要题材之一。我们在前文已经提到过，在汉代就已经有将植物纹样用像云气一样的曲线表现出来的先例。因此，植物题材与动物题材和云气纹开始慢慢结合发展始于汉代。土居淑子（日）称之为"兼具云气与植物特征的一种纹样"①，认为这是汉代不多见的纹样表现形式。到了魏晋时期，原先占领中国古代早期装饰主题的动物纹样已经开始慢慢减少，云气纹已经完全渗透到植物纹样之中，在南北朝时期广泛地流传。从外表形状上来说，各种类型的忍冬纹的形态都有被云气化的可能性，云气纹渗透到植物忍冬纹中，使得缠枝忍冬纹具有了更加顺畅的流动感。过去学界特别强调中国植物装饰受从佛教艺术中刮来的西方因素影响，虽然这是不争的事实，但是我国忍冬纹的发展与传统的云气纹之间的关系是无法分割的。到了隋唐期间，宝相花纹大量发展。入隋以后，忍冬纹随着宝相花纹的兴起而逐渐消失，但是我们在唐代卷草纹的叶片中明显可以感觉到忍冬云气纹的影子，可见这种纹样特征并没有消失，只是在其他纹样中得以更好发展。

二、缠枝莲花纹

我国莲花纹在青铜时代就已经开始应用在青铜器装饰上了。魏晋南北朝时期，莲花在佛教美术中是相当重要的主题，石窟装饰中出现了丰富的莲花纹装饰。在韩国武宁王陵（462—523 年）出土冠饰上亦有出现的莲花纹，因此莲花应该是东亚地区常用的装饰题材。莲花纹是南北朝佛教装饰纹样中最常见的装饰题材之一。自佛教兴起时就应用广泛，有时作为佛教诞生的象征物②，有时是佛转世的象征物，或者理解为神圣的花。③"莲花纹向东亚的传播可以从丝绸之路的石窟寺中得到确认"。④ 莲花被使用为佛像装饰，并被认为是佛诞生的象征、佛转世的象征或神圣之花。我国北朝时期云冈石窟中就有石刻的莲花化生（图 6-10），佛像人物从莲花台中缓缓露出头部、上身。古埃及太阳神从莲花中诞生的图像，莲花中露出半个童子（人物）像，如图 6-11 所示。在犍陀罗地区，莲花表现为佛陀台座曼陀罗的中心。在巴尔胡特、阿玛拉瓦提、秣菟罗、犍陀罗各地的石雕像以及贝格拉姆的象牙钿、中国新疆的尼雅、楼兰的木雕上都有所发现。图 6-12 为巴尔胡特的花瓶装饰中的莲花样式。

①　（日）土居淑子.古代中国的画像石.京都：同朋舍，1986 年，第 93 页.

②　（韩）李妍恩.北朝装饰纹样.北京：故宫出版社，2014 年.第 38 页.

③　同注②。

④　（韩）李妍恩.北朝装饰纹样.北京：故宫出版社，2014，第 214 页.

图 6-10　云冈石窟的莲花化生①　　**图 6-11　古埃及莲花化生**②　　**图 6-12　巴尔胡特花瓶装饰**③

在佛教传入中国以前，文物上就已出现莲花图案。春秋时期的青铜莲鹤方壶上出现了展瓣莲花，汉墓中也有完整的莲花藻井（见曾昭燏、蒋宝庚、黎忠义合著《沂南古画像石墓发掘报告》）。随着佛教传入，魏晋南北朝莲花纹非常丰富，魏晋的许多器物、雕饰、佛像几乎都辅以莲花纹饰，有带状莲花纹、莲花藻井、莲花台灯。在河南濮阳出土的北朝的黄釉莲瓣纹瓷罐④中，我们可以清晰地看到位于罐子腹部的莲瓣装饰，缠枝纹位于瓷罐的肩部，此罐的缠枝纹并未与莲花装饰结合，而是分饰在不同的部位。敦煌莫高窟装饰图案中就出现了大量的莲花纹，变形和赋彩越来越丰富，为壮丽的莲花纹时代打下了基础，并开启了后来以植物纹样为主的发展道路。

专家们认为，中国汉代之前的莲花纹与后期佛教莲花装饰并不同源。诸葛铠认为："中国汉代之前的莲花纹，准确地来说是荷花，它的籽实称莲，但习惯上往往荷莲混称，……印度佛教所崇拜的莲的确包含荷花，但更多的是睡莲。"⑤中国花卉专家陈俊愉主编的《中国花经》更为明确地说："佛教中的莲花，并非荷花的同义词，它还包括不同属的睡莲。"⑥莲花纹具有审美意义、精神上的意义。莲花纹饰由早期朴实、简洁、概括的形式向多元化、卷草化发展。

西汉末年从印度传向中原的佛教到了魏晋时期已经逐渐昌盛，由佛教昌盛引发的佛教艺术迅速地在中国的土地上繁盛，影响了很多装饰领域，从某种意义上来说，佛教带来了中国植物纹饰的繁盛时代。这一时期作为佛教艺术中的莲花纹饰多装饰在石窟佛背光的最内侧、窟顶、窟壁、窟底等处。如敦煌石窟莫高窟西魏时

---

　　①　（韩）李妍恩.北朝装饰纹样：5、6世纪石窟装饰纹样的考古学研究.北京：故宫出版社，2014年，第218页.

　　②　同注①。

　　③　（韩）李妍恩.北朝装饰纹样：5、6世纪石窟装饰纹样的考古学研究.北京：故宫出版社，2014年，第217页.

　　④　田自秉，吴淑生，田青.中国纹样史.北京：高等教育出版社，2003年，第192页.

　　⑤　诸葛铠.裂变中的传承.重庆：重庆大学出版社，2007年，第145页.

　　⑥　陈俊愉，程绪珂.中国花经.上海：上海文化出版社，1990年.

期的四三一窟是以莲花纹饰为主纹的藻井装饰，盛开的莲花装饰在佛背光和藻井的"圆光"处，莲瓣纹饰常用作柱头或柱础的装饰。随着莲花纹饰在这一时期的普及，莲花纹饰在佛教石窟装饰中形式也较为多样，例如花生童子、花生伎乐、花生菩萨等。佛教在中国的兴盛带来了莲花纹饰在中国的发展，至此莲花纹饰在中国的植物纹饰发展的脉络中贯穿始终，成为中国装饰艺术史上一株永生之花。

三、缠枝葡萄纹

葡萄纹在汉代已经开始用于装饰了。葡萄纹从古希腊、古罗马的地中海世界诞生就开始作为丰饶的象征，并与酒神狄俄尼索斯相关联。最晚 2—3 世纪，古罗马到犍陀罗地区在广泛使用葡萄纹样。从非常具象写实到简单化、平面化装饰。北非最大的古罗马遗址列伯提斯·马格那残存的古罗马时代建筑碎片上，浮雕上下展开的葡萄蔓中间排列似乎被什么东西所迷惑而丧失理智的女性。[①] 北非列伯提斯·马格那的葡萄装饰开始有固定的弧形，并且有童子、动物等装饰与帕米拉巴尔神殿的葡萄纹形成了对比。这一形式传播到埃及和小亚细亚地区，亚历山大王东征后，甚至远播至犍陀罗和北印度。帕米拉巴尔神殿位于地中海东部的叙利亚帕米拉遗址，从中发掘出了石灰岩制作的装饰板，葡萄装饰写实，特征明确，采用对称和重复、交错等形式将叶与果进行排列。波士顿美术馆馆藏浮雕有葡萄纹组成的图案，如图 6-13 所示。这个浮雕让人联想到狄俄尼索斯的祭仪充满了丰饶和欢喜的感情。图 6-14 是贝格拉姆出土的葡萄纹象牙雕

图 6-13　帕米拉神殿内的浮雕装饰
上的葡萄纹[②]

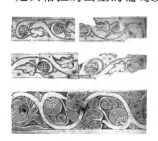

图 6-14　葡萄蔓纹象牙雕刻
（东京国立博物馆藏）[③]

---

①　（韩）李妧恩.北朝装饰纹样：5、6 世纪石窟装饰纹样的考古学研究.北京：故宫出版社,2014,第204 页.

②　（韩）李妧恩.北朝装饰纹样：5、6 世纪石窟装饰纹样的考古学研究.北京：故宫出版社,2014,第205 页.

③　（韩）李妧恩.北朝装饰纹样：5、6 世纪石窟装饰纹样的考古学研究.北京：故宫出版社,2014,第208 页.

刻。这一时期是印度贵霜王朝的全盛时期,首都白沙瓦作为连接中亚、伊朗、西亚、西北印度的交通要道,起到促进中西文化交流的作用,因此可以推测这一地区发现的葡萄纹与佛教一起重新向其他地区传播的可能性。

在古希腊、古罗马以及小亚细亚、犍陀罗地区,甚至在印度贵霜王朝的首都发现的葡萄纹是通过丝绸之路向中国传播的。马歇尔在《犍陀罗佛教艺术》中列举了几例具有葡萄藤、叶的犍陀罗石雕,指出"葡萄藤状的旋涡形饰、串珠状边饰和筒形及其鳞状叶形是纯粹的希腊式样。""雕刻着很多的葡萄藤旋涡饰,是典型的希腊式样"。[①] 作为传播的证据,南北朝时期在北魏首都发现了 2 件施有葡萄纹的物件。山西大同北魏遗址出土的鎏金高足铜杯上,蔓延着葡萄藤蔓,中间有童子 5 人和鸟类的形象。这与犍陀罗地区的葡萄人物、动物装饰的表现样式是一致的。甘肃靖远出土的鎏金银盘(图 6-15)具有十分重要的意义,证明了图形文化的交流。该鎏金银盘盘体为圆形,矮圈足上残留了大夏的文字,使用了具有古希腊、古罗马风格的葡萄纹作为装饰,盘心周围的十二个人物为古希腊奥林匹斯山十二神,或者称为"宙斯十二神"。盘心为一男子持杖骑坐在一猛兽上。林梅村先生认为:"银盘上的这位'青年男神'无疑即罗马神祇巴卡斯(Bacchus),相当于希腊神话中的狄俄尼索斯。在古希腊宗教中,他是丰收与植物的自然神,特别以酒和狂欢之神著称。相传他首创用葡萄酿酒,并把种植葡萄和采集蜂蜜的方法传播各地。"[②] 甘肃靖远出土的鎏金银盘与山西大同北魏遗址出土的鎏金高足铜杯的鎏金镀银技法类似,因此中国葡萄缠枝纹受到希腊、罗马的风格影响无疑是确定的。

我国魏晋南北朝石窟中葡萄纹已经出现了比较丰富的状态。与北朝相比,南朝铜镜上葡萄纹也非常流行,同时在洛阳龙门石窟上葡萄纹也出现多处(图 6-16),在洛阳龙门石窟弥勒龛的背光部分、古阳洞天井的小龛龛楣上均可以见到此类纹样的踪迹。图 6-17 系古阳洞葡萄纹与忍冬纹结合,忍冬纹的主茎呈平"S"形向左右延伸,在每一个主茎弯曲处伸出一支葡萄纹,叶是忍冬花的形态,果实是葡萄。图 6-18 系古阳洞窟顶一圆拱龛楣装饰,为单行波线式二方连续石榴忍冬纹。这个时期的葡萄缠枝纹装饰已经和忍冬纹结合,高度概括,显得十分简洁。此后,葡萄纹不仅在南北朝开始流行,在后面的隋唐时期,铜镜、金银盘等日常生活用品上也已普遍使用。

---

① (英)约翰·马歇尔. 犍陀罗佛教艺术. 许建英,译. 乌鲁木齐:新疆美术摄影出版社,1999 年,第56~57页.

② 林梅村. 汉唐西域与中国文明. 北京:文物出版社,1998 年,第 169 页.

图6-15　大夏鎏金银盘①

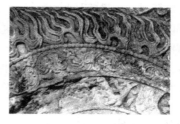

图6-16　龙门石窟弥勒龛背光局部②

图6-17　古阳洞葡萄忍冬纹
龛楣(北魏)③

图6-18　古阳洞石榴忍冬纹龛楣
(北魏　窟顶第一二四窟)④

四、缠枝合欢花纹

　　苦情花又名绒花树花、合欢花、夜合花、因昼开夜合故名夜合花,七月流火,一树绿叶红花,翠碧摇曳。在莫高窟第二四八窟单元花形如展开的折扇,花絮呈放射状,以波状缠枝串联,缠枝满布小叶。北魏晚期第二四八窟窟顶人字坡檐枋两端壁面上,是一条通高近2米的边饰,示意支撑檐枋的立柱。这种纹样来自西域,与新疆龟兹石窟所绘同类纹样基本相同,绘制精细、结构紧密,整体感强。装饰之处都是重要的部位,说明在画工心目中,这是一种华美新颖的纹样。然而,这种华美新颖的纹样并未广泛采用,这说明当时的石窟佛教纹样已经成为定式,新来的纹样虽然华美,但由于使用并不普遍,难免被排斥。

第二节　魏晋南北朝时期缠枝纹的装饰载体

　　魏晋南北朝石窟中所采用的装饰纹样,大体有两个来源,一部分承自汉代,

---

　　①　葛承雍.从出土汉至唐文物看欧亚文化交流遗痕.故宫博物院院刊,2015(3),第111~162页.

　　②　(韩)李妍恩.北朝装饰纹样:5、6世纪石窟装饰纹样的考古学研究.北京:故宫出版社,2014年,第211页.

　　③　刘景龙.古阳洞.北京:科学出版社,2001年.

　　④　(韩)李妍恩.北朝装饰纹样:5、6世纪石窟装饰纹样的考古学研究.北京:故宫出版社,2014年,第212页.

另一部分是随着这一时期的佛教传播、商旅交通由异域传入。现存南北朝石窟装饰中可以见到装饰的外来样式。如卷涡式柱头、对兽柱顶装饰、须弥座、莲座、束莲座等造型,忍冬、莲瓣、卷草、联珠、华绳以及莲花、飞天、宝珠、火焰、迦楼罗鸟等纹饰,里面包含有罗马、波斯以及印度诸种艺术成分,传统的与外来的装饰艺术始终并存交融……①

一、敦煌莫高窟

敦煌石窟图案一般可以分为四个历史时期,即北朝、隋唐、五代至元,由于时代不同、石窟形制不同,窟内图案分布及纹样也随之变化。缠枝忍冬纹主要分布在平棊、人字坡、藻井、龛楣、背光处。

平棊是古代宫殿内顶部的装饰,俗称"天花板""承尘"。平棊的单元结构是四条木板结成一个方井形,有如棋格。方井之内再交错套叠方井,方井中央主要饰一莲花图案,即古籍中所说"交木为井,反植荷渠"。若干方井相连装饰于屋顶,即为平棊,或称"斗四方井套叠平棊""抹角叠器平棊"。② 莫高窟四三一窟中心柱北(北魏-西魏)莲花飞天化生童子纹平棊方井中心为莲花,边饰纹样由忍冬纹、几何纹、云气纹组成。③ 莫高窟二五一窟窟顶(北魏)方井中心的莲花飞天纹平棊绘圆轮形大莲花,两个方井外层四角绘飞天和摩尼宝,另两个方井四角绘莲花和摩尼宝。边饰纹样分别为忍冬纹、菱格纹、云气纹、散点小花纹。④ 莫高窟二五一窟中心柱莲花飞天纹平棊东方井中心原为莲花瓣,现在已经脱落。方井边饰为忍冬单叶纹连续纹、忍冬四叶连锁纹、散点小花、菱格纹。⑤ 北魏莫高窟二五四窟中心柱东莲花飞天纹平棊方井中心的莲花花瓣密集,内层边饰为云气纹、中层为忍冬单叶连续纹、外层为斜方格纹和波线网状小花连续纹。⑥ 西魏莫高窟二八八窟中心柱北莲花飞天纹平棊方井中心为莲花,外层四角绘伎乐飞天。边饰中心点菱形纹、散点小花纹,双叶交茎套联忍冬纹非常漂亮。⑦ 北周莫高窟四二八窟中心柱北莲花飞天纹平棊方井中心为大圆莲花,外层四角绘裸体飞天,

---

① (韩)李姃恩.北朝装饰纹样:5、6世纪石窟装饰纹样的考古学研究.北京:故宫出版社,2014,第15页.
② 关友惠.敦煌装饰图案.上海:华东师范大学出版社,2015年,第26页.
③ 同注②。
④ 关友惠.敦煌装饰图案.上海:华东师范大学出版社,2015年,第28页.
⑤ 关友惠.敦煌装饰图案.上海:华东师范大学出版社,2015年,第29页.
⑥ 同注⑤。
⑦ 关友惠.敦煌装饰图案.上海:华东师范大学出版社,2015年,第32页.

方井边饰为忍冬纹。① 这些平棊均有大量的忍冬缠枝纹出现,且装饰内容与骨骼形式丰富。

人字坡图案,是绘在中心塔柱窟窟顶前部人字坡面上的装饰,与后部平棊图案相接。人字坡窟顶是仿木构建筑样式。敦煌早期窟顶装饰图案,后部的平棊以西域佛教纹样为主,而前部的人字坡则以中原建筑纹样为主。主要装饰忍冬莲荷纹,有的还绘有天人、摩尼宝、禽鸟等。这种纹样画满了人字坡椽之间的所有空间,有象征虚空普雨添花,天人持花供养的含义。在屋脊方椽、椽枋绘饰由忍冬纹、几何纹、云气纹组合的连续带状边饰,与平棊边缘上的边饰相同。从洞窟内的整体装饰上看,人字坡与平棊的布局形成前后照应、相互通达的效果。在北魏莫高窟二五四窟后坡天人持莲纹人字坡上描绘着莲花枝干弯曲,卷须卷曲,整个莲纹舒展,具有梦幻般的装饰意境。

藻井图案,是绘在覆斗形石窟顶部中央的装饰。东汉辞赋家王延寿《鲁灵光殿赋》:"圆渊方井,反植荷渠"。三国何宴《景福殿赋》:"茄密倒植,吐被芙蕖,缭以藻井,编以缮疏"。西晋左思《魏都赋》:"绮井列疏以悬蒂,华莲重葩而倒披。"宋人沈括在《梦溪笔谈》中说:"屋上覆橑,古人谓之绮井,亦曰藻井,又谓之覆海。"并明确指出藻井的结构是井形结构,专用于宫殿庙宇屋顶上的装饰。"绮"本是有花纹的丝绸,"藻"本是水中花草,都可以用来形容装饰的华美。

龛楣图案是画在佛龛楣额上的装饰。敦煌北朝石窟中的佛龛有两种样式:一是西域式圆拱形龛,一是汉式阙形龛。圆拱形龛龛口上部有楣饰,两侧有立柱;阙形龛龛口即是屋檐,无楣饰。圆拱形佛龛楣额上部正中呈尖凸状,两端向下的弯弧坐落在龛口两侧的立柱上。敦煌北朝龛楣图案,其纹样以忍冬莲荷化生纹为主,上缘绘火焰纹,下边彩绘泥塑楣梁。西魏莫高窟二八五窟西壁楣龛上有缠枝忍冬火焰纹。莫高窟二八五窟西壁龛楣上有莲花化生缠枝忍冬纹。

二、云冈石窟

云冈石窟位于山西省大同市西郊武周山北崖,石窟依山开凿,东西绵延1000 米,现存主要洞窟 45 个,大小窟龛 252 个,石雕造像 51000 余躯,是我国规模最大的古代石窟群之一。云冈石窟,开创于北魏文成帝时期,体现了北魏早期风格,造像体躯雄伟,技法简朴硬直,艺术风格粗犷。日本学者长广敏雄先生认为,云冈石窟装饰纹样是中国化改造的外来文化图形,样式新鲜独特且有异域情调。据文献记载,北魏和平年间由一个著名的和尚昙曜主持,在京城(古称平城,

---

① 关友惠.敦煌装饰图案.上海:华东师范大学出版社,2015 年,第 32 页.

今大同市)西郊武周塞,开凿石窟五所,现存云冈第十六至二十窟,就是当时开凿最早的所谓"昙曜五窟"。其他主要洞窟,也大多完成于北魏太和十八年(494年)孝文帝迁都洛阳之前。古代地理学家郦道元这样描述当时石窟盛景:"凿石开山,因岩结构,真容巨壮,世法所稀,山堂水殿,烟寺相望。"云冈石窟雕刻在吸收和借鉴印度犍陀罗佛教艺术的同时,有机地融合了中国传统艺术风格,在世界雕塑艺术史上有十分重要的地位,是中国三大石窟群之一,也是世界闻名的艺术宝库。在云冈石窟雕刻的边饰上,已经有非常成熟的缠枝纹装饰纹样了。

三、龙门石窟

孝文帝拓跋宏于太和十八年(494年)迁都洛阳后,开始了龙门石窟的开凿,龙门石窟艺术失去了云冈石窟艺术粗犷的特点,较为清秀、温和。古阳洞是龙门石窟中最早开凿的洞,开凿的时间在北魏太和十九年(495年),一直到北齐武平六年(575年)才完工,洞进深13.5米,高11.1米,宽6.9米。洞内现存作品90%是北魏雕造的。古阳洞又叫老君洞,传说老子曾在这里炼丹,又叫"捞金洞",因为相传古代曾有人在这里捞金,而所谓"老君洞"就是"捞金洞"的转音,不过这些只是传说。现在洞里刻有"古阳洞"三字,洞外刻有"古精理阁"四字。古阳洞龛楣忍冬缠枝纹装饰,为波形套枝形式组成的二方连续忍冬纹,在波状形中布置有缠枝生长的旋形花、喇叭形花等。

第三节　魏晋南北朝时期缠枝纹的艺术风格

一、形,以圆为美

圆即循环,是佛教圆满思想影响下的"以圆为美"的美学观念。"圆"在佛教著作中是一个审美用语,用来指称一切美好的东西。中国古代美学以"圆"为美,多得力于佛教的倡导。[1] 天台宗经典《辅行》谓"圆者全也……即圆全无缺也。"[2]《四教仪》谓:"圆以不偏为义"。佛教认为,圆相圆满无缺,是一切形状中最美的形状。圆的最大特点是圆满、无缺。在这个意义上,"圆"即"完美"。

以圆为美,是从古至今各个学派、思潮都承认并且追求的思想。古希腊人认为圆具有理性美,在体积和轮廓上趋于圆的形式有助于表现崇高和典雅,希腊的

① 祁志详.以"圆"为美——佛教对现实美的变相肯定之一.文史哲,2003(1),第37~43页.
② 丁福保.佛学大辞典.北京:文物出版社,1984年,第1170页.

圆是更接近于数学意义上的完美的圆。因此,希腊人在建筑和雕塑的造型处理上更乐于采用接近几何圆的饱满曲线,在建筑的风格上,"希腊人自己强调他们的神殿的圆柱与人的类型之间的共同之处,这些圆柱被看作视觉比喻。"爱奥尼式的卷涡纹就是"以圆为美"的希腊古典美学的体现。毕达哥拉斯学派亦称"南意大利学派",由古希腊哲学家毕达哥拉斯所创立,是一个集政治、学术、宗教三位于一体的组织,他们偏重于美的形式的研究,认为一切平面图形中最美的是圆形,一切立体圆形中最美的是球形。

　　印度的佛教美学中的圆,梵语为波利。梵语的含义既有"圆形",也指圆满、圆融、圆通。从印度佛教圆相为美产生的情况来看,早在佛教产生以前,印度社会就存在着以圆形为美的审美趣味。例如,公元前 3 世纪的印度孔雀王朝时代的雕刻《持佛药叉女》、公元前 1 世纪初雕像《树神药叉女》、公元前 1 世纪贵霜王朝时期犍陀罗地区出土的象牙雕刻《公主与侍女》、2 世纪后半叶制作的雕像《逗弄鹦鹉的药叉女》都追求身形的圆满。印度的艺术品在表现药叉女时,脸颊、乳房、小腹均是选用浑然天成的曲线,带着浓浓的圆味。当然这和生殖崇拜是离不开的。以至于印度的蔓草和莲花也是力求在线条的造型上趋于圆。古代印度早期王朝的人物雕像中,多半是印度民间信仰的药叉和药叉女,药叉是男性的精灵,药叉女是女性的精灵。他们起源很早,是古代印度人对生殖崇拜的产物,也是大地万物原生力量的化身,作为古印度民间自然的神而受到崇拜。源于人们对生殖的崇拜,药叉女的形象一般都是夸张的女性丰腴人体,并已升华为古代印度女性美的标本。印度的佛教美学中的圆,不光是指形而下的圆体之美,还包括形而上的,审美意境上的圆融与圆觉状态。因此通过圆的形态,表达圆融的心理追求。

　　印度佛教的传播像一阵大风,直接刮到了中国,随着这阵风带来的是异域的佛教审美文化。"圆"即"完美",这与我国传统文化中祈福呈祥的思想不谋而合。为此,在我国的佛教美术中出现了饱满的圆相,如佛像造型"手足指圆""膝轮圆满""身有圆光""面门圆满",等等。受其影响,魏晋南北朝至隋唐的一切艺术都在追求一种"圆美之态,流转之气"。因此在装饰纹样的表现上,形成了一种饱满圆润的视觉效果,从忍冬纹到唐卷草,婉转流畅的"S"形线条,丰满圆润的造型,无不表现出一种圆融境界的意趣。"圆融""圆熟""圆转"的美学思想使中国缠枝纹在造型上形成了丰满流润的风格。

二、神,自然为尚

　　魏晋时期,是一个动乱的年代,也是一个思想活跃的时代。名士们具有率直、洒脱的行为风格,人格思想行为又极为风流潇洒、不滞于物、不拘礼节,饮酒、纵情山水是魏晋时期名士所普遍崇尚的生活方式。《世说新语》可以说是魏晋风度的集中记录。由于社会动荡不安，新的政治教化尚未形成，人们思想和行为上得到了极大自由，人第一次有意识地将大自然作为审美活动的重要背景和舞台，将自己的身体整个投入自然的怀抱，通过人与自然的形神交融，人不仅感受到了大自然山石的磊落、林泉的清幽、松风的高古、竹月的洒脱，同时大自然也带来了人的感觉、思维和观念的变化。这时，人们对自然山水草木的审美，不仅仅是以其作为伦理价值的象征和比兴的手法，而是以人的整个生命形式去感应和同构大自然，形成人的肉体和精神的极大自由，而美正是人的精神超越客观世界，从而获得极大自由的象征。南朝宋王微的《叙画》："望秋云，神飞扬，临春风，思浩荡"；三国时期曹植《洛神赋》："容与乎阳林，流眄乎洛川"；南朝宋刘义庆《世说新语·言语》："千岩竞秀，万壑争流，草木蒙笼其上，若云兴霞蔚"，莫不流露出人对于自然美的理解和投入。而人在自然中对美的发现，又必然引起自己对自然的观照和审视。

魏晋时期追求具象的形似，形似的潜在含义是对艺术形象性的呼唤和肯定。佛教传入给中国美术带来了全新的技法和理论，先秦两汉时期的装饰纹样变化不大，多是传统的云气纹、云山纹、龙纹及其他常见的动物纹样，植物纹样则罕见。佛教传入之后，装饰纹样母题大大丰富，尤其是各类植物纹样大量运用，例如莲花纹的大量运用，更增强了宗教艺术的表现力。魏晋时期，人们发自内心地热爱自然，崇拜自然与原始社会时期自然崇拜有本质的区别，此时的人们已经自我意识到了投入自然美的喜悦和快乐。再加上外来植物崇拜因素的席卷而来，此时出现大量的植物缠枝纹是必然的。

三、意，兼容并蓄

恩格斯说，"历史是这样创造的：最终的结果总是从许多单个意志的相互冲突中产生出来的，而其中每一个意志，又是由于许多特殊的生活条件，才成它所成为的那样。这样就有无数互相交错的力量，有无数个力的平行四边形，而由此就产生出一个总的结果，即历史事变，这个结果又可看作一个作为整体的、不自觉地和不自主地起着作用的力量的产物。"[①]佛教传入如一股异域春风，给中国美术创作带来全新的局面，极大地丰富了壁画、雕塑的题材和内容。各种域外风光，不同的世俗民情使人耳目一新，在题材上增加了变相画、经变画、供养人画等

---

① 中共中央马克思恩格斯列宁斯大林著作编译局.马克思恩格斯文集：第10卷.北京：人民出版社，2009年，第592页.

品种。两汉到魏晋的装饰艺术中，升天入地的神仙神兽和飞腾的云气纹曾经一统天下。在佛教传入以前，以春秋战国、秦汉为代表的中国本土艺术在表现升向天空、飘飘欲仙的形体上显示了非同一般的才能，而当一种艺术的风格发展到另一种极致时，就会有对立于它的美学风格诞生。佛教正是把这种风格带入了中国，在纹样装饰上为中国的传统云气装饰带来了丰富的域外风情和宗教题材。

　　云冈石窟、敦煌石窟、龙门石窟中的忍冬纹，早在古印度的佛教艺术作品上就已有类似的波状曲线，例如阿育王石柱柱头顶板上、早期印度流派的纪念碑上和山奇大塔的门道上。西域的克孜尔石窟、楼兰木雕上的波状忍冬纹，同云冈石窟的波状忍冬纹极其相似。犍陀罗时期的雕刻上枝叶繁茂、曲线形态明显。魏晋石窟中的忍冬纹均是由此相互交流变化而来的。

　　忍冬叶纹源自古希腊，在传播的过程中受到多种风格的影响，在不同的地域表现出不同的风格倾向。印度佛教中的莲花和本土莲花相结合，创造出堪称经典的宝相花。而忍冬叶纹所具有的波形卷涡结构，令有着丰富线条经验的中国工匠尽情发挥，将忍冬灵活的曲线造型，同两汉传统的云气纹相结合，创造出具有中国本土特色的缠枝忍冬纹。佛教东渐还带来了中亚民族传统中的许多植物题材，如西番莲、石榴、葡萄等，也极大丰富了装饰题材创作。对于缠枝纹来说，缠枝忍冬纹、缠枝葡萄纹、缠枝石榴纹、缠枝海藻纹……突然在这个时代的洞窟壁画里面大量出现了。魏晋南北朝时期，"恰恰在汉唐两座文化高峰之间，南北朝在动荡不安之中接纳了来自北方少数民族、西域各族、乃至印度、波斯和东罗马的文化，形成了杂糅而丰富的文化现象。"[①]这也就不奇怪以植物装饰为主的缠枝纹突然在佛教艺术中大爆发了。

---

　　①　诸葛铠.裂变中的传承.重庆:重庆大学出版社,2007年,第141页.

第七章　隋唐:中国缠枝纹的花时代

　　南北朝末期,杨坚夺取了北周政权,建立了隋朝,结束了长期分裂的局面,统一了中国。隋代虽然只有短短几十年,但其经济文化发展为唐代的进一步发展和繁荣打下了良好的基础。

　　唐代是我国历史上国力强盛、经济繁荣、文化发达的时期,是一个统一、上升、自信、开放的时代,也是我国历史上的一个转折时期。唐代是由神到人,由原始宗教氛围到以人为主体的转折时期。唐代的社会经济、宗教思想、文学、史学、音乐、美术、科学技术等领域成果辉煌,灿烂夺目,呈现出高度的文明气象。隋代因处于承前启后的历史阶段,其纹样既有汉魏六朝以来的四神纹、忍冬纹,也有流行于唐代早期的联珠纹。唐代装饰纹样,由长期的以动物神兽为主体的装饰内容,开始以花鸟为主体。从艺术风格上看,脱离了商周汉魏以来的古拙因素,而具有现实生活的写实风韵。

　　魏晋南北朝流行的忍冬纹发展至唐,失去了早期的兴盛与丰富,逐渐被各式唐草纹所替代,这就是中外闻名的唐代卷草纹。唐草纹富丽华美,富有浓郁的生活气息,摆脱了前朝的拘谨、冷静与纤细,更为舒展、自由而生机勃勃,构图形式也有了新的变化,逐渐呈现出中国传统卷草纹的固定风格。唐草纹波状曲线清晰流畅,花叶造型丰富多彩、活泼生动,表现出了旺盛的生命力和强大的张力,逐渐占据了装饰的主导地位。唐草纹题材也呈现多种多样的姿态,常见的植物纹饰有牡丹纹、荷莲纹、蔓草纹、海棠花纹、灵芝纹、忍冬纹以及宝相花纹等。组合型纹有动植物、神佛人物、文字、几何形等自由组合,且接受了大量的外来纹样题材,如葡萄纹、石榴纹、狮子纹等。禽鸟纹多见鸳鸯纹和凤纹。田自秉等说:"在装饰纹样上,除鸟兽等传统题材外,花鸟纹已成为唐代纹样的主流。自此,以动物纹为主的装饰纹样时期渐告终结,开始了自唐以来花鸟为主的装饰纹样时期。这不仅反映了纹样题材的变化,也反映了装饰意义的转变。在生活中,以人为本的主体地位的确立,发展了审美主体所需要的审美对象。"[1]

---

　　① 田自秉,吴淑生,田青.中国纹样史.北京:高等教育出版社,2003年,第222页.

无论是唐代的金银器、瓷器、丝毛织染、石雕、壁画、佛窟都可见到极具特色的唐代卷草装饰。

第一节　闻名于世的"唐卷草"

唐代缠枝纹，我国称为"卷草"纹，日本称为"唐草"，关于这一点，我们在第一章里面已经有所论述。"唐草"这个名称大约出现在日本平安时代。[①] 在这里沿用"卷草纹"，比较符合本土的意义。唐代，卷草纹得到了极大的发展，而植物纹样装饰也达到了鼎盛时期，影响了其他国家和地区，尤其是日本和东南亚一带。城一夫在《东西方纹样比较》中也指出："中国和日本，创造了许多不同形态的卷草图案。虽然早已脍炙人口而被广泛应用，但关于卷草究竟是一种什么草，则完全不知所以然。日本称卷草纹样为唐草纹样，可能单指从唐朝传入日本的草，或者说是具有异国风情的草，总之，是尚未见过的好像不存在的异国草的总称。唐草，是日本名称，与此相当的外国名称，有前述的阿拉伯藤蔓花纹。"

吕变庭在《营造法式——五彩遍装祥瑞意象研究》中说道："不难看出忍冬纹从魏晋到宋代的演变轨迹，总的演变趋势是：西方的文化元素随着时代的发展越来越减少，相反，中国本土文化元素越来越多，以至于从唐代以后，忍冬纹逐渐被改造成为具有中国传统特色的一种意象形缠枝纹和卷草纹装饰图案。"[②]

唐代缠枝纹的世界里依然有忍冬纹的存在，但其他形式的缠枝卷草纹突然大量"繁殖生长"。忍冬纹装饰大量流行于吸收外来样式的南北朝时期，唐草纹已改变了原来忍冬纹的装饰风格，走向了浪漫自信的花时代。从严格的意义上讲，我们不能说忍冬纹就是唐草，其语义很难说是相同一致的，但他们都属于缠枝纹的一种表现形式。缠枝纹本就不是以自然中的某一种植物为具体对象的，它如同中国人创造的龙凤形象一样，到了唐代更是集多种花草植物特征于一身，经夸张变形而创造出来的一种装饰样式。

唐草缠枝纹的结构形式多以旋涡形、"S"形、波形等形式构成其骨架，带状的缠枝纹样不再像单纯的二方连续那样严谨，形态更为自由、流畅，形成花叶"翻转仰合，动静背向"的生动姿态。唐代卷草纹样根据结构形式的不同，可以分为

---

① （日）杉浦康平.造型的诞生——图像宇宙学.李建华，杨晶，译.北京：中国青年出版社，1999年，第76页.

② 吕变庭.营造法式——五彩遍装祥瑞意象研究.北京：中国社会科学出版社，2011年，第13页.

规则式、自由式图。规则式的纹样作对称或有规律的二方连续、四方连续排列。自由式的纹样没有特定规律,纹样枝叶自由伸展。

从初唐到晚唐,卷草纹的形态从纤细、繁缛到肥大、疏朗,按纹样发展过程具体可总结为从藤蔓式卷草—多叶式卷草—周叶大花式卷草—随意式卷草四个阶段。藤蔓式卷草纹样以藤蔓为主,茎、花、果实随意变化,总体特点纤细、繁缛。有明显的分枝回旋的茎,叶短小,但叶已经有了内卷的造型。

从卷草纹中花朵的造型来看,无论是牡丹花形、安石榴花形还是海石榴花形都呈现出一种变体花形,脱离了自然原型,变得具有图案化的特征。从纹样造型演变来看,它具有从简单到繁复,从概括到具体的变化规律。

卷草纹在唐代达到了它的鼎盛时期,在初期受到忍冬云气纹影响的基础上,又吸收了希腊莨苕叶的特点,叶片逐渐变成圆润饱满的阔叶或卷叶,叶形卷曲,叶片翻转,变化无穷,连绵不断。与前朝相比,唐代卷草纹的叶子似花瓣,花瓣似叶子,相互缠绕重叠,气韵生动。

第二节　唐代缠枝纹的典型纹样

缠枝卷草纹在唐朝发展到了极致,但我们必须要重视的是唐卷草纹并不是以自然中的某一种植物为具体对象的,它涵盖了忍冬卷草、宝相花卷草、葡萄卷草、莲花卷草、牡丹卷草等各种植物纹样。在谈到唐代缠枝纹的具象形态时,我们一定要清楚,在唐朝的时候,缠枝纹样已经有写实具象和抽象写意的分类了,因此,在本节中,我们对特征鲜明的植物纹样进行了分类,至于不是特别明显或者具有重新创造和组合的纹样则单列为百花纹样,意为丰富的花卉。

一、缠枝忍冬纹

从缠枝纹的形态演变来说,隋代基本上是继承了南北朝时期的缠枝忍冬纹,但是叶片似乎比南北朝时期要丰富许多,从纤细到慢慢扩大圆润。隋代的缠枝纹还是以忍冬纹装饰为主,慢慢集合了莲花、牡丹花、宝相花等宽大叶片的纹样,为唐代的缠枝纹打下了良好的基础。唐代缠枝纹的花叶有的比较紧密,有的比较稀疏,有的花瓣有两层,有的忍冬纹叶已经逐渐向宽大的叶片变化,层级非常丰富。小部分忍冬纹延续了前朝的造型形态基础,但是已经不是作为器物的主要装饰部分了。从某种程度上来说,这个时候的缠枝忍冬纹已经逐渐演变成了具有宽大花瓣和叶片的"唐草"。隋唐缠枝忍冬纹的骨骼形式延续了南北朝时期的规律,以"S"形运动曲线为主茎,向上下或左右延伸。唐代铜镜忍冬缠枝纹

（图 7-1）的忍冬纹依然保留了前朝的特征，主茎
纤细，忍冬叶片有向柔软宽大的叶片变形的趋势，
但是总体仍然保持原来的风貌。唐代金银器上的
缠枝忍冬纹（图 7-2）的每个小藤蔓均绽开了花苞
或者花朵。唐代莫高窟卷草纹边饰（图 7-3）的忍
冬纹小藤蔓上已经盛开了娇艳的花朵。这种叶片
和花卉变化的形态比较明显，实际上就是不同时
期的风格的转换。

图 7-1　唐代铜镜忍冬缠枝纹[1]

图 7-2　唐代金银器上的
缠枝忍冬纹[2]

图 7-3　唐代莫高窟
卷草纹边饰[3]

二、缠枝莲花纹

莲花纹是中国较早成系列发展的纹样，进入隋唐五代后，莲花纹的本土化寓
意开始强烈，逐渐增加了生活气息，减弱了宗教内涵。在隋代的时候，敦煌莫高
窟中藻井缠枝纹花卉最主要的是莲花。隋唐时期的莲花纹，有的与佛像、人像结
合，例如甘肃敦煌莫高窟隋代壁画边饰莲花缠枝纹（图 7-4），工匠将佛像、人像、
缠枝莲花纹进行了结合，仿佛不是在装饰纹样，而是在叙述故事。

图 7-4　隋代壁画边饰莲花缠枝纹[4]

唐代以后，许多纹样表现的高高在上的、幻想的宗教世界逐步和现实接轨，
与现实生活的具体事件进行了结合，并把外来艺术的精华融入本民族的传统艺

---

① 吴山.中国纹样全集(魏晋南北朝·隋唐·五代卷).济南:山东美术出版社,2010年,第274页.
② 吴山.中国纹样全集(魏晋南北朝·隋唐·五代卷).济南:山东美术出版社,2010年,第176页.
③ 杨东苗,金卫东.敦煌历代精品边饰、圆光线描图集.杭州:浙江人民美术出版社,2016年,第33页.
④ 吴山.中国纹样全集(魏晋南北朝·隋唐·五代卷).济南:山东美术出版社,2010年,第238页.

术中。莲花纹主题装饰中,出现了完整的莲荷图案、水禽莲池图案,仿佛不仅仅是一个装饰的纹样,而是一幅美景图,因此,其寄托的含义更宽更广,这显示了唐代缠枝纹样独特的风格。这一时期的莲花纹造型的装饰感逐渐强烈,象征意义有佛教寓意,有道教意义。新的装饰形式——宝相花纹是在这种氛围中诞生的,综合了莲花、牡丹等花卉的优点,形成了一种更具美感的纹样在大唐盛世广泛流传。

三、缠枝宝相花纹

隋唐时期,宝相花是佛教的"专用花"。宝相花的原型是从印度随佛教一起传入,经过数年的传承与创新,经过与本国文化的深度融合,最终宝相花的形态已经完全被中国文化渗透,成为中国特有的装饰纹样。唐代宝相花纹(图7-5、图7-6)博采众长,汇聚了不同花卉的最美之处,有吉祥宝贵的含义,花叶结合,形态优美,姿态万千,线条流畅。

图7-5　宝相花纹
（唐 日本正仓院藏）①

图7-6　犀牛宝相花纹银盒摹本
（唐 陕西西安出土）②

宝相花的构成以某种花朵为主题,比如莲花、菊花、牡丹等,但中间都镶嵌着形状不同,花瓣大小、粗细有别的其他花叶,可自由组合而创造出无数精美华丽的形式。有的宝相花在花蕊和花瓣的基部用圆珠纹作了规则排列,就好像珠宝一样闪闪发光,再加上多层的晕色,更加显得富丽堂皇。有些宝相花以完全对称的形式出现,由花蕊逐渐向外扩出多片花瓣,少的有六片,多的有几十片。这些花瓣层层叠叠,一圈扣着一圈,而每圈的花纹又有其相同处和其不同处,图案繁复复杂。有的宝相花以侧面图视人,这些花纹在花朵部分是完全左右对称,但上下则不对称,这类花纹的主纹一般为莲花,花纹由花蕊逐渐向外扩散最终形成宝相花。在有些宝相花中,甚至不用花朵而使用动物作为主纹。

---

①　吴山.中国纹样全集(魏晋南北朝·隋唐·五代卷).济南:山东美术出版社,2010年,第227页.
②　吴山.中国纹样全集(魏晋南北朝·隋唐·五代卷).济南:山东美术出版社,2010年,第230页.

四、缠枝牡丹纹

中国人认为牡丹雍容华贵,吉祥如意,加速了牡丹花卉纹流行的速度和广度。牡丹纹常常与其他的植物装饰在一起用来表达不同的寓意。比如牡丹与芙蓉表现在一起用来比喻"荣华富贵",与长春花一起比喻"富贵长春",与海棠一起表现"光耀门庭",与水仙一起比喻"神仙富贵",与松树、寿石画在一起表示"富贵长寿",与"荷花、菊花、梅花"画在一起,象征"四季长春"……田自秉在其著作《中国工艺美术史》中认为:"唐代卷草多以牡丹为主花。"[2]唐代牡丹纹(图7-7~图7-9)的整体风格是崇尚肥壮,花头肥短,复层花瓣,造型饱满,花形丰满,形象多为圆形,花叶组合密集,露

图 7-7　南唐石刻缠枝牡丹纹
(江苏南京牛首山出土)[1]

地较少。这种崇"肥"的风格与唐代"以肥为美"的风格是一致的。唐代的牡丹花,仍保留着莲花纹的影子,桃心状花蕊,花瓣边缘微微卷起,叶片边缘做了锯齿状处理。唐代折枝牡丹呈团花状,花形饱满,花叶组合密集。折枝牡丹纹样由外向里有多种层次,线条圆润流畅,华丽而丰满,舒展自由而生气蓬勃,端庄富有变化,有很强的装饰性。缠枝牡丹,整体呈波状形态,由枝蔓、叶片、花头组成,形状丰满肥硕,卷曲流畅,活泼优美,形成了一种唐代程式化的缠枝纹样。

图 7-8　唐代砖刻残片缠枝牡丹纹[3]

图 7-9　西夏缠枝牡丹花纹安西榆林窟三窟[4]

五、缠枝葡萄纹

葡萄,亦名浦萄、浦桃,种类较多。葡萄在汉代由西域传入。葡萄是张骞自西域带回的外来植物,北朝后被广泛栽培,成为酿酒原料。作为装饰图案也被再次大量引进。我国早期葡萄纹实物均发现于新疆地区,北魏时期出现在中原,有纪年可考证的葡萄纹是陕西昭仁寺贞观三年(629年)碑,碑侧线刻有工整的缠

①　吴山.中国纹样全集(魏晋南北朝·隋唐·五代卷).济南:山东美术出版社,2010年,第167页.
②　田自秉.中国工艺美术史.上海:东方出版中心,2009年,第224页.
③　吴山.中国纹样全集(魏晋南北朝·隋唐·五代卷).济南:山东美术出版社,2010年,第303页.
④　杨东苗,金卫东.敦煌历代精品边饰·圆光线描图集.杭州:浙江人民美术出版社,2016年,第50页.

枝葡萄纹。葡萄纹多为写实造型,圆润饱满,果实累累。《博物志》:"张骞使西域还,得葡萄"。《汉书》:"李广利为二师武将军,破大宛,得葡萄种归汉。"《广志》:"葡萄有黄、黑、白三种"。葡萄不仅食之味美,且有健身作用,《本草》:"葡萄益气强志,令人肥健少饥,延年轻身。"《史记》:"大宛以葡萄为酒,富人藏酒至万余石,久者数十岁不败。"。唐代王翰诗:"葡萄美酒夜光杯,欲饮琵琶马上催",成为历代传颂佳句。唐代把葡萄作为重要的装饰纹样,看重的是它的瑞相,因此也可以将葡萄称作"瑞果",以与"瑞兽"相对应。

隋唐时期,葡萄从食用到装饰都有了更广泛的用途,尤其在唐朝初年,由于统治范围迅速扩张到了伊朗人和突厥人的居住地,葡萄、葡萄酒以及葡萄的装饰纹也就随之变得更加普及了。《唐会要》记载:"破高昌,收马乳葡萄实,于苑中种之。并得其酒法,帝自损益造酒,酒成,凡有八色,芳辛酷烈,味兼醍醐,既颁赐群臣,京中始识其味。"爱德华·谢费在《唐代的外来文明》中写道:"在几百年中,一串串的葡萄一直被当作外来装饰的基本图样而在彩色锦缎上使用;而在唐镜背面的'古希腊艺术风格的'葡萄纹样式,则更是为世人所熟知。"[1]

唐朝时期,中原与西域关系更为密切。经济、文化交流相当频繁。葡萄不仅直接运输到长安,而且唐人掌握了葡萄的种植技术,甚至已经学会了酿制葡萄酒。唐代除了将葡萄纹作为铜镜上的装饰外,在其他工艺中也常常使用,特别是在丝织品上常用瑞兽和葡萄相结合的纹饰。在葡萄蔓枝纹中,枝叶相互缠绕,藤蔓和叶片都十分茂盛,葡萄果实累累,逐渐扩散到铜镜的内区和外区。其他种类的铜镜中以瑞兽葡萄镜表现最多,除此之外,在鸾鸟镜中,葡萄枝多为鹦鹉或喜鹊所衔。葡萄蔓枝镜的葡萄纹有的在内区,有的在外区,分别在另一区配有忍冬纹、云纹或铭文带;有的不分内外区,葡萄枝叶果实纹样蔓延镜背形成一个完整的画面。葡萄纹在唐代得到了极大的发展和运用,在许多铜镜、金银器、织锦、藻井中作为装饰。葡萄出现在敦煌莫高窟洞窟壁画中,贵族使用的铜镜上也有葡萄装饰。铜镜上的"瑞兽葡萄纹",可以看作中国纹样转折期的一种经典组合。铜镜上的瑞兽葡萄纹在唐高宗至武则天时期盛极一时,包括了海兽葡萄、海马葡萄、鸾鸟葡萄和禽兽葡萄等多种。孔祥星的《隋唐铜镜的类型与分期》一文有对瑞兽葡萄镜进行分型与分期的论述,文中认为瑞兽葡萄纹是由瑞兽镜的外区开始向内区逐步增加葡萄蔓枝演变而来的[2]。这些铜镜的葡萄纹饰或规则地连

---

①　(美)爱德华·谢费.唐代的外来文明.吴玉贵,译.西安:陕西师范大学出版社,2005,第193页.

②　孔祥星.隋唐铜镜的类型与分期//中国考古学会年会.中国考古学会第一次年会论文集.北京:文物出版社,1979年,第386页.

续性起伏，或无规则地盘曲错综交缠，但所有的纹饰都呈现叶肥果硕的姿态。与南北朝时期的葡萄纹相比，显得更注重果实累累的丰硕造型和纹样的写实特征。这一时期的葡萄纹同禽鸟结合的形式，为唐代后来流行的雀鸟花枝纹样造型奠定了基础。唐代缠枝葡萄纹如图7-10～图7-13所示。

图7-10　初唐缠枝葡萄纹（莫高窟三二二窟）①

图7-11　唐代砖刻残片上的缠枝葡萄纹②

图7-12　初唐葡萄石榴纹藻井井心（莫高窟二〇九窟）③　　**图7-13　唐代铜镜花鸟葡萄纹**④

六、缠枝石榴纹

石榴纹分为石榴花和石榴果。现实中的石榴花一层一层堆叠，小巧别致。石榴果造型别致，尤其是其蒂端的形状像一朵盛开的小花。石榴多果实，中国人喜欢用石榴来进行装饰，寓意多子多孙。石榴花纹目前未找到唐以前的实例，初唐花形舒展，主叶叶端甚尖；盛唐花形饱满，叶端圆形，多呈翻卷状；中晚唐花形繁丽，宽叶遍布，有云曲叠晕的单个大瓣花朵，也有叶端平卷。石榴花纹呈侧视状，花托有长，有若干小云曲瓣组成的花朵。唐代缠纹石榴纹如图7-14～图7-18所示。

①　杨东苗，金卫东.敦煌历代精品边饰、圆光线描图集.杭州：浙江人民美术出版社,2016年,第24页.
②　吴山.中国纹样全集(魏晋南北朝·隋唐·五代卷).济南：山东美术出版社,2010年,第303页.
③　杨东苗，金卫东.敦煌历代精品边饰、圆光线描图集.杭州：浙江人民美术出版社,2016年,第50页.
④　吴山.中国纹样全集(魏晋南北朝·隋唐·五代卷).济南：山东美术出版社,2010年,第273页.

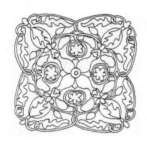

图7-14　初唐石榴花藻井　　　图7-15　宝相花井心　　　图7-16　唐代石榴纹藻井
井心(莫高窟三二二窟)①　　　石榴花缠枝纹②　　　(甘肃敦煌石榴纹藻井摹本)③

图7-17　初唐石榴花边饰(莫高窟三八七窟)④

图7-18　初唐石榴花边饰(莫高窟三三五窟)⑤

七、缠枝海石榴纹

海石榴是从伊朗传入,最早出现在唐三彩陶器上,有模印贴花,也有刻花施彩手法,多与宝相花、莲花、葡萄等相配,后期在宋、元、明、清瓷器装饰上较为多见。宋定窑白釉盘面上的印花海石榴纹线条微微凸起,有浅浮雕之美。元代青花瓷上海石榴纹多作辅助纹样,饰于器物的肩部。

海石榴纹的形态为盛开的花朵中心露出饱绽的石榴果,或花苞之中满是石榴籽,有的称"海石榴花"。海石榴花是继葡萄石榴纹后风靡一时的新花纹。花形有侧视状和正视状两种,每种花形的花瓣形态又有较大变化,各不相同。侧视状石榴花可见两片或三片的形似叶片的花托,花瓣为内卷对勾或侧卷瓣。正视状石榴花形多为椭圆形,或呈收敛状,或呈怒放状,花瓣均向花蕊翻转,瓣头肥

①　杨东苗,金卫东.敦煌历代精品藻井线描图集.杭州:浙江人民美术出版社,2016年,第52页.
②　杨东苗,金卫东.敦煌历代精品藻井线描图集.杭州:浙江人民美术出版社,2016年,第55页.
③　田自秉,吴淑生,田青.中国纹样史.北京:高等教育出版社,2003年,第241页.
④　杨东苗,金卫东.敦煌历代精品边饰、圆光线描图集.杭州:浙江人民美术出版社,2016年,第23页.
⑤　同注②。

大，或短圆，或长卷。宝相海石榴花纹很大程度上受到牡丹花纹的影响。如图 7-19～图 7-21所示。

图 7-19　初唐海石榴纹（莫高窟四六窟）[1]

图 7-20　唐代壁画边饰海石榴花
缠枝纹（甘肃敦煌莫高窟）[2]

图 7-21　中唐时期海石榴边饰
（莫高窟二〇一窟）[3]

八、缠枝菊花纹

在中国传统的文化中，菊花与梅花、兰花、竹子并称为花中四君子，千百年来以其清雅淡泊的品质，一直为世人所钟爱，成为一种人格品性的文化象征。梅、兰、竹、菊四君子，分别代表着中国传统文化中的淡泊、清逸、高洁、气节的品质。唐代陈叔达写诗道："霜间开紫蒂，露下发金英。但令逢采摘，宁辞独晚荣。"菊花不仅被认为是气节的代表，也代表了长寿的含义。这是因为菊花在秋季开放，耐寒凌霜，百花凋零之时，却坚强地独自开放，人们赞颂这种精神，所以赋予其吉祥、长寿的寓意。

陕西乾县出土唐代石刻缠枝花纹中的菊花纹（图 7-22），整体呈纵向对称姿态，菊花装饰在石刻的顶部，是菊花叶片翻卷起来的形态，生动自然。

图 7-22　唐代石刻
缠枝花纹中的菊花纹[4]

①　杨东苗、金卫东.敦煌历代精品边饰、圆光线描图集.杭州：浙江人民美术出版社，2016 年，第 19 页.
②　吴山.中国纹样全集（魏晋南北朝·隋唐·五代卷）.济南：山东美术出版社，2010 年，第 249 页.
③　杨东苗、金卫东.敦煌历代精品边饰、圆光线描图集.杭州：浙江人民美术出版社，2016 年，第 30 页.
④　田自秉，吴淑生，田青.中国纹样史.北京：高等教育出版社，2003 年，第 164 页.

九、缠枝百合花纹

　　百合花,是一种从古到今都受人喜爱的世界名花。它原来出生于神州大地,由野生变成人工栽培已有悠久历史。早在 4 世纪时,人们只作为食用和药用。及至南北朝时期,梁宣帝发现百合花很值得观赏,他曾诗云:"接叶多重,花无异色,含露低垂,从风偃柳",赞美它具有超凡脱俗,矜持含蓄的气质。至宋代种植百合花的人更多。大诗人陆游也利用窗前的土丘种上百合花,咏曰:"芳兰移取遍中林,余地何妨种玉簪,更乞两丛香百合,老翁七十尚童心"。

　　唐代缠枝百合花纹的花冠与缠枝牡丹的花蕊部分进行了结合,形成了发射状的花冠形态,百合花瓣舒展自由。例如莫高窟三三窟的缠枝百合花纹(图 7-23),"S"形的主茎非常明确,每个半"S"里面有盛开的百合花纹,花冠部分由固定形态的圆形花瓣构成花蕊,花瓣向四周舒展,花瓣的弧线状褶皱比较丰富,茎上抽出的叶片与花瓣形态较为接近,柔和自然,有些和云纹、如意纹较为接近。

图 7-23　缠枝百合花纹(莫高窟三三窟)①

十、缠枝百花纹

　　缠枝百花纹,百花指的是纹样中的花卉种类与叶片种类非常丰富,犹如一夜春风来,百花全盛开的盛况。隋唐时期,有一类缠枝纹花卉装饰为各种各样的花卉装饰,在一个缠枝纹中,有盛开的牡丹、含苞待放的海石榴,叶片有的展开,有的卷曲,有的如牡丹叶,有的如忍冬叶,有的如菊花叶,在"S"形主茎上相互缠绕,似有"花浪"翻滚,如花潮涌入。如图 7-24 所示。

图 7-24　初唐百花卷草纹边饰(莫高窟三三四窟)②

　　①　杨东苗,金卫东.敦煌历代精品边饰、圆光线描图集.杭州:浙江人民美术出版社,2016 年,第 19 页.
　　②　杨东苗,金卫东.敦煌历代精品边饰、圆光线描图集.杭州:浙江人民美术出版社,2016 年,第 20 页.

第三节　唐代缠枝纹的装饰载体

唐代缠枝纹,主要应用于建筑、金银器、铜镜、玉器、瓷器、漆器、石刻、织锦等工艺品上,例如石刻上的西番纹,织物上的狮子和联珠团花猪头纹等。

一、敦煌壁画

敦煌壁画图案最主要的部分是窟顶藻井,其次是壁画边缘纹样和佛龛外部的拱楣纹样。藻井是敦煌图案集大成者,几乎囊括了窟中的所有装饰纹样。藻井呈正方形,位于窟顶中心的最高处,井心凸起,向窟顶中心呈坡状层层递进。藻井是核心,四壁边饰是支撑。为了加强建筑图案的稳固感,四壁的边饰多选用卷草纹,而少用团花纹。因为卷草纹有着完整的连续性,可产生强烈的稳固感。相反,在龛口外沿却多用团花纹,而少用卷草纹,到龛内沿上又多用卷草纹,少用团花纹。卷草纹华丽的形象与龛内华藻繁缛的彩塑、壁画组成一个整体,既加强了龛内的富丽感,又使四壁的卷草纹和龛中的卷草纹在空间的布局上有了更多的变化。菩萨头顶后侧的圆光图案也多用卷草纹,并配以半团花或桃形莲瓣纹,主要是为了丰富塑像的形象,衬托出神佛的尊贵庄严。

敦煌初唐的卷草纹处于成型期,卷草纹的形式较简单,只是一个三片叶的形象,两片向外分开的卷瓣小叶是花蒂,分布疏朗、莲叶繁多又留有足够的伸展空间。因为其叶子是卷曲的,所以也将其纳入卷草纹中。武则天时期是卷草纹样的基本成型期,所有叶纹都在卷曲,叶纤细,叶端圆润作卷曲状,连续的卷叶拼接成了卷草纹的莲蔓,花形肥圆饱满,花头更加随意,花瓣和叶形的塑造更加协调,色彩更加明艳。窟中的卷草纹纹样色彩以青绿色为主,红、白色点缀。中唐时期的花形与前期相比较有所变化,除了莲花、牡丹还有茶花等。至盛唐时期,卷草纹在色彩和线条的运用上越来越成熟,造型严密繁杂、丰富精致的特点使其更具有观赏性。唐草形象变得更为繁杂,叶瓣宽阔,有了独立的叶莲,整体构图呈现出丰满的趋向。色彩上多采用对比色甚至互补色,色彩丰富鲜艳,更加细腻多变。纹样的题材也因外来文化的引入而进一步扩大,有石榴蔓草纹,葡萄蔓草纹,动物纹、人物纹与蔓草纹相结合的形式。总体来说,此时的纹样减少了宗教神秘感,增加了世俗化倾向,出现了丰富多彩、繁花似锦的热闹场面。甘肃敦煌莫高窟壁画中的缠枝纹如图 7-25、图 7-26 所示。

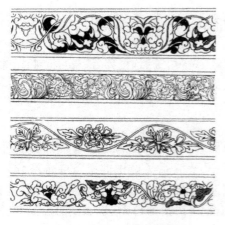
图 7-25　唐代壁画边饰①

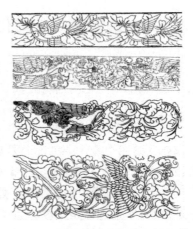
图 7-26　唐代壁画边饰凤衔花纹②

二、染织

　　隋唐时期我国的丝织、印染和刺绣工艺已经非常成熟了。隋代时就已设立专门机构对织绣印染业进行管理。到唐代时实行租庸调制,丝绢等还常常作为流通领域中的货币使用,也是对外贸易的主要输出品。纺织绣品产地遍及南北,以河北、四川、江西、贵州等地最为著名。在这一时期发现的一些中国丝织物带有典型的波斯萨珊朝式的风格,可以推断织物图案和织锦技术方面在一定程度上受到波斯的影响。唐代染织技术为缠枝纹的多样化表现提供了技术的支持。

　　黄地墨绘卷草纹绢(图 7-27)的主要装饰纹样为缠枝忍冬纹,忍冬花卷曲态势明显,虽是单线勾勒,但是花瓣中间用重墨进行了强调,显得别有味道,叶片有些细小,似乎是陪衬和点缀。在墨绘蔓草纹幡足和黄地墨绘蔓草纹幡足(图 7-28)上的墨绘蔓草纹自然生动,笔墨浓淡富有趣味。

图 7-27　黄地墨绘卷草纹绢③

①　吴山.中国纹样全集(魏晋南北朝·隋唐·五代卷).济南:山东美术出版社,2010 年,第 255 页.
②　吴山.中国纹样全集(魏晋南北朝·隋唐·五代卷).济南:山东美术出版社,2010 年,第 248 页.
③　赵丰.敦煌丝绸艺术全集:法藏卷.上海:东华大学出版社,第 104 页.

根据敦煌莫高窟三三四窟唐代初期彩塑观音裙子摹绘唐穿枝花卷草禽兽纹纹样（图 7-29）色彩丰富，描绘细腻。此图是根据彩塑摹绘，这说明了类似纹样是当时染织工艺的流行装饰。

图 7-28　黄地墨绘蔓草纹幡足①

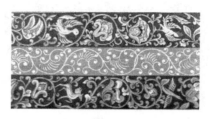

图 7-29　唐穿枝花卷草禽兽纹纹样②

唐代刺绣缠枝花鸟纹（图 7-30）采用刺绣的方式表现了缠枝纹，以俯视的角度展示了盛开的花朵，枝条相对比较自由舒展，鸟儿在枝叶间穿梭起舞。

据日本奈良正仓院藏品绘制的唐代缠枝写生团花纹花毡纹样（图 7-31），表现了一个花团锦簇的缠枝花卉世界，茎叶在这里完全是配角，花团有大有小，相互间隔簇拥，展示了一派盛唐景象。

图 7-30　唐代刺绣缠枝花鸟纹③

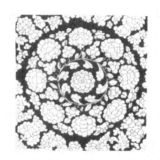

图 7-31　唐缠枝写生团花纹花毡纹样④

除了各类花卉在隋唐染织工艺上面有不俗的表现外，代表着与西域文化交流的缠枝葡萄纹一定是当时非常流行的装饰。例如，唐穿枝葡萄纹纹样（图 7-32）、唐穿枝葡萄纹纹样（图 7-33）疏密对比协调，细腻精致。

————————————

① 赵丰.敦煌丝绸艺术全集：法藏卷.上海：东华大学出版社，第 106 页.

② 黄能馥，陈娟娟.中国丝绸科技艺术七千年：历代织绣珍品研究.北京：中国纺织出版社，2002 年，第 121 页.

③ 吴山.中国纹样全集（魏晋南北朝·隋唐·五代卷）.济南：山东美术出版社，2010 年，第 191 页.

④ 黄能馥，陈娟娟.中国丝绸科技艺术七千年：历代织绣珍品研究.北京：中国纺织出版社，2002 年，第 120 页.

图 7-32　唐穿枝葡萄纹纹样
（根据日本奈良正仓院藏
唐缠枝葡萄纹绘制）①

图 7-33　唐穿枝葡萄纹纹样
（根据敦煌莫高窟第三三四窟
唐代初期彩塑佛弟子袍服摹绘）②

三、金银器

隋唐时期金银器的装饰技术以钣金和烧铸为主，技术纯熟、繁花精细、镶嵌精细。隋唐时期的金银器，在制作和构成上具有独特的风采，主体图案位于中央，且做大块面处理，四周有空隙，粗线勾勒花纹，并用细线衬托，图底一般为珍珠纹，使得图案主体中心突出，富丽丰满。金银器纹样常常被引入其他载体中，也可以说，它引领了唐代装饰纹样的潮流，成了先锋榜样。铜镜的装饰技术，除了传统的浮雕、透雕和线刻外，又出现三种精美的技法：金银平脱、贴金银。此外还产生了嵌宝石、镀金、彩釉和彩漆绘嵌琉璃等加工工艺。金银平脱技法，是在高边素镜的背面，用胶漆粘贴上根据设计需要剪刻成的各种金银薄片花纹，待干后，再上面髹漆多重，而后细加研磨推光，即显示出与漆底一样平整的金银纹样，

图 7-34　唐代卷草孔雀纹
银方盒（陕西省博物馆藏）③

具有辉煌华丽的艺术效果。贴金银是在镜背铸有凸起的图案，再将极薄的金银片锤入附着，凸起图完全呈现贴金银面的效果。唐代金银器早期卷草纹样，以宝相花为中心，周围绕以纤细规整的忍冬纹；到中期时，采用更加复杂的结构，忍冬多与花鸟有机结合，枝蔓流畅，花繁叶茂，显得更加华丽；再往后演变为叶浓花艳的缠枝花围绕禽鸟、团花，构图和谐，较有写实意味。唐代卷草孔雀纹银方盒（图7-34）于1970年在陕西省

---

　　① 黄能馥，陈娟娟. 中国丝绸科技艺术七千年：历代织绣珍品研究. 北京：中国纺织出版社，2002 年，第 122 页.
　　② 同注①。
　　③ 田自秉，吴淑生，田青. 中国纹样史. 北京：高等教育出版社，2003 年，第 244 页.

西安市南何家村窖藏出土,银方盒的纹饰采用满地装的手法装饰,显得繁复细密,富贵堂皇,显示了唐代金银器精工细作的高超水平。该主题纹饰的安排以中轴左右对称为基本构图模式,规整而稳重。辅助纹饰则根据空白填补,灵活而多变。盒正面醒目处为一对口衔胜带垂莲、立于莲蓬之上的孔雀。这件银方盒上的孔雀图,两只孔雀相向而立,作跃跃欲飞状,周边环绕以折枝花卉,构图主次分明,动静有序,应该是当时孔雀花鸟画流行的反映。

四、铜镜

唐代铜镜的装饰技术,除了传统的浮雕、透雕和线刻外,又出现三种精美的技法:金银平脱、贴金银和嵌螺钿,此外还产生了嵌宝石、镀金、彩釉和彩漆绘嵌琉璃等加工工艺。

盛唐时期,铜镜上的植物纹饰摆脱点缀地位,成为主要题材。"盛唐以后,花草枝叶类纹饰逐渐摆脱了从属、点缀地位,而一跃成为主体花纹,涌现了很多祥瑞花草纹,这些镜子以其艳丽华美的风格成为当时人们最喜爱的镜类之一。"[①]宝相花纹也是铜镜中装饰的主要纹样。例如,中国国家博物馆藏的宝相花铜镜(图7-35),此镜子为花瓣形,钮外有宝相花纹饰环绕。宝相花、瑞花、珠花等纹饰使唐镜的艺术样式更为多样化,唐镜的主题纹饰从瑞兽到禽鸟再到植物纹饰为主。

图 7-35　唐代宝相花铜镜

瑞兽葡萄镜主要流行于唐高宗、武则天时期。瑞兽葡萄镜有多种称呼,《博古图录》称为海马葡萄镜,《西清古鉴》称为海兽葡萄镜,其他还有一些称为"禽兽葡萄镜""栾兽葡萄镜"等。瑞兽葡萄镜形制主要为圆形,少量呈方形、菱花形,主体纹饰由四五个瑞兽和葡萄蔓枝组成。例如国家博物馆藏的1956年河南省陕县唐墓出土的海兽葡萄纹铜镜(图7-36),瑞兽为高浮雕,偏外近中处有一高竖的圈档将镜背分为内外两区。内区各种姿势的瑞兽在葡萄蔓枝间绕伏兽钮奔驰。外区葡萄蔓枝、飞禽、走兽、蜂蝶相间。边缘饰一周花瓣纹。柔长的枝条、舒展的花叶、丰硕的果实、生动的瑞兽与纷飞的禽鸟蜂蝶构成一幅富有魅力的图案。北京故宫博物院藏的瑞兽葡萄纹铜镜(图7-37),铜镜圆形,厚重,质地泛白,以高浮雕葡萄纹为主题纹饰,间饰海兽、鸟雀、蜂蝶、花草等图案,纹样复杂,

① 　昭明,洪海.古代铜镜.北京:中国书店,1997年,第39页.

华丽而繁缛。海兽葡萄纹铜镜的构图方式分作内外两圈,由于葡萄及长瓣花之枝蔓由内圈连亘于外圈,甚至延及外缘,故世人亦称此种铜镜为"过梁葡萄纹镜"。

中国的金银平脱技术开始得很早,但用于铜镜则始于唐代。金银平脱镜是将金银饰片用胶漆贴在镜背,其上再髹漆数重,晾干后细加研磨,使金银片组成各种纹饰,既与漆面平齐,又各自显露了出来。金银平脱以花鸟装饰居多,因金银具有鲜明的色泽,整个铜镜的纹饰银光闪闪,金光熠熠。例如,图7-38为中国国家博物馆藏的1955年陕西省西安市出土的花瓣纹金银平脱铜镜。

图 7-36　唐代海兽 　　　　图 7-37　唐代瑞兽 　　　　图 7-38　唐代花瓣纹
　　葡萄纹铜镜 　　　　　　　葡萄纹镜 　　　　　　　金银平脱铜镜

五、雕刻

隋唐时期,石窟造像、砖雕、碑刻和墓志等上均有大量雕刻的卷草纹样。隋代的雕刻卷草纹流利生动,唐代的则华美多姿,其构成的完整性和多样性为历代罕有。石窟造型早期多用流利的阴刻线条,与两汉画像石的用刀技法相同,简洁朴实。后期则借鉴西方雕刻艺术手法,结合本国传统,创造出了独具特色的雕刻艺术。画像砖在装饰技法上除了传统的线刻、剔地、浮雕等,还出现了罕有的剔地填彩的彩色画像砖。石刻图案的装饰技法有圆雕、高浮雕、低浮雕、平雕、线刻以及在平面薄雕上再加阴线勾勒等多种手法。砖石雕刻纹样中,卷草纹多为二方连续的条砖纹样或装饰于碑侧的雕刻纹样。装饰纹样有无花果、繁复翻卷的叶纹,也有缠枝石榴、缠枝牡丹、缠枝葡萄。唐代铺地砖与早期不同,使用实心方砖,边长有50厘米和35厘米两种,装饰纹样最普遍的是莲纹,多为仰莲居中心位置,周围绕以莲瓣或联珠纹,此外,还有缠枝纹、葡萄纹、动物纹等。纹饰构思布局都是匀称巧妙的,一般以枝干为主,弯曲盘绕,随意变化,配以茎、叶、花、果,纤细繁缛,富丽堂皇。如图7-39、图7-40所示。

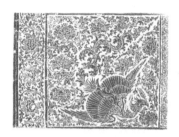

图 7-39　唐代石刻缠枝凤纹

（陕西乾县雍王墓志盖）①

图 7-40　唐代石刻歌舞

凤鸟缠枝纹②

六、瓷器

　　唐代瓷器南青北白。瓷器的主要装饰手法：印花、划花、刻花、绘画和堆贴等。唐初期时多用的堆贴手法来自前朝。唐中期时以刻花、划花为主流，其技法和纹样类似金银器，由于材质和工艺的限制虽不及金银器精细，却流露出一股简洁大方的洒脱之气。唐晚期出现了绞釉和洒花等技艺，纹样造型也随之有所突破。瓷器的生产以青、白瓷为主。青瓷装饰的主要技法有印花、划花、刻花。印花多用于盒盖类的装饰，刻划花多用于瓶、碟、杯等。这一时期瓷器上的缠枝花鸟纹样最具特色。工匠们根据器形和用途的不同，将缠枝花纹设计成各种适合纹样，不论方、圆、宽、窄、疏密都能达到自然、生动、节奏强烈的效果。缠枝纹样在越窑青瓷上体现得最为精致生动，花卉、枝叶与鸟类结合，疏密、繁简的布局安排在能工巧匠们合理巧妙的穿插之下发挥得淋漓尽致，具有繁而不密，简而不疏，流畅、委婉、生动、优美的艺术效果。如图 7-41～图 7-44 所示。

图 7-41　唐代瓷器缠枝花鸟纹③

图 7-42　唐代瓷器缠枝花凤纹④

---

①　吴山.中国纹样全集(魏晋南北朝·隋唐·五代卷).济南:山东美术出版社,2010 年,第 156 页.
②　吴山.中国纹样全集(魏晋南北朝·隋唐·五代卷).济南:山东美术出版社,2010 年,第 149 页.
③　吴山.中国纹样全集(魏晋南北朝·隋唐·五代卷).济南:山东美术出版社,2010 年,第 225 页.
④　吴山.中国纹样全集(魏晋南北朝·隋唐·五代卷).济南:山东美术出版社,2010 年,第 218 页.

图 7-43　唐代越瓷上的
缠枝鹤纹①

图 7-44　唐代凤首龙柄瓷壶
（北京故宫博物院藏）②

七、漆器

　　漆器艺术自我国秦汉时期广为流传,发展至唐代也是更为精进了。漆器的装饰技法,除继承了前朝的彩绘、嵌螺钿、金银平脱和绿沉漆等,又创新了雕漆和金银百宝嵌。金银平脱技法制作的漆器、百宝嵌漆器是当时漆器生产中最豪华、最费工的两种产品。河南上蔡县出土的唐代漆筒形盒残片上的缠枝花鸟纹(图 7-45),布满了花鸟,主要有凤纹、鸟衔花和缠枝纹样,各种花鸟以蔓枝相

连,生动优美、丰满完整,同时又具有一种古拙的气质,与铜镜、陶瓷、金银器风格一致,图案一致。并且卷草纹的叶形被精细地刻划出来,显得更加写实了。

图 7-45　唐代漆筒形盒
残片上的缠枝花鸟纹③

　　《东宫旧事》记载,魏晋南北朝时,宫廷所用漆器名目繁多,车舆、家什、食器无所不用漆。《邺中记》记载,石虎的御座几"悉漆雕面,皆为五色花也"。明代黄大成《髹饰录》记载:唐代雕漆"多印板刻平锦朱色,雕法古拙可赏,复有陷地黄锦者。"这个时期漆器的装饰花纹,以继承两汉为基本,流云、几何、缠枝、莲花、鸟兽亦是比较丰富的。当时工艺流行的主题在漆器上均可以见到。

　　① 吴山.中国纹样全集(魏晋南北朝·隋唐·五代卷).济南:山东美术出版社,2010 年,第 30 页.
　　② 吴山.中国纹样全集(魏晋南北朝·隋唐·五代卷).济南:山东美术出版社,2010 年,第 219 页.
　　③ 吴山.中国纹样全集(魏晋南北朝·隋唐·五代卷).济南:山东美术出版社,2010 年,第 32 页.

第四节　唐代缠枝纹装饰的艺术风格

隋唐时期是一个繁荣的时代,尤其是唐代政治上强大统一,经济上繁荣富足,人民生活较为安定,这为装饰艺术繁荣打下了良好的基础。隋唐时期,工艺美术繁荣,装饰造型新颖,装饰纹样生动。唐代是中国封建文化发展的辉煌时代,在西汉、魏晋南北朝、隋代所积累的文化基础上,吸收了各民族的艺术成就,创造了灿烂的东方文明。唐代装饰的艺术风格,由魏晋的自然为尚、兼容并蓄,趋向隋代纤秀飘逸、清新洗练,最后形成了华美生动、气概雍容的大唐风尚。隋唐时期是动物纹转植物纹的一个转折期,大量的花卉植物纹出现,鸟雀蜂蝶,翩翩起舞,百花齐放,繁花似锦,富有人间趣味,开启了中国装饰纹样的"花时代"。

一、浪漫自信的花时代

魏晋南北朝时期,缠枝纹样的主题基本上都被以叶纹为主的忍冬缠枝纹所主宰。至隋唐时期,闻名中外的"唐卷草"形成,中国缠枝装饰纹样的主题也由大量的忍冬叶纹转变为以花卉等植物母题为主。虽然,在早期中国纹样装饰历史中,动物纹占据了主要的地位,植物纹样与动物纹样相比,数量显得特别少。的确,花卉作为独立装饰纹样的出现,在南北朝之前寥寥无几,从商周到两汉的装饰纹样,是由神仙动物、神兽人物所主宰的。直到魏晋南北朝,随着佛教的传入,忍冬纹大量出现,改变了这一现状。通过魏晋南北朝的忍冬纹的浸润,到了唐代,"一花独开不是春,百花争艳香满园",是花的海洋,花的世界。植物纹样席卷了中国的大地,甚至影响了日本、朝鲜等亚洲地区。在缠枝纹装饰中,各种花卉种类繁多,包括牡丹、茶花、芙蓉、茉莉、菊花、西番莲等大量的花卉题材。从唐初、中唐到晚唐,越来越繁丽。同时这些花卉的主题还常与其他的纹样相结合使用,如石榴、灵鸟、葡萄、龙、凤、人物等,这种组合形态可以更好地寓情于纹。在缠枝纹装饰中,不仅花卉种类繁多,即使是同一种花卉,也可以有非常多的姿态优美的形态。以唐代铜镜上的宝相花纹(图 7-46)为例,即使都是宝相花,但其纹样形态不尽相同。再来观察唐代蜡缬宝相花纹(图 7-47)、唐代彩陶罐宝相花纹(图 7-48)、唐代敦煌藻井宝相花纹(图 7-49),均是在不同载体上的宝相花纹,但在花瓣形态、花瓣数量、线条表现上也有较大差异。宝相花本身就是唐代的一种创造性花卉,采撷多种优美花形组合变化而成,有四朵、六朵或八朵组成,加上缠枝茎叶,形成了优美的缠枝宝相纹。唐卷草纹样既符合以植物花草来粉饰宗教的要求,又合乎中国人长期以来形成的审美习惯。

图 7-46　唐代铜镜上的宝相花纹①

图 7-47　唐代蜡缬　　　图 7-48　唐代彩陶罐　　　图 7-49　唐代敦煌藻井
宝相花纹②　　　　　　　宝相花纹③　　　　　　　宝相花纹④

　　"唐草",带着一种浪漫而自信的特质,常常透出一种雍容华贵的气质来,显示出一个充满活力的世界。唐代的纹样题材比前面历朝历代都要丰富许多,这与当时开明的政治风气、丰富的经济基础、高度发达的文化是有一定关系的。在缠枝纹中,均可以看见龙凤传承纹样,也有外来的海兽狮子,既有百花开放、争奇斗艳,又有中外文化交流的描绘;既有神话故事添加色彩,又有佛教元素。

二、华丽丰满的造型艺术

　　大唐盛世自信、开放,表现在造型艺术上就是崇尚健康、丰满、圆浑的审美风格。圆满的造型特征正是此种时代风格的体现。在这种审美倾向下,许多纹样在唐代呈现出"圆浑"。这种造型向"圆浑"演化的趋势,既表现在唐卷草中,又表现在卷草纹的花瓣或叶瓣的造型演变中。唐代卷草纹正是圆满的独特造型与追求富贵堂皇的时代品位之间完美的结合。构图上的满密与造型上的圆浑是相辅相成的。唐代卷草纹在整体构图上常以花、实、枝、叶的簇拥来呈现出饱满的形象。在许多纹饰中,葡萄纹、石榴纹硕果累累的圆点造型,花头密集的花蕊和层层重叠的卷叶,以及花卉纹样中一些不知名的由圆点组成的花串……无一不给人以满密的感受。即便在一些构图相对稀松的结构中,也时常采用密集的地纹作衬,尤以其线条翻飞滚动,圆润流畅见长。唐代的缠枝纹装饰艺术风格,可以

①　吴山.中国纹样全集(魏晋南北朝·隋唐·五代卷).济南:山东美术出版社,2010 年,第 31 页.
②　同注①。
③　同注①。
④　同注①。

用"满"字来形容,由于它富有情趣化,也可以
用"情"字来概括。在此基础上,唐代的卷草
创作极重视花叶的体积感和丰满感,较之于
传统图案创作中只注重线条对精神气质的表
现相比,又有了新的突破。

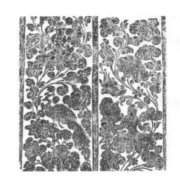

以唐代碑侧石刻缠枝纹为例,唐代大智
禅师碑侧缠枝纹(图 7-50)以一条缠枝曲线为
基线,上面盛开丰满的牡丹,花叶茂密,在每
一波曲间配以凤凰、狮子、鸳鸯、化佛和鸟兽
图案,华美壮丽,匀称和谐,具有活泼生动的
气势。以比丘尼法婉法师碑侧缠枝纹的缠枝
式侧蔓草纹为例,整个纹样似一幅花鸟画。

图 7-50　大智禅师碑侧石刻花纹拓片
(陕西西安碑林博物馆藏)

三、气势跌宕的异域风情

唐代,是开放的时代,以大国的风度,容纳古今中外,丰富着现实生活。唐代
民族间的频繁交往,促进了工艺文化的发展,国外文化艺术的汲取,使华夏文明
产生了新的风貌。外来艺术的融合,使得装饰题材多样化。自汉通西域以来,通
过丝绸之路不断与西方世界进行经济文化交流。唐代,对外交通的发达和畅通,
民族间友好往来极为频繁,也带来了异国的宗教、服装、音乐、书籍、美术、器物、
食物及动植物等。唐代缠枝纹以线或纹样的重复,为节奏和层次制造声势,是唐
代纹样造型风格中的另一特征。唐卷草荡气回肠的气势,完全突出体现了中国
造型艺术中运用线的特长。缠枝纹的枝回叶转,波汹浪涌,是唐人浪漫豪放、激
扬开放精神的反映,线与线的回旋和重叠产生的是变幻的节奏效果。从构成形
式看,唐代的许多卷草纹形式,并非规律的二方连续或四方连续,而是自由随意
的翻卷花叶造型接连掩映,依形势灵活变幻,绝无重复,这就在形式上更利于气
势和情感的抒发。

唐代的植物培植已经比较成熟了,来自异域的植物非常普遍,在较适合植物
生长的南方,几乎家家户户都是花团锦簇,一年四季从未间断。石刻上的宝相花
纹,织物上的狮子纹、联珠团花纹等,均是受到外来文化影响的装饰纹样。在装
饰纹样中的外来植物纹样受到了中国传统文化的影响,通过变异改造成为本土
民众视觉上更习惯接受的形式,同时并被赋予了新的吉祥寓意。"唐卷草"就是
在这种多元化的气氛中不断地兼容异域纹样而形成的。卷草纹的纹样类型和表
现手法也在此时得到了突破,表现出一种自信浪漫的气质,透射出一种与时代特

征相似的绚丽多姿、繁花似锦、雍容华贵的景象。随着时间的推移,每一种传统图案,都会增加、删减、变化相关的元素,使得这些装饰图案更加适合时代的发展,更易于代代相传。唐代花卉纹样的兴盛除了与魏晋南北朝时期忍冬纹的传入有直接联系,也与当时繁荣统一、大量异域文化传入的社会背景分不开。唐代缠枝纹构思巧妙、富贵华丽、生机盎然,是我国古代图案宝库中重要的艺术代表。

第八章　宋：中国缠枝纹的高峰期

北宋初期，国家、社会比较安定，农业、手工业都有较大的发展。经济的发展，商业的繁荣，城市的兴起，使社会有了崭新的面貌。由于与北方少数民族交战，南宋帝室迁往临安（今杭州），宋代经济中心由北方向南方转移，海上的丝绸之路兴起，成为重要的经济出口。宋代是一个文治的时代，实施重文轻武的政策，学术文化受到极大的重视。宋代在思想观念上，是由贵族到平民，由史官文化到民俗文化的重要转折时期。

宋代先后有辽、金、西夏等少数民族政权。虽然这些少数民族文化有其自身的特色，但是或多或少受到两宋文化的影响，具有一定的中原文化的特点。宋、辽、西夏、金时期是中国历史上又一次具有较大深度和广度的多民族文化艺术大融合时期。宋与契丹、党项、女真在政治、军事中长期对峙，但是"汉族人……在汉文化渗透领域却是以蔓延的趋势生机勃勃，成为文化交流与融合的主导力量。"①辽、西夏、金的长期对峙，在民族文化融合的惊涛骇浪中，艺术不断融合与创新，使得中国装饰纹样艺术取得了新的辉煌成就。

宋代，人们关注更多的是世俗的生活和内心的闲适，纹样的题材都是表现现实生活中人们喜闻乐见的，与人类生活密切相关的事物。另外受绘画的写实风气，特别是院体绘画题材及"格物象真、谨细拟物"风格的影响，纹样更是以写实手法来表现不同的神情意态，与器物形体巧妙地结合成完美和谐的整体，使器物通过装饰而蕴含独特的文化内涵和艺术风格。

从美学的角度看，宋代已经将唐代的华丽之风转变为优雅之风，唐代的开阔恢宏转变成宋代的严谨含蓄。陈寅恪先生曾论道："华夏民族之文化，历数千年之演变，造极于赵宋之世。"宋代社会经济高度发展，文化高度繁荣，在此基础上延续了大唐盛世"唐草"纹样的艺术风格，并积极演化、内化成具有中国特色的宋代缠枝纹。

---

① 　史仲文,胡晓林.宋辽金夏习俗史.北京:人民出版社,1994 年,第 5 页.

第一节　宋代缠枝纹的典型纹样

宋时，中国缠枝纹"百花齐放，百果生香"，缠枝纹回归了汉人的传统风格，清新秀美，意境深远。宋代装饰纹样的题材非常广泛，其中以花卉居多。花卉具体有牡丹花、莲花、桃花等。动物中以龙、凤、鹤、麒麟、鹿、兔、鱼、鸳鸯、鸭、鸟为多。工艺美术器物上的边饰和间饰主要有回纹、卷枝、卷叶、曲带、石头、莲瓣、钱纹等。在缠枝纹具象形态表现中，宗教意识明显减弱，吉祥意愿增强。莲花突破了佛教教义的束缚，或与鱼鸭一起自然成趣，或与婴儿一起构成莲生贵子的美好寓意，牡丹作为富贵之花流行南北，龙凤似乎已为宫廷所专用，风俗、故事、诗词等也开始作为装饰题材。宋人崇尚文雅的生活，重视精神享受，皇宫里种植了大量可供欣赏的奇花异草，文人士大夫们也把养花、赏花作为时尚，普通百姓品位也是不俗的。风俗、故事、诗词等也开始作为装饰题材。宋代士大夫文化的兴起，使纹样凸显儒雅精神。纹样理性化、诗意化，显得格外精致清新。

一、缠枝牡丹纹

牡丹花是我国的传统名花，《群芳谱》载：唐、宋时洛阳之花为天下冠，故牡丹又名洛阳花。诗人白居易写道："帝城春欲暮，喧喧车马度。共道牡丹时，相随买花去。家家习为俗，人人迷不悟。"北方的欧阳修《洛阳牡丹记·风俗记》中记载人们对牡丹的喜好："洛阳之俗，大抵好花，春时，城中无贵贱皆插花，虽负担者亦然。花开时，士庶竞为游邀。往往于古寺废宅有池台处，为市井张幄幕，笙歌之声相闻……至花落乃罢。"南方江南地区赏花风气同样兴盛。南宋吴自牧在《梦粱录》记载："大抵杭州胜景，全在西湖，他郡无此，更兼仲春景色明媚，花市方殷，正是公子王孙、五陵年少、赏心乐事之时，讵宜虚度？至如贫者，亦解质借兑，带妻挟子，竟日嬉游，不醉不归。此邦风俗，从古而然，至今亦不改也"。宋李诫所撰的《营造法式》一书中谈到当时建筑花纹装饰时有几处都提到"牡丹花、芍药花、黄葵花、芙蓉花、荷莲……，或于花内间以龙凤化生飞禽走兽等物"，从这可以看出牡丹的形象被广泛应用。

宋代，牡丹纹则变得纤巧灵动起来，花头本来源于生活中牡丹的自然形象，但自然形象被巧妙地经过加强、减弱、变化、添加、求全的艺术手法，创造性地提炼与概括，显示了生动典型的纹样表现。宋代牡丹纹样纤巧灵动，枝叶穿插自然生动，较少程式化，采用花头、枝叶为基本素材，在单位纹样内做较为匀称的散点排列，花头间的关系通常呈旋转状，使纹样具有起承转合的呼应关系，形成自然生动而又和谐统一的整体效果。特别是缠枝牡丹纹,花叶穿插自然规整,纹样造型趋于写实,逐渐摆脱了唐代牡丹纹样的程式化,受绘画的影响,开始出现灵活秀雅的写生牡丹纹样。

宋代瓷器艺术高超,是中国瓷器艺术美学的高峰。牡丹纹作为主要纹饰出现在瓷器上,宋代的定窑、耀州窑、磁州窑、汝窑、景德镇窑、越窑、龙泉窑等,都在瓶、罐、盘、碗、盒、枕等陶器器皿上大量使用牡丹纹装饰,表现技法有刻花、划花、印花、绘画、剔花和戳印等,而且每一窑系都有多种技法的表现。造型有折枝牡丹、交枝牡丹、串枝牡丹、缠枝牡丹、瓶插牡丹、盆花牡丹,还有单独表现牡丹花头的团花等。除了单一的牡丹组成多种纹样形式以外,牡丹纹题材各异,它还与动物、人物或其他花卉纹样结合起来,例如牡丹婴戏纹、凤采牡丹纹、飞蝶牡丹纹、孔雀牡丹纹等,组成更加生动多彩的吉祥纹样。如图 8-1～图 8-5 所示。

图 8-1　宋代瓷枕
缠枝牡丹纹①

图 8-2　宋代瓷器
缠枝牡丹纹②

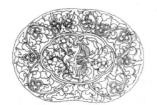

图 8-3　宋代瓷枕凤鸟衔花
缠枝花纹③

图 8-4　辽代石刻缠枝
牡丹纹④

图 8-5　宋代瓷器
缠枝牡丹纹⑤

①　吴山.中国纹样全集(宋·元·明·清).济南:山东美术出版社,2010 年,第 75 页.
②　吴山.中国纹样全集(宋·元·明·清).济南:山东美术出版社,2010 年,第 80 页.
③　吴山.中国纹样全集(宋·元·明·清).济南:山东美术出版社,2010 年,第 95 页.
④　吴山.中国纹样全集(宋·元·明·清).济南:山东美术出版社,2010 年,第 194 页.
⑤　吴山.中国纹样全集(宋·元·明·清).济南:山东美术出版社,2010 年,第 73 页.

二、缠枝莲花纹

宋代,佛教世俗化,宗教意识逐渐淡化。莲花纹不仅仅是用在佛教器具上,还更多地体现在日常生活器具上。莲花纹饰的象征意义已经逐渐摆脱了宗教的干扰,民间的象征意义除了延续之前的象征女性的美丽纯洁,以及象征生殖崇拜和美好爱情等之外,宋人周敦颐《爱莲说》将莲花比喻成花中君子:"予独爱莲之出淤泥而不染,濯清涟而不妖。中通外直,不蔓不枝,香远益清,亭亭净植。"[①]将莲花拟人化,使得莲花逐渐成为人格化的一种象征并在民间广为流传。

宋代莲花纹饰应用广泛,多装饰在陶瓷、建筑、砖石雕刻、家具、织绣印染、漆器上,其中瓷器上的莲花纹装饰非常丰富。宋代的吉州窑、龙泉窑、景德镇窑、磁州窑、定窑的瓶、枕、盘、碗、罐上的莲花纹饰,其装饰丰富、姿态优美。瓷器上的莲花纹饰逐渐分化为缠枝莲纹、折枝莲纹、束莲纹、莲池纹、八大码五种样式,荷塘风光、河池水禽、婴戏莲花等富有民间生活气息的图案大量出现。瓷器莲花纹装饰是用深而宽的斜向刀痕将荷叶的轮廓刻划出来,同时舒展开的荷叶托起一朵莲花,画以浅而密的篦纹来表示花脉的叶筋,这就使整朵花的立体感增强了,也显得更加活泼有力。从装饰的美感和象征意义来说,定窑的划花梅瓶的缠枝莲花纹具有典型性,瓶体上茎蔓缠绕。

莲花纹饰逐渐由饱满、富丽的程式化转向烦琐、自由的世俗化发展。莲花纹饰在组织结构上更加多样,莲纹形象随意,显示出秀丽精巧、清晰工整的艺术风格。例如,定窑中在白釉盘中出现的刻花缠枝莲花纹,耀州窑出土的刻花缠枝纹瓶,其纹饰自由,已出现较为写实的莲叶造型。

三、缠枝桃花纹

桃原产于我国,起源甚早。春秋时期诗歌总集《诗经》中便有不少关于桃的咏颂,如"何彼秾矣,华如桃李""投我以木桃,报之以琼瑶""园有桃,其实之肴"等。以后,桃传入印度和波斯,又传入古希腊和古罗马,故植物学家希阿弗来士(Theophrastus)称之为"波斯果"。《典术》:"桃者五目之精也,故压服邪气治百鬼;故今人作桃符著门上压邪气,此仙木也。"《岁时记》也有同样的记载:"桃者五行之精,压伏邪气,制百鬼。"《梦书》:"桃为守御,辟不祥。"桃又为长寿之象征,《神农经》:"玉桃服之长生不老";《神异经》:"名曰桃……食之令人寿";《汉武故事》:"西王母种桃三千岁。"《酉阳杂俎》:"食之解劳,一名王母桃",故今祝寿,以

---

①　[清]吴楚材.古文观止补遗.上海:上海古籍出版社.2002年,第 202 页.

桃为寿的表示,民间有"蟠桃献寿""童子捧桃"等艺术题材。桃花又比喻为女子,《丽情集》:"崔护清明日独游都城南,见庄居,桃花绕宅,叩门求浆,有女子开门,以盂水饮护,回首注视,属意甚殷,来岁清明护复往,则门已扃锁",遂写下了名句:"去年今日此门中,人面桃花相映红。人面不知何处去,桃花依旧笑春风。"古代妇女的盛装称为"桃花妆"。在农历二三月间,有的地方还有桃李节,如南朝宋鲍照诗:"艳阳桃李节,皎洁不成妍"。与桃有关的还有《桃花源记》,陶潜把桃花作为通往美好理想之境的象征,多为以后文人墨客所采用。唐代时,桃花已经作为文人墨客赞颂的对象,李白诗:"一往桃花源,千春隔流水";刘禹锡诗:"元都观里桃千树,尽是刘郎去后栽";宋代梅尧臣诗:"深非桃花源,自有渔者舟"。

在宋代工艺美术中,桃花常作为装饰纹样,如宋代缂丝《蟠桃园》《蟠桃春燕图》以及《东方朔偷桃图轴》等,都是用桃表现寿。南宋福州黄昇墓出土的衣物,褐色花罗镶花边单衣,彩绘有桃花;香串流苏花边,装饰有桃花;还有在丝织物上,用泥金印花的方法,印出桃花纹。在宋代江苏常州出土的戗金黑漆盒[1],高11 厘米,长 15.4 厘米,装饰华美,工艺水平极高,是明代漆器中的佳品,盒盖四周是二方连续桃花纹。

四、缠枝菊花纹

菊花代表了傲霜斗雪,独立寒秋不屈气节的形象。《礼记·月令篇》中记载:"季秋之月,鸿雁来宾,雀入大水为蛤,菊有黄花,豺乃祭兽。"春秋战国时期,菊花就是秋天的代表了,并已经开始人工栽培菊花。从汉代开始,菊花在家庭中大量栽培,人们逐步发现了菊花的药用、食用、饮用等价值。唐代培育出黄、紫、白三种颜色的菊花。宋代是菊花发展的鼎盛时期,"苗可以菜,花可以药,囊可以枕,酿可以饮。"菊花象征着飘逸洒脱、清高豁达的隐士生活,与梅兰竹菊一起称为"四君子"。

图 8-6 宋代飞凤菊花纹瓷盘
（山东临博出土）[2]

在山东临博出土的宋代飞凤菊花纹瓷盘(图8-6),菊花瓣叶饱满,立体感突出,花中穿插两只飞凤,构图繁密,纹饰细腻。宋代菊花纹形式多样,缠枝花清新秀雅,装饰严谨匀称,趋向自然平和,花枝俏丽,特征明显,有天然野逸之趣,纹样更

① 田自秉,吴淑生,田青.中国纹样史.北京:高等教育出版社,2003 年,第 287 页.
② 张道一.中国图案大系(四).济南:山东美术出版社,1995 年,第 119 页.

加贴近生活。瓷器上装饰较多,因器施纹,技法多样,各地风格亦不相同。

五、缠枝海石榴纹

海石榴,亦称安石榴花,即石榴。海石榴纹整个图案由两部分组成,海石榴花纹与忍冬草纹。海石榴纹最早出现于 7 世纪后半叶,形态由严谨保守到流畅奔放,再到刻板僵化,体现了初唐到中晚唐装饰风格的转变。元以后,海石榴纹的早期内涵渐渐不为人知,装饰意味转变为"富贵满堂""多子多孙"。宋代瓷器中的缠枝海石榴纹基本都是这个含义,寄托着宋人对世俗生活的一种期盼。

海石榴纹枝叶舒卷如海浪,汹涌奔腾,气势磅礴。《汉语大词典》云:"海榴,即石榴,又名海石榴"。宋代《全芳备祖》中有"石榴,一名海榴"句,认为石榴由境外传来,故加"海"字,与狮子称为"海兽"的取名方法相同。① 《太平广记》载:"新罗多海红并海石榴,唐赞皇李德裕言:'花中带海者,悉从海东来'。章川花差类海石榴,五朵簇生,叶狭长,重沓承。"② 实际上,海石榴原产伊朗和阿富汗,它在汉代就已经传入我国,《博物志》载:"张骞使西域还,得安石榴③、胡桃、葡桃。"④

海石榴纹为非自然复合形态,与自然界的"海石榴"耐冬花并非一类,而是源于北朝宗教信仰中的摩尼珠与化生装饰,具有护佑、往生净土等意味,因其宗教背景,故在宋代等级高。作为复合纹样,海石榴纹的母体不只是摩尼珠与"化生",源自西域的石榴花纹亦为其风格母体。如图8-7～图8-9所示。

图 8-7　宋代定窑瓷尊
缠枝石榴纹⑤

图 8-8　宋代瓷器
海石榴纹⑥

图 8-9　宋代瓷盘双凤石榴纹
（山东临沂出土）⑦

① [日]中野徹.隋唐陶瓷的纹样.孔六庆,译.陶瓷研究,1989(2):第48～53页.
② 李昉,等.太平广记:卷四百九十.北京:中华书局,1986年,第3316页.
③ 关于安石榴的名称有两说:一说产于安国和石国,一说是指安息。
④ 贾思勰.齐民要术.卷十.北京:团结出版社,1996年,第402页.
⑤ 吴山.中国纹样全集(宋·元·明·清).济南:山东美术出版社,2010年,第77页.
⑥ 吴山.中国纹样全集(宋·元·明·清).济南:山东美术出版社,2010年,第86页.
⑦ 吴山.中国纹样全集(宋·元·明·清).济南:山东美术出版社,2010年,第94页.

六、缠枝梅花纹

梅花是中国十大名花之首,与兰花、竹子、菊花一起列为"四君子",与松、竹并称为"岁寒三友"。在中国传统文化中,梅以它的高洁、坚强、谦虚的品格,给人以立志奋发的激励。在严寒中,梅开百花之先,独天下而春。

梅花,又名春梅、红梅。梅花原产于我国,其故乡在鄂西、川东,主要以长江流域及西南地区栽培为盛。《本草纲目》引陶弘景的《名医别录》记载:"梅实生汉中山谷",而"襄汉川蜀江湖淮岭皆有之"。"摽有梅,其实七兮。求我庶士,迨其吉兮。摽有梅,其实三兮。求我庶士,迨其今兮。摽有梅,塈筐塈之。求我庶士,迨其谓之。"这是最早记录梅花的一段文字,其出自《诗经》,实际描写的是梅花的果实,主人公借果实成熟、收获的过程暗合媒姻之思,希望追求者快快行动,表达了对美好爱情的渴望。梅是中国特有的传统花果,已有 3000 多年的应用历史。《书经》云:"若作和羹,尔唯盐梅。"《礼记·内则》载:"桃诸梅诸卵盐"。在《秦风·终南》《陈风·墓门》《曹风·鸤鸠》等诗篇中,也都提到梅。上述古书的记载说明,古时梅子是代酪作为调味品的,是祭祀、烹调和馈赠等不可或缺的东西。至少在 2500 年前的春秋时期,就已开始引种驯化野梅使之成为家梅——果梅。1975 年,中国考古人员在安阳殷墟商代铜鼎中发现了梅核,这说明早在 3200 年前,梅已用作食品。惠洪小词《西江月》:入骨风流国色,透尘种性真香。为谁风鬓换新妆,半树入村春暗。雪压枝低篱落,月高影动池塘。高情数笔极微茫。小寝初开雾帐。晁补之《盐角儿·亳社观梅》中谓:"开时似雪,谢时似雪,花中奇绝。香非在蕊,香非在萼,骨中香彻。"陈师道也叹曰:"不借芳华只自香,娇面长如洗。"

宋代是中国古代艺梅的兴盛时期,其间梅花培植技艺大有提高,花色品种显著增多。南宋范成大著《梅谱》搜集梅花品种 12 种,是中国乃至全世界第一部艺梅专著。周叙《洛阳花木记》记载了朱砂型(红梅)等品种。而张磁的《梅品》与宋伯仁《榜花喜神谱》等则为有关梅花欣赏与诗、画的专著。

在南宋福州黄昇墓出土的梅花彩球纹菱纹(图 8-10)中的梅花纹样,与植物柔软的枝条、树叶、中国结进行了结合。在黄昇墓的另外一个梅花彩球纹菱纹样上枝条缠绕盘旋,叶子有多种形态,有细长较大的叶片,也有细小呈锯齿状的两两对称的叶片,梅花图案穿梭点缀在其中,颇有清新的意味。

图 8-10　　南宋梅花彩球纹菱纹样[①]

第二节　宋代缠枝纹的装饰载体

一、瓷器

　　宋代工艺美术种类,瓷器成就最高。宋代有著名的五大名窑:汝窑、哥窑、官窑、定窑、钧窑。宋朝瓷器,古朴深沉、素雅简洁、釉色优美,造型千姿百态,各竞风流。宋代瓷器突破"南青北白"的局面,官窑、哥窑、汝窑、钧窑、定窑乃中国瓷器顶峰,体现了儒文化所提倡的简洁素雅之美,有明显的民族精神体现。宋代瓷器装饰方法有印花、画花、刻花、剔花、贴花、镂花等,图案以花鸟虫鱼等为主,造型、色彩、纹样追求完整、意境、气韵。从纹饰上讲,宋瓷的纹饰题材表现手法都极为丰富独特。一般情况下,龙、凤、鹿、鹤、游鱼、花鸟、婴戏、山水景色等常作为主体纹饰而显现在各类器形的显著部位,而回纹、卷枝卷叶纹、云头纹、钱纹、莲瓣纹等多用作边饰间饰,用以辅助主题纹饰。工匠们用刻、划、剔、画和雕塑等不同技法,在器物上把纹样的神情意态与胎体的方圆长短巧妙结合起来,形成审美与实用的统一整体,令人爱不释手。如婴戏纹,或于碗心,或于瓶腹,将肌肤稚嫩、情态活泼的童子置于花丛之中,或一个,或两个,或三五成群,攀树折花,追逐嬉戏,真切动人,生活气息甚为浓厚。宋代瓷器中的缠枝纹如图 8-11 所示。

　　① 黄能馥,陈娟娟.中国丝绸科技艺术七千年:历代织绣珍品研究.北京:中国纺织出版社,2002 年,第 165 页.

图 8-11　北宋耀州窑印菊花碗模
(中国国家博物馆藏)

二、漆器

宋代漆器,承前启后。宋代的漆器制造推陈出新、百花齐放,剔红、堆红、戗金、螺钿、填漆、描金、犀皮等工艺各有所长。剔红、戗金等崭新工艺的繁盛,足以说明宋代的漆器制造是一座高峰。而"剔红"工艺,无疑是宋代漆器对我国做出的最大贡献,它的出现使漆器迈向更精湛的艺术境界。宋代漆器工艺发展的最大的一个突出成就是雕漆的兴起。文献记载,唐代已有雕漆,遗憾的是至今并未见到唐代的雕漆实物。宋代雕漆是迄今所见到的最早的雕漆作品。历代文人对宋代的雕漆著录颇多,极尽推崇与赞誉。雕漆的制作方法,是在已做好的木胎或金银胎上层层髹漆,待达到一定的厚度时,再按所需图案雕刻出花纹,其纹饰具有层次分明、主题突出的浮雕效果。因其所雕漆色不同,雕漆又分为剔红、剔黄、剔黑、剔彩、剔犀等若干品种。宋代雕漆之中最著名的就是剔红。宋代剔红漆器是中国漆器的巅峰,足证宋代雕漆业的繁盛。

浙江瑞安仙岩寺慧光塔出土的北宋檀木描金经函(图 8-12),遍体金黄,上面描绘有间隔的 6 瓣花卉纹。花瓣中间是凤穿牡丹的图。底纹均为缠绕的缠枝花卉纹。宋代堆漆描金盒(图 8-13),是舍利函,该盒形为方形顶,图案精致,堆漆工艺高超,布局疏密有致。描金盒整体描金堆漆成菊花和神兽等,嵌小珍珠,髹棕色漆,盒子四面中间部分用金笔绘白描人物画各一幅,内容不尽相同,但主题明确,情节连贯,体现了舍利函的实际功能。

图 8-12　北宋檀木描金经函　　　图 8-13　宋代堆漆描金盒①

三、建筑

在古代建筑中,古建彩绘是其重要的组成部分。彩绘就是俗称的丹青,而古建彩绘就是古代劳动人民在古建筑物上绘制装饰画,此举不仅使建筑更加美观,而且使其有一定的防水性,增加建筑物寿命。作为一种民间艺术,古建彩绘随着社会的发展而发展,经过秦、汉、魏晋南北朝、隋、唐、宋、元、明、清等朝代,由简单到复杂,由低级到高级。早在春秋时期就已经有在木结构建筑上施红色涂料的记载;秦汉时期在宫殿的柱子上涂丹色,在斗拱、梁架、天花等处施以彩绘,其装饰图案多用龙纹、云纹,并且逐渐采用了锦纹;南北朝时期,由于受佛教艺术的影响,又产生了新的建筑装饰图案;宋代彩画多用叠晕画法,使颜色由浅到深或由深到浅,变化柔和没有生硬感,表现出淡雅的风格。元代又出现了旋子彩画,但还不成熟。明、清时期是彩画的鼎盛时期,在继承传统的基础上,取材和制作方面又有了新的变化与发展,集历代彩画之精华,新的品种不断涌现,题材范围不断扩大,表现手段不断丰富,法式规矩更加严密、规范,等级层次更加严明、清晰。

宋代建筑彩画上的缠枝纹有独特的构图和表现形式。建筑物不同的部位上有不同的构图形式的缠枝纹装饰。如图 8-14～图 8-16 所示。

---

①　吴山.中国纹样全集(魏晋南北朝·隋唐·五代卷).济南:山东美术出版社,2010 年,第 188 页.

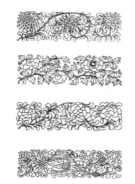

图 8-14　宋代建筑彩画 缠枝花纹①　　**图 8-15　宋代建筑彩画 花卉如意纹②**　　**图 8-16　宋代建筑装饰墙面 彩画缠枝花纹③**

四、丝绸

　　由于南北技术的交流，宋代丝绸的产量和花色品种，较前代都有明显的增加，并且丝织品的花形、图案、质量及风格都有很大的创新。宋代丝织品种类繁多，有绫、罗、缎、织锦、纱、绢、缂丝等。因为宋沿袭唐制，仍规定以绫为官服之用，所以，绫产地的范围进一步扩大，品种也大大丰富起来。除了原有的仙纹绫、越绫、白绫、白编绫、方纹绫、狗蹄绫、柿蒂绫、寺绫等，又增加了梓州（今四川三台县）的白熟绫、白花绫，蓬州（今四川仪陇县）的综丝绫，阆州（今四川阆中市）的莲绫，荆州（今湖北荆州市）的方纹绫，宣州（今安徽宣城市）的熟线绫等品种。在宋代，绫除了用于服装外，也常被用作书画经卷的装潢封面。

　　福建省博物馆藏的南宋褐色罗地金彩纸贴绣缠枝花纹花边（福建黄昇墓出土，图 8-17），此花边为褐色罗地，绣牡丹、荷花、山茶等纹样。花头用贴绣金色彩纸，叶用暗绿色绸贴绣，色彩对比强烈。

图 8-17　南宋褐色罗地 金彩纸贴绣缠枝花纹花边

　①　吴山.中国纹样全集（宋·元·明·清）.济南：山东美术出版社，2010 年，第 156 页.
　②　吴山.中国纹样全集（宋·元·明·清）.济南：山东美术出版社，2010 年，第 153 页.
　③　吴山.中国纹样全集（宋·元·明·清）.济南：山东美术出版社，2010 年，第 157 页.

五、铜镜

宋代铜镜注重实用,不崇华侈,器体轻薄,装饰简洁,形状仍以圆形为主,亦有方形、弧形、菱形以及带柄等多种形式。背面多铸有花鸟鱼虫、人物故事、山水楼阁等图案纹饰,亦有光素无纹者。图案处理常采取隐起、阳线并用,以线的韵律、节奏来增强纹饰的起伏与质感,克服了因体薄而造成的轻浮单调的感觉。其中的动植物图案,形象准确,姿态生动,构图丰富多变。山水人物图案的构图处理富有绘画效果。宋代铜镜多产于湖州、抚州、成都等地。在冶铸方面。宋代铜镜的合金成分发生了变化,这也带来了铜镜质地、色泽的变化。宋代铜镜大部分为黄铜质,含锡量明显减少,而含铅量大增,这样的合金成分一直影响着后世的铜镜,这也成为鉴别宋代乃至以后各朝代铜镜的重要依据。宋镜可以分为花卉镜、龙纹镜、禽鸟纹镜、神仙人物故事镜、八卦镜、吉祥铭文镜、商标铭文镜、素镜等类型。

宋代牡丹花纹还广泛应用于铜镜装饰上,如缠枝四花纹镜(图8-18)。枝顶花头六瓣式,花中间是圆形的花蕊,一根枝蔓分枝卷曲,三枝向左旋转,一枝向右旋转,茎叶穿插交叠,葩萼自然飘逸,整个纹样秀丽清新。

图8-18　宋缠枝四花纹镜[①]

六、金银器

宋代金银器造型玲珑精巧,新颖雅致,多姿多彩。素面者讲究造型,虽光素无纹,却精气内敛。宋代以其精巧而别具一格,在造型上极为讲究,有很多饮食用具,每类器物有各式各样的形制,花式繁多。碗、盘、杯等器皿的形制极富变化。总的来说,宋代金银器的纹饰,以清素典雅为特色。虽没有唐代纹饰那样细腻华美,但其洗练精纯非唐所及,素面者,讲究造型,光泽悦目;纹饰者则以花鸟为大宗,并使丰富多彩的装饰纹样与变化多姿的器物造型巧妙结合,达到和谐统一。宋代的纹饰题材来源于社会生活,表现内容广泛,具有很强的写实性和浓郁的生活气息。除此之外,两宋时期的辽、西夏、金、大理等国的金银器也有较多发现。大体上看,其做工和形制都不同程度地受到唐宋金银器的影响,同时又具有浓厚的地方民族特色,这一时期的金银器出现异彩纷呈的景象。宋代金银器上的缠枝纹如图8-19～图8-22所示。

---

① 孔祥星,刘一曼.中国铜镜图典.北京:文物出版社,1992年,第670页.

图 8-19　宋代鎏金铜銙上的荔枝纹
（美国波士顿美术馆藏）①

图 8-20　宋代银盘
双凤缠枝花纹②

图 8-21　南宋银饰件上
的缠枝花纹③

图 8-22　宋代银盒双孔雀
衔花缠枝牡丹纹④

第三节　宋代缠枝纹的装饰艺术风格

一、花中有花⑤

宋代缠枝纹花卉装饰中有一创新的形态——花中有花、叶内添花、花大叶小。

花中有花,是一种泛称。其实,花中不仅可以有花,还可以有叶纹、果纹、动物纹、钱纹等。此类构成形式相比隋唐卷草纹更富装饰性,它脱离现实生态的情势,将相关或不相关的纹样相套,达到装饰的目的。这种纹样在宋以及宋以后极为流行。宋代黄昇墓中的织物纹样中,有不少这样的例子,如线褐色罗,除了在叶片中有莲花外,还在叶片中饰以葡萄、绣球、锁子、断字等几何纹图。例如,南宋花中套花式穿枝牡丹纹罗纹样(图 8-23)中花朵为牡丹形态,硕大丰满,花瓣边缘为重影,勾勒白线,硕大的花盘里面并未描绘花蕊,而是生出了 7 个花瓣的

① 吴山.中国纹样全集(宋・元・明・清).济南:山东美术出版社,2010 年,第 178 页.
② 吴山.中国纹样全集(宋・元・明・清).济南:山东美术出版社,2010 年,第 181 页.
③ 吴山.中国纹样全集(宋・元・明・清).济南:山东美术出版社,2010 年,第 180 页.
④ 吴山.中国纹样全集(宋・元・明・清).济南:山东美术出版社,2010 年,第 182 页.
⑤ "花中有花"此说法出自:田自秉,吴淑生,田青.中国纹样史.北京:高等教育出版社,2003 年,第
271 页.

图 8-23　南宋花中套花式穿枝牡丹纹罗纹样①

尖尖的莲瓣。

叶内添花,也是宋代的一种创新装饰纹样。南宋江苏金坛周瑀墓、福州黄昇墓出土的丝绸上有叶内添花的案例。牡丹花、芙蓉花均为黑色勾白线,叶片勾黑线,内里白色为底,上面为花卉、叶片等。在 1975 年南宋江苏金坛周瑀墓出土的花卉纹纱合领单衫(图 8-24)上的纹样中,叶片为勾线形态,里面并未填充色彩,绘制了小碎花、小叶片的组合形态。1975 年南宋福州黄昇墓出土的南宋褐色牡丹芙蓉花罗(图 8-25)、1975 年在江苏金坛南宋周瑀墓出土的南宋花卉缂丝绵裙裙面纹样(图 8-26)均是具有这种类型的叶片。

图 8-24　南宋花卉纹纱合领单衫上的纹样②

图 8-25　南宋褐色牡丹芙蓉花罗③

图 8-26　南宋花卉缂丝绵裙裙面纹样(镇江博物馆藏)④

宋代缠枝纹花卉装饰形态中非常明显的一个特征是:"花大叶小",即强调花头的造型而弱化、缩小枝叶的形象。五代开始,这种趋势已经形成,至宋代其形式基本稳定,明、清时期,这种形式更加常见。花卉作为主要的表现形态,叶片作为一种陪衬,在大小尺寸上差异非常大,突出了花卉的主体地位和重要性。

缠枝式构成形态,隋唐时已经发展成熟。发展至宋元明清,构成手法多样。

①　田自秉,吴淑生,田青.中国纹样史.北京:高等教育出版社,2003 年,第 274 页.

②　吴山.中国纹样全集(宋·元·明·清).济南:山东美术出版社,2010 年,第 154 页,第 161 页.

③　黄能馥,陈娟娟.中国丝绸科技艺术七千年:历代织绣珍品研究.北京:中国纺织出版社,2002 年,第 167 页.

④　黄能馥,陈娟娟.中国丝绸科技艺术七千年:历代织绣珍品研究.北京:中国纺织出版社,2002 年,第 165 页.

基本骨式，以螺旋式、"S"形、波形等为主干线，按一定的规律缠绕串联组成。花朵安排在缠枝的重要部位，枝叶围绕主花迂回穿插，缠枝、花叶主次、大小、疏密、虚实相互辉映，彼此呼应，如一件明代缠枝莲织锦，大莲居中，双枝相托，缠枝、小莲、卷叶相衬，宾主交融，生动传情。

二、清新秀美

隋唐缠枝充满着异域风情，宋代有明显的回归本土艺术风格的倾向。在装饰纹样方面，题材更加多样，大自然中诸多为人们所喜爱的花草鱼虫、飞禽走兽，均出现在纹样装饰中，生动自然的写生折枝花、穿枝花、花鸟纹成为宋代丝绸的主要装饰花纹，色彩淡雅柔和，纹样写实。比起唐代纹样的宗教性，它已经完全走向市俗化。宋代花鸟画勃兴，画家们善于写生，写实花卉清新秀美。福州南宋黄昇墓出土的服饰上大多装饰有芙蓉、芍药、牡丹、梅、兰、水仙、茶花、海棠、锦葵、菊花、荷花、水藻等植物形象。宋代以花果象征吉祥的意识比隋唐更明显，例如被称为"瑞果"的各种水果也以仿真的样式出现在银器、漆器上。

中国植物纹样的发展，从简单质朴的原始植物纹到早期受宗教思想、制作技艺限制的朵花、折枝、缠枝、团花等纹样，纹样的结构形式逐渐丰富。缠枝纹柔美的"S"形骨骼，恣意流动的枝条，随性搭配的花或叶子，与各种器形完美结合，体现出广泛的适应性和顽强的生命力。宋代，正是缠枝纹最兴盛的时期，缠枝纹的装饰思想也从宗教圣坛走向民众生活，造型手法可灵活地转换于写实和写意之间，使纹样真正完全地从自然界走向了装饰领域。宋代，纹样特征逐渐定形，此后大部分纹样的基本形态没有发生根本性变化。

宋代缠枝纹的装饰色彩以瓷器的釉色为主。中国传统瓷器审美艺术追求"类玉"的效果，缠枝纹的装饰技法主要以划花、刻花、镂空、点彩为主，因而缠枝纹的装饰色彩即为瓷器的装饰釉色。如图8-27～图8-29所示。

图 8-27　宋当阳峪　　　图 8-28　宋当阳　　　图 8-29　宋耀州窑青釉
　窑白釉剔花瓶　　　　　峪窑剔花缸　　　　刻花莲花纹双耳瓶
（北京故宫博物院藏）　（北京故宫博物院藏）　（北京故宫博物院藏）

三、变化统一

宋代工艺美术重造型,以造型取胜。宋代工艺美术,因受儒家理学思想的强烈影响,一般重视造型,纹饰则放在次要地位,所以陶瓷、漆器多以造型取胜,但是纹样的发展依然非常迅猛。以瓷器为例,宋代瓷器基本都是单色瓷,纹样隐藏在釉色下面,隐隐约约。但若仔细查看,缠枝纹刻划非常细腻生动,代表着中国纹样美学的最高峰。缠枝纹的装饰规律是统一向变化发展,这是形式美的规律。变化与统一、对比与调和、节奏与韵律是缠枝纹装饰规律的细化,可以说这也是形式美的一种完美阐释。

变化与统一是形式法则的总的原理,也是一切形式组合的普遍规律。缠枝纹对于题材的运用是其多样化的表现。在瓷器装饰形式与造型上更是外观与内在统一,使装饰器物成为一个统一的整体。尤其是缠枝纹的"S"形曲线可以伸长和缩短,从单独纹样变化成二方连续、四方连续、适合纹样,此种多变的形式形成了缠枝纹的千姿百态。

对比与调和是多样统一的具体化。对比是变化的一种方式,通常是两种对立的事物相并立,以突出其差别。缠枝纹细小柔软的枝干和花朵、叶子形成了形状和大小鲜明的对比,"S"形骨骼的强烈滑动感与花叶的静态形成对比,形成了瓷器装饰的活跃动感;缠枝纹的主纹与副纹的大小对比等都让缠枝纹装饰充满了活力。但缠枝纹的装饰是协调的,花叶的线条具有相似性和秩序性,统一和有秩序的"S"律动规律是调和的。对比和调和形成了缠枝纹装饰的优美旋律。

节奏和韵律是纹样运动形式的一种规律。节奏和韵律是互为因果的关系。节奏带有机械的美,而韵律是情调在节奏中起作用。大多数情况下,节奏在图案组织中表现为一种条理和反复的形式。韵律是节奏与节奏之间运动所表现的姿态,它是形象的。[①] 缠枝纹单位纹样的连续不断是一种不断重复展示的节奏与韵律的体现。重复是缠枝纹样中最基本的构成手法,它以基本形的规律反复,加强力度,给人深刻印象,并形成极强的安定感、秩序感。曲线的每一次起伏则是韵律的生动表现,"S"形缠枝纹的线条如音乐般婉转,这种节奏感与韵律感,在缠枝纹的视觉表现中获得高度的协调性与统一的整体感,视觉上充满了柔美的力量。

---

① 樊文江.美术辞林·工艺美术卷.西安:陕西人民美术出版社,1989 年,第 36 页.

第九章 元:中国缠枝纹的异域风情

1206年,一代天骄成吉思汗统一蒙古诸部与中国北方地区,建立蒙古帝国,其军事势力曾一度横跨欧亚两大洲。1260年忽必烈继承汗位,统一全国,建立大元王朝。1271年正式定国号为元,建都大都(北京)。元朝是以北方蒙古族为主体而建立的统一的多民族封建国家,民族众多,种族复杂。各民族在物质文化、审美习惯以及民族性格等方面差异较大,特征明显。元蒙民族为游牧民族,统一初期对经济和文化破坏很大,到了元世祖,为了巩固政权,充实赋税,开始采取了一系列恢复生产的措施,经济生产有所恢复。

元代的工艺美术,主要传承宋代,有陶瓷工艺、染织工艺、金属工艺、漆器工艺等。《静修文集》:"保州屠城,唯匠者免"。《元史》载:"籍江南民为工匠,凡三十万户"。《秋涧文集》载:"籍人匠四十二万,立局院七十余所"。虽然,元代的手工业在战争中遭到了严重的破坏,但是中后期元代统治阶级对于手工业者特殊的政策,恢复了手工业发展,并在瓷器、漆器、织物上有了较大的发展。

元蒙时期,花卉装饰纹样主要沿袭前代,同时受到外来伊斯兰风格的影响。动物纹主要是龙、凤、麒麟等吉祥神兽,花卉纹以牡丹纹、莲花纹为主。值得一提的是,元代的官服,以花窠的大小来分等级。《元史·舆服志》所记的百官公服:"一品紫大独科花,径五寸;二品小独科花,径三寸;三品散答花,径二寸;无枝叶,四品五品小杂花,径一寸五分;六品七品绯罗小杂花,径一寸;八品九品绿罗,无文"。元代官服以植物装饰纹样区分品阶,这是花卉植物纹受到元朝官方大量关注的证明。

第一节 元代缠枝纹的典型纹样

元代是我国历史上第一个由游牧民族统治的时期,元代贵族尚武的习性和追求穷奢极欲的生活风气,给尚文、追求恬静自然的宋代文化注入了异族情调的文化基因,给这个时期的服饰纹样留下游牧文化、西域文化和传统文化中既冲突又交融的鲜明印记,形成了粗犷豪放的特色。在纹样的造型上,为了满足统治者的审美需要,元代一改宋代崇尚自然写实的形式,追求粗犷豪放的风格特色;在表现风格上,既继承了唐宋缠枝花纹样传统,又具有元代浑厚粗犷的装饰风格。

一、缠枝牡丹纹

元代瓷器牡丹纹主要装饰在罐、尊、瓶等大型器物上。牡丹花花冠形态可归纳为怒放、盛开、仰开、俯探等。花蕾均置于两花之间,大花冠旁出的分枝上着花蕾。长条的花萼包裹呈桃状,左右两花瓣留白;有的短花萼相托,有的绽开三四花瓣呈待放状。牡丹纹叶片呈平面状,多数为五出,也有四出。侧面叶形状较小,为三出。叶牙多为两出,也有呈短刺状。叶片边缘呈圆弧状,较丰满。叶尖锐利,出锋,大叶片顶端多有小翻卷。大小叶片形态多样而统一。牡丹花冠均有比较固定的位置,但是叶片形态大小、高低、俯仰、反侧均有变化,姿态多样,似在陪衬花冠。牡丹花的叶与花、叶与叶、叶和茎之间相呼应,揖让、掩映,而许多叶片与花冠之间留有一定的空间带,参差错落,起伏变化又归于整体的秩序中。在元代青花海马牡丹纹梅瓶(图 9-1)中,梅瓶腹部装饰有四朵大牡丹花纹,或朝上,或朝下,或怒放,或盛开,把牡丹摇曳在微风中的风姿表现得淋漓尽致。

图 9-1　元代青花海马牡丹纹梅瓶[①]

二、缠枝莲花纹

元代,青花瓷大量出现。在元青花[②]的瓶、罐、壶等器物的腹部、肩部较多装饰有莲瓣及莲叶纹。元青花瓷装饰中,莲纹类型丰富,装饰工整繁密,构图严谨,表现出庄严和规范的风格。元青花莲花纹饰的组成要素和基础是基于宋代流行的"一把莲纹"或"一束莲纹",而一把莲纹又与佛教的瓶莲纹饰有着构图形式上的传承性。莲花纹线条柔韧有力,体现了元代粗犷豪迈的民族精神。由于青花

---

① 震旦文教基金会编辑委员会.青花瓷鉴赏.台湾:财团法人震旦文教基金会,2008 年,第 60 页.

② 本书元青花即元青花瓷。

技法的提升，莲花装饰手法开始向绘画演变，极少
有划花、刻花。

北京故宫博物院收藏的元代青花鸳鸯荷花
（"满池娇"）纹花口盘（图 9-2），盘子十六瓣菱花口，
折沿，浅弧壁，圈足，内外青花装饰。盘内底绘两只
鸳鸯游弋在莲池中，一鸳、一鸯顾盼生情。内外壁
均绘缠枝莲纹，茎上均结有六朵盛开的莲花。折沿
上绘菱形锦纹。圈足内无釉，圈足内墙斜削。此盘
上的主题纹饰为内底所绘人们喜闻乐见的莲池鸳
鸯图，这种莲池小景是元代青花瓷器上常见的装饰

图 9-2 元青花鸳鸯荷花
（"满池娇"）纹花口盘

题材。有的只绘莲池，有的在莲池中绘有禽鸟（只见鸳鸯、鹭鸶），多画在大盘、大
碗的内底，亦有画在八棱大罐外壁开光内者。"满池娇"纹样即记录在古代文献
中的"池塘小景"。在南宋吴自牧撰《梦粱录》卷十三"夜市"条中记载：当时临安
夜市夏秋售卖的物品中就有"挑纱荷花满池娇背心"。元代画家柯九思《宫词十
五首》中曰："观莲太液泛兰桡，翡翠鸳鸯戏碧苔。说与小娃牢记取，御衫绣作满
池娇。"柯氏自注云："天历间，御衣多为池塘小景，名曰'满池娇'。"因"天历"系元
文宗图帖睦尔的年号，这说明文宗皇帝的御衣上有"满池娇"图案。元代《可闲老
人集》（卷二）载："鸳鸯鸂鶒满池娇，彩绣金茸日几条。早晚君王天寿节，要将着
御大明朝。"由此可见，"满池娇"是一种宫廷服装图案的名称，描绘的是池塘中的
花、鸟景色，后被广泛用在瓷器装饰中。

三、缠枝菊花纹

元代青花瓷上，菊花纹饰得到了进一步的发展，菊花纹饰造型、装饰、表现内
容也随着时代的发展发生了相应的改变。菊花绚丽多彩，形象多样，易于入画。
古人爱菊、绘菊、咏菊、借菊抒情、以菊言志，菊花作为装饰纹样绘制于瓷器上因
其特殊的寓意满足了人们的精神需求以及表达了特殊的祝福。元代菊花纹以青
花瓷为典型，多绘成大花大叶，双勾花瓣，特点是花瓣多不填满留白边，也有的以
粗笔一笔勾勒的花朵，全部露白，花蕊多画成网络状葵花形，或由里向外旋的螺
旋纹。菊花有的绘成全开，有的仅绘半开，有的只有花蕾。元多不填满色留白
边。菊花在元青花上均有做主题纹饰及辅助纹饰，为了强化陶瓷菊花纹的吉祥
寓意，陶瓷菊花纹往往与其他象征性的纹饰组合，共同表达美好的愿望。菊花纹
以及菊花纹与其他纹样的组合所表现的吉祥内容主要有福、寿和平安等几个内
容。例如，菊花和牡丹、莲花组合寓意"富贵连寿"，秋葵、芙蓉、菊花、鸡冠花、石

竹、桂花、海棠、南天竹、兰草九种秋草的纹样图寓意九秋同庆。在这一历史时期,陶瓷菊花纹与其他纹饰的组合,不仅仅是装饰,更多的是反映了人们对于幸福、美好生活的祈盼与向往。

图9-3　元代青地白花缠枝莲菊八宝纹大盘①

元代菊花纹大多绘成缠枝菊。元代青地白花缠枝莲菊八宝纹大盘(图9-3)盘心第二圈即为盛开的菊花缠枝纹。如首都博物馆收藏的青花菊纹出戟觚腹部上的朵菊即作为主题纹饰装饰,菊花采用双勾花瓣,花朵较大,呈盛开状,填色未填满,有留白,花蕊画成网格状的葵花形,是典型的元青花菊花纹。英国不列颠博物馆收藏的一件青花菊纹玉壶春瓶更为别致,从口沿至圈足,通体绘满缠枝菊纹,菊朵硕大,花瓣盛开,枝繁叶茂,生机盎然。元代陶瓷青花菊花纹运用青花装饰的技法,表现菊花纹的千姿百态,呈现出浑厚而艳丽雅致的装饰效果。菊花纹与凤纹、花卉纹结合较多,在青花、釉里红、刻花上都有表现。

四、缠枝灵芝纹

灵芝纹属于以"灵芝草"为题材的一种寓意纹样。灵芝,体如菌状,盖面紫褐,有一圈云状环纹的灵芝,又被称为"瑞征"或"庆云",在中医药宝库中被列为珍品。古今药理都临床证明,灵芝确有防病治病、延年益寿之功效,古时更有"仙草"之誉。东汉时期的《神农本草经》、明代李时珍《本草纲目》,对灵芝的功效都有详细的极为肯定的记载。因此,古往今来,以灵芝为题材的装饰纹样格外为大众所喜闻乐见,成为长寿富贵、如意吉祥的象征。后来在图形的变化中,灵芝纹演变为"如意""如意云纹"。如意的如意头即取灵芝的形状,如意云纹已是一种更为简化的线形如意纹样。

第二节　元代缠枝纹的装饰载体

一、瓷器

江西景德镇窑经过数百年的发展,至元代已逐渐形成巨大生产能力,并出现了以青花和釉里红为代表的划时代的创造。元政府在江西景德镇专设浮染瓷

---

① 震旦文教基金会编辑委员会.青花瓷鉴赏.台湾:财团法人震旦文教基金会,2008年,第242页.

局,负责烧造皇室用瓷,该局停办后改由饶州路总管监烧。元代对外贸易较之前代有了新的发展和变化,陶瓷的输出也明显增多,为满足需求,东南沿海地区的制瓷业亦有所发展,产品大量增多,在人们的日常生活和社会经济中占的比重日益扩大,并逐步超过了金、银、铜、漆等器皿。元青花瓷装饰的最大特点是构图丰满,层次清晰,造型丰满,纹饰鲜明,综合了绘、镂、塑、贴等多种技法,特别是镂花装饰在元代瓷器上较少见。青花、釉里红在作品中互为衬托,红、蓝交相辉映,整体形成一种气度雍容而又花团锦簇的艺术效果。

现藏于中国国家博物馆的 1960 年翟明志先生捐赠的元褐釉剔刻花双系罐以及元褐釉剔花瓷梅瓶,均在肩腹部有缠枝纹雕刻,缠枝纹纹样为花卉缠枝纹、忍冬缠枝纹。忍冬缠枝纹与敦煌壁画中的忍冬纹较为一致。

元陶瓷中装饰纹样较多的主体有缠枝花卉、折枝花卉、松竹梅、鱼藻、鸳鸯荷花、山石、海涛、龙凤麒麟等,其中缠枝牡丹纹、缠枝莲花纹异常丰富。美国沃尔特·丹妮在《中国青花瓷题材的伊斯兰青花陶器》一文中说:"当 15 世纪晚期土耳其君主苏丹开始收集中国瓷器时,将青花瓷与伊斯兰王室相联系的传统已然持续了一百多年,并被广泛描绘在伊斯兰细密画中。"[①]陈克伦《略论元代青花瓷器中的伊斯兰文化因素》,英国巴兹尔·格雷的《8 至 15 世纪中国艺术中的波斯影响》,以及王镛先生的《中外美术交流史》中,都指出了元青花由于外销需要而呈现出强烈的外来风格影响。

元青花瓷装饰视觉效果鲜明,气势豪迈,将青花绘画艺术推向顶峰,确立了后世青花瓷的繁荣与长久不衰。元青花缠枝牡丹纹罐(图 9-4),造型饱满,颈上绘缠枝栀子花,肩部绘缠枝莲花,腹部绘缠枝牡丹,近足处绘仰莲瓣。罐子的青花色调明艳,画笔流畅,构图繁而不乱,每层纹饰之间因有弦纹相隔,既突出了主题图案,又增加了画面的层次感。元青花飞凤麒麟纹盘(图 9-5),盘折沿,菱花式口,盘心平坦,圈足。通体施青白釉,底素胎无釉。盘内外绘青花纹饰多层。折沿上绘卷草纹,内壁青花网纹地上突出白色缠枝牡丹纹,盘心边缘环以卷草纹,中央青花地烘托麒麟、翔凤各一,空间衬以白色的莲花及朵云纹。盘外壁绘缠枝莲纹。此器青花发色纯正,构图严谨。盘心纹饰寓意"威凤祥麟",以示天地祥和。元代青花瓷器装饰有两种形式:一种是以青花料直接在白色胎体上描绘纹饰。另一种是以青花为地,衬托白色花纹。这种装饰形式始于元代。留白纹饰都有凸起。此盘即为蓝地白花器之代表作。

---

① (美)沃尔特·丹妮.中国青花瓷题材的伊斯兰青花陶器.赵琳,译.南方文物,2010(1),第118~123 页.

图9-4　元青花缠枝牡丹纹罐　　　　　　图9-5　元代青花飞凤麒麟纹盘
（北京故宫博物院藏）　　　　　　　　（北京故宫博物院藏）

　　磁州窑作为宋元时期北方著名民窑，其产品格调朴拙，画面内容丰富，具有浓郁的民间色彩和生活气息。白地黑彩的装饰风格，将制瓷与绘画艺术融为一体，是磁州窑的创新之处和最具代表性的独有特点，对后来的制瓷业影响深远。

二、染织

　　元代染织工艺，以金锦、毛织和棉织最有特色。《金陵新志》记载，仅建康织染局的东织染局，就有"管人匠三千六百户，机一百五十四张，额造段匹四千五百二十七段"。元代染织工艺，在材料上多使用金线，"以金彩相尚"，具体风格受到外国染织品的影响，例如回回锦（又名天方锦）、缅甸棉、波斯𦂗。元代丝织品中，织金最为著名。马可波罗在《马可波罗游记》中记载："百物输入之众，有如川流之不息。仅此一项，每日入城者计有千车，用此丝制作不少金锦绸绢，及其他数种物品。"除此之外，四川蜀锦、涿州的罗、泉州的缎都是有名的产品。元代丝织中的缂丝工艺，据记载："克丝（即缂丝）之工，妙于南宋。而元代制用尤广，进御服饰，参以真金，组织华丽，过于前代，而精雅渐非古法。"著名的品种有"纳石失"。纳石失，又称织金锦，是在织物中采用加金技术。毛织物的制作也特别发达，棉织物代替了传统的麻织品。棉织业在元代也很突出，元代统治者为了获取这一新兴染织工艺的实益，至元二十六年（1289年），在浙东、江东、江西、湖北、福建等地，设置了木棉提举司，以都提举司总管，每年上缴棉布十万匹。元初棉纺织能手黄道婆，改造棉织工艺，使棉织品的产量和美观都得到大的提高，在很大程度上使棉织品代替丝织物，并使得棉织品走进普通百姓的生活。例如现藏美国纽约大都会艺术博物馆的鸾凤穿花纹绣①整个刺绣为方形，中间是一对飞舞的凤凰，四圈围满了缠枝纹。

---

　　①　黄能馥，陈娟娟.中国丝绸科技艺术七千年：历代织绣珍品研究.北京：中国纺织出版社，2002年，第217页.

三、金银器

元代金银器与宋代相似,除日用器皿和饰品外,陈设品增多。元代金银器制造业更为商品化。在当时的社会,金银器已经不再是皇室宫廷、王公大臣的私有品,富商巨贾,富裕的平民家庭,都流行使用金银器,所以到了元代,金银器风格世俗化,取材广泛,不拘一格。从其造型纹饰上看十分讲究,素面较多。然而,元代某些金银器亦表现出纹饰华丽繁复的趋向。江苏苏州虎丘吕师孟墓出土的元代四合如意金盘缠枝花纹(图 9-6)、内蒙古出土的元代铜镜牡丹纹(图 9-7)、山西大同出土的元代铜镜(图 9-8)上的缠枝花纹以适合纹样的形态出现。

图 9-6　元代四合如意　　　图 9-7　元代铜镜　　　图 9-8　元代铜镜
金盘缠枝花纹①　　　　　牡丹纹②　　　　　缠枝花纹③

四、纸钞

元代,纸钞的缠枝纹说明了当时在多种载体上使用缠枝纹已经非常广泛。

中国国家博物馆藏的至正年造壹贯文中统元宝交钞(图 9-9),为长方形,最上方是钞名"中统元宝交钞",其下是金额"壹贯文省",钞票的四周印有缠枝花花栏,花栏内上部为"至正印造元宝交钞"八个字,下部为五串钱图,交叉分布。

至正年造中统元宝交钞(图 9-10),纸质,灰黑色,长方形。正面构图与早期中统钞相同。上部书钞名为"中统元宝交钞",下部为钱钞文字,下部外围云气纹花栏,内中间为金额数"伍佰文"及相对应的钱图。钞票背部上方为长方形墨印,印四周有缠枝花花栏,花栏内上部为"至正印造元宝交钞"八字,分两行排列,下部为五串钱图,交叉分布。

---

①　田自秉.中国工艺美术史.上海:东方出版中心,2005,第 274 页.

②　吴山.中国纹样全集(宋·元·明·清).济南:山东美术出版社,2010 年,第 253 页.

③　同注②。

图 9-9　至正年造壹贯
文中统元宝交钞
（中国国家博物馆藏）

图 9-10　至正年造中
统元宝交钞
（中国国家博物馆藏）

除上述载体以外，元代石刻、砖刻、碑刻上的缠枝花纹延续了上几个朝代的样式和风格，既延续忍冬缠枝纹的样式（图 9-11），又传习唐代大叶卷草花卉纹的形态（图 9-12），内容非常丰富。

图 9-11　元代石刻卷草纹①　　　　　　图 9-12　元代石刻缠枝牡丹纹②

五、漆器

元代的漆器，传承宋代技艺，继往开来，是中国漆艺史上的一个繁华时期。元代漆器的品种分为雕漆、戗金、螺钿等。在元朝统治期间，江南一带没遭较大破坏，工农业发展始终未停顿，是全国最繁荣富庶的地区。嘉兴成为生产漆器的重要中心，名匠辈出，艺臻绝诣，该地的张成、杨茂是元代最著名的雕漆能手，他们的作品已成为稀世之宝。《格古要论》载："元朝嘉兴府西塘杨汇有张成、杨茂者，剔红最得名。"他们不仅国内闻名，日本更是以他们的名字各取一字"堆朱杨成"，沿用至今，成为漆艺专用的姓氏。陶宗仪《辍耕录》述及戗金、戗银工艺颇详，其法得自嘉兴杨汇的漆工。当时以戗金闻名的彭君宝就是杨汇人。在元代漆器中成就最高，达到历史顶峰的工艺是雕漆。元代雕漆中只有剔红、剔黑、剔

---

① 吴山. 中国纹样全集（宋·元·明·清）. 济南：山东美术出版社，2010 年，第 239 页.

② 同注①。

犀三个品种,其中又以剔红最多。元代雕漆的器形有圆盒、长方盒、八方形盘、葵瓣盘、尊等,以盘、盒为多。其装饰图案有花卉、山水、人物、花鸟等。元代一色漆器的颜色有黑色、红色、珊瑚红色、褐色等。器形基本上与宋代漆器相同,只是宋代广为流行的花瓣形盘、碗到元代则基本不见了,代之以圆盘、圆碗。元代的一色漆器漆质光亮,器形端庄,风格质朴。元代漆器主要有四个品种,即一色漆器、螺钿漆器、戗金漆器和雕漆。其中雕漆已发展到登峰造极的地步,较之宋代有了巨大的变化。螺钿漆器虽发现不多,但其高超的制作工艺已由镶嵌厚螺钿发展到镶嵌五光十色的薄螺钿,更富于装饰意趣。

《格古要论》中称元代"戗金器皿漆坚戗得好者为上。元朝初嘉兴府西塘有彭君宝者,甚得名,戗山水、人物、亭观、花木、鸟兽种种臻妙"。陶宗仪著录的《辍耕录》中对戗金漆器的制作方法、装饰图案、制作地点作了详细的描述:"嘉兴斜塘杨汇綦工戗金戗银法,凡器用什物,先用黑漆为地,以针刻划,或山水树石,或花竹翎毛,或亭台屋宇,或人物故事,一一完整。"

元代漆器花卉,一般不刻锦纹地,而是以黄色素漆为地,在其上直接雕刻红漆或黑漆花卉。一般是在盘内正中雕刻一朵硕大的花,四周点缀小朵花及含苞待放的花蕾,主次分明,层次清晰,写实花卉与图案型花卉兼而有之。元代雕漆中喜用的花卉有牡丹、山茶、芙蓉、秋葵、梅花、桃花、栀子花和菊花。这八种花卉中既有单独表现的,如剔红栀子花盘,也有几种花卉施于一器之上的,如剔红花卉纹尊。

北京故宫博物院藏剔红花卉纹尊(图 9-13),为撇口、短颈、鼓腹、圈足,又称"渣斗",通体黄漆素地上雕朱漆花纹,口内雕桃花四朵,口外雕栀子花、菊花、桃花,腹部雕牡丹、茶花、桃花、栀子花。足内綦黑漆,内缘左侧针画"杨茂造"直行款。綦漆较之张成漆器薄。构图疏朗清新,刀法犀利,磨制圆润精美,是杨茂的成功之作。

图 9-13 剔红花卉纹尊牡丹山茶纹[①]

六、珐琅

元代,随着水陆交通的开拓,中国人与中亚、阿拉伯、欧洲和非洲等地的商人或手工业者互有往来,两河流域流行的金属胎珐琅制品自然也随之传入中国。阿拉伯工匠带来了烧造掐丝珐琅的技术和主要原料。中国工匠在学习、掌握了烧造技术后,经过不断的实践,生产出具有民族风格的掐丝珐琅制品,而这些器

---

① 吴山.中国纹样全集(宋·元·明·清).济南:山东美术出版社,2010 年,第 255 页.

物的纹饰风格仍不免存有一些阿拉伯的艺术韵味。元末明初,曹昭所著的《格古要论》成书于明洪武二十一年(1388年),记录了元代后期的掐丝珐琅,其中《窑器论》记:"大食窑,以铜作身,用药烧成五色花者,与佛郎嵌相似。尝见香炉、花瓶、盒儿、盏子之类,但可妇人闺阁中用,非士大夫文房清玩也。又谓之鬼国窑。"所谓"大食窑"已被诸多学者确认为金属胎掐丝珐琅器。

元代掐丝珐琅器的图案装饰多以盛开的缠枝莲为主题纹饰,其特点是缠枝莲花朵舒展饱满,枝叶肥厚,并衬以小花苞。图案布局疏朗,掐丝线条奔放有力。珐琅质地细腻洁净,釉面光亮,有水晶般的透明感,尤其是葡萄紫、草绿、绛黄等几种颜色更为耀眼夺目,似用进口珐琅釉料烧造。元代的缠枝莲纹图案布局疏朗,花朵硕大,枝叶辗转自如。

例如,北京故宫博物院的掐丝珐琅缠枝莲纹象耳炉(图9-14)、掐丝珐琅缠枝莲纹藏草瓶(图9-15)、掐丝珐琅缠枝莲纹鼎式炉(图9-16)均有缠枝莲纹表现。例如,掐丝珐琅缠枝莲纹鼎式炉为圆形,双冲耳,鼓腹,三圆柱形足,造型似青铜鼎,朴实庄重,炉内置铜镀金胆。炉腹上部以一道镀金弦纹线将炉体图案分为两部分,线上部以绿色珐琅为地,饰白色菊花纹12朵;线下部以蓝色珐琅为地,饰缠枝莲花纹6朵。三足均以蓝色珐琅为地,饰彩色菊花纹。

图9-14　元掐丝珐琅　　　　图9-15　元掐丝珐琅　　　　图9-16　元掐丝珐琅
缠枝莲纹象耳炉　　　　　缠枝莲纹藏草瓶　　　　　缠枝莲纹鼎式炉

七、壁画

在元代洞窟壁画上,缠枝纹的表现依然非常典型。裹珠卷草纹边饰(图9-17)出自敦煌四五六窟,在波状纹中嵌上宝珠,以似叶如云的波纹上下卷曲,使纹饰显得丰富饱满。这是20世纪藏传佛教艺术传入敦煌后出现的新的表现形式。忍冬纹边饰(图9-18),出自莫高窟四五六窟,这个边饰源于早期的忍冬纹,并加强了横向卷曲效果,产生了一气呵成的动感。波纹卷草纹边饰(图9-19),这种像云彩,像旋涡,像充满了生机的植物梢蔓,又像汉代漆器上的线描装饰的纹样,是藏传佛教艺术带来的新样式。安西榆林窟第十窟祥禽瑞兽卷草纹边饰(图9-20)是复杂的高密度卷草纹饰,平铺向前营造,没有枝蔓的上下波动。边饰中隐藏着奔跑的动物如飞象、狮子、龙、飞马等,形象生动,形态逼真。祥凤卷草纹边饰(图9-21)中,精美的卷草纹边饰中绘有凤鸟起舞、莲花盛开,这是经岁月锤炼后创作者绘制出的精美纹饰。元代是敦煌艺术创作的晚期,边饰艺术的创作也进入晚期,但是如祥凤莲花边饰(图9-22)等边饰仍然显示出新颖的构思和布局,延续了盛唐艺术的效果。

图 9-17　元裹珠卷草纹边饰[①]

图 9-18　元忍冬纹边饰[②]

图 9-19　元波纹卷草纹边饰[③]

图 9-20　元祥禽瑞兽卷草纹边饰[④]

图 9-21　元祥凤卷草纹边饰(安西榆林十窟)[⑤]

① 杨东苗,金卫东.敦煌历代精品边饰、圆光线描图集.杭州:浙江人民美术出版社,2016年,第117页.
② 杨东苗,金卫东.敦煌历代精品边饰、圆光线描图集.杭州:浙江人民美术出版社,2016年,第118页.
③ 同注②。
④ 杨东苗,金卫东.敦煌历代精品边饰、圆光线描图集.杭州:浙江人民美术出版社,2016年,第46页.
⑤ 同注②。

图 9-22　元祥凤莲花边饰(安西榆林十窟)①

第三节　元青花瓷缠枝纹装饰的艺术特色②

　　至元十五年(1278 年),在江西景德镇设置了浮梁瓷局,创造了享誉中外的元青花瓷。③ 元青花瓷造型大气磅礴,纹饰满密精致,是中国传统文化、蒙古族文化、伊斯兰文化等相互融合的特殊艺术产物。元青花瓷釉下彩的出现,改变了"清水出芙蓉,天然去雕饰"的传统陶瓷装饰审美追求,使绘画成为瓷器装饰的主要手法之一。在元青花瓷诸多装饰纹样中,带有伊斯兰异域风情的缠枝纹装饰,繁复满密的构图,崇蓝尚白的色彩,丰富多样的植物题材,无始无终的"S"形骨骼,优游不迫的线条……这都与元朝多民族共存的历史休戚相关,以下将从"恐惧空白"说、"真主虚拟"说、"苍狼白鹿"说、"塔悟希德"说等当时普遍的社会心理基础来探究元青花瓷缠枝纹装饰艺术的特色。

一、"恐惧空白"说与繁复满密的元青花瓷缠枝纹装饰构图

　　元青花瓷缠枝纹装饰构图繁复满密,但繁而不褥、多而不乱、满而不溢、密而不匝,有一种特殊的饱满感。前期研究者对元青花装饰分为三种类型④;第一种纹样装饰构图饱满,纹饰繁密,层次丰富,少则三层,多则九层(图 9-23),主要是出口供给伊利汗国(即西亚贵族及皇室,元朝时为四大汗国之一)使用的,给人以和谐完美、富丽典雅之感;第二种纹样装饰大气稳重,层次相对较分明(图 9-24),主要作为贸易瓷在北方及邻近国家使用及生产;第三种纹样装饰以人物、风景等为主要装饰手法,构图自由潇洒,约束较少(图 9-25),在南方流通或销往东南亚。缠枝纹在上述类型中均有表现,但在西亚外销瓷中表现尤为特别,具有浓郁的伊斯兰风情。在第三种销往南方的类型中,缠枝纹几乎只作为辅助纹样,装

　　① 杨东苗,金卫东.敦煌历代精品边饰、圆光线描图集.杭州:浙江人民美术出版社,2016 年,第 119 页.
　　② 此章节节选自:万剑.元青花瓷缠枝纹装饰艺术特色.中国陶瓷,2014(11):第 95～101 页.
　　③ 刘新园.元代窑事小考(一)——兼致约翰·艾剔思爵士.景德镇陶瓷学院学报,1981(1),第 67～74 页.
　　④ 施茜,王一伟.元青花装饰纹饰风格及形成背景.中国陶瓷,2010(2),第 75～77 页.

饰在器物的口沿、颈部、圈足等地,多见用细线勾勒,表现技法较单一,或只见骨架,不见花叶,起辅佐、衬托作用。

图9-23　青地白花缠枝花卉纹菱口盆
（**日本大阪市立东洋陶瓷美术馆藏**）

图9-24　元青花莲池鸳鸯纹碗
（**日本大阪市立东洋陶瓷美术馆藏**）

图9-25　元青花蒙恬将军图玉壶春瓶（湖南省博物馆藏）

　　此种繁复满密的缠枝纹装饰风格与伊斯兰织毯、丝织品及清真寺中采用空间极为狭窄的构图方式和装饰风格是有异曲同工之妙的。究其深层次原因,这与"恐惧空白"的心理需要是分不开的。社会心理学家理查德·爱丁霍森提出三种可能性,用以说明伊斯兰装饰艺术的功能是满足穆斯林"恐惧空白"的心理需要。首先是穆斯林居住环境引发的密集给人带来欢乐,拥挤让人有安全感,空白即意味着不安;其次是近东民族的集体意识中对繁茂花园的强烈记忆和偏爱花草树木的情调,由此而产生的对旺盛植被的特殊好感与赞美;再者是穆斯林认为慷慨(铺张奢华)意味着财富,丰盛(繁复密集)意味着美丽。西方的伊斯兰艺术专家伊娃·贝尔在其著作《伊斯兰装饰》里支持爱丁霍森的研究结果,缠枝纹错综复杂的图案效果,其心理基础和艺术动机就是"恐惧空白"。元中后期,景德镇工匠中不乏伊利汗国工匠,制作出大量植物藤蔓题材的缠枝纹青花瓷是理所当然的。

二、"真主虚拟"说与丰富多样的元青花瓷缠枝纹植物题材

元青花瓷纹饰丰富多样,取材广泛,主要有动物、植物、人物、自然现象等,其中最常见的植物花草纹饰题材有牡丹、西番莲、荷花、蕉叶、菊花、芍药、松竹梅、牵牛花、山茶花、海棠花、月季花、枣花、灵芝、葡萄瓜果等,这些植物纹样常以二方连续或适合纹样的组织形式出现,构成了缠枝纹丰富多彩的表现内容。虽缠枝纹在元前的艺术史中早已存在,但以如此规模宏大的釉下彩绘画形式出现却是首次,这与元朝统治阶级对中华文化包括儒、释、道以及其他文化的继承多于改造有直接关系,体现了元朝统治阶级在无意识中对中华民族传统文化的传承发展。以缠枝西番莲(图 9-26)来说,一般指大丽花,而元史称西藏为西番,本身就是指西藏。缠枝牡丹纹(图 9-27)在儒家文化中象征着富贵。缠枝菊花纹(图 9-28)在藏传佛教中寓意千秋万代。

图 9-26　西番莲　　　　图 9-27　牡丹缠枝纹　　　　图 9-28　菊花纹
（上海博物馆藏）　　　　（上海博物馆藏）　　　　（英国大英博物馆藏）

元代晚期,蒙古统治者由于外销瓷器给朝廷带来了巨额利润,愈加重视青花瓷器的生产。14 世纪中国青花瓷几乎专为近东市场生产,设计式样实为伊斯兰的风俗。[①] 元青花中出口西亚的瓷器装饰图案母题为"阿拉伯式图案",亦称"阿拉伯装饰风格""阿拉伯风",欧洲人最早称之"摩尔式",后命名为"阿拉蓓丝克"。[②] 当前,在艺术史学界的普遍定论认为,此类纹饰的模式产生是由于伊斯兰教反对多神信仰和偶像崇拜造成的,即"真主虚拟说"。元代缠枝花卉植物纹摒弃了许多的具象形态,以象征性的绘画语言进行了抽象化的概括,使受众的目光顺着藤蔓游走运动跳跃的时候,精神也随之飘浮飞升到永恒。

三、"苍狼白鹿"说与崇蓝尚白的元青花瓷缠枝纹装饰色彩

元代青花瓷缠枝纹装饰色彩有两种表现形式,一种是白底蓝花,以白色为底,

---

①　玛格丽特·梅德雷.论伊斯兰文化对中国古瓷的影响.于集旺,译.景德镇陶瓷,1987(8):第 56 页.

②　E.H.贡布里希.图像与眼睛.,范景中,等译.杭州:浙江摄影出版社,1989 年.

蓝色为花,青花原料直接在白色胎体上绘画。另一种是蓝底白花(图 9-29),蓝色描底,空出白色花纹,蓝色衬托白色花纹。无论是白底蓝花还是蓝底白花,究其色彩种类,只有蓝、白二色,这与蒙古族的"苍狼白鹿"说是完全一致的。

《蒙古秘史》:"成吉思合罕的祖先是承受天命而生的孛儿帖赤那和妻子豁埃马兰勒一同过腾汲思海来至斡难河源头的不儿罕山前住下,生子名叫巴塔赤罕。"这就是蒙古族起源图腾"苍狼白鹿"的传说,也是蒙古贵族尚蓝、白两色最本质的根源。元代,萨满宗教成为为统治阶级服务的精神工具。萨满教中,蒙古贵族是"查干、牙速锡"(即白骨者),是天的

图 9-29　青花雏鸡竹石花果
纹盘(英国维多利亚与
阿尔伯特博物馆藏)

使者,富有传达上天旨意的义务,此种"军权神授"为元朝统治阶级"蓝白二色"提供了理论根据。由于元朝这种"国俗尚白,以白为吉"的色彩审美观,把汉族传统单色釉改造成为蓝白两色,借以显示皇权神授便是顺理成章了,这是元青花得以发展的最根本的政治基础和前提。

此外,伊斯兰色彩文化对元青花瓷也影响至深。从史料上看,元代统治者派驻景德镇监督瓷器生产的最高官员为色目人(今伊朗人),景德镇浮梁瓷局使用"苏麻离青"料就变得更加理所当然了。从色彩上来说,伊斯兰文化尊崇蓝色。阿里·玛扎海认为"蓝色是波斯和波斯血统民族的皇家颜色"。蓝色装饰着波斯各地的清真寺,还时常出现在波斯地区的王宫、宗教活动中,成为这些民族满足宗教、王权和风俗的精神需要。而从一开始青花瓷进入伊斯兰世界就不是一般民众所使用的日常生活器物,是与清真寺、陵墓、皇宫等建筑艺术风格相匹配的高级瓷品,具有浓郁的政教色彩。总而言之,蒙元统治者对蓝白两色的尊崇以及伊斯兰诸国对蓝白两色的价值认同是元青花瓷得以迅速发展的意识形态基础。

四、"塔悟希德"说与无始无终的元青花瓷缠枝纹骨骼重复节奏

《世界文化象征辞典》认为"阿拉伯装饰艺术"中的"阿拉伯图案""不是形象",而是一种"节奏",是图案表现的一种"默祷的记录",是无限定地重复主题的一种"咒语"。在元青花瓷的缠枝纹基本骨骼(图 9-30)中,我们可以看到这种"默祷的记录",在其二方连续运动过程中,可以看到纹样骨骼的运动既没有开始,也没有结束,延绵不断地沿着横"S"形路径向左右或者上下不停地运动。法鲁基提出,几何图案营造出的连续不断、无穷无尽的视觉效果,最大程度体现了伊斯兰教的最高原则"塔悟希德",其意为"归信一神、合为一体",指通过不同的

主题覆盖,达到掩饰被装饰物体的原有质地,使观者避开认识物质本身,忽略装饰覆盖下的物体结构、形状等等,沉入图案中,进而感受"归信一神"的召唤,体悟到"塔悟希德"的真和美。[①]

图 9-30　缠枝纹骨骼

　　在元青地白花缠枝莲菊八宝纹大盘(图 9-31)中,共有五层装饰,中间第一层是适合植物纹样(图 9-32),第二、四(图 9-32、图 9-33)、五层(图 9-34)均为植物缠枝纹,分别为缠枝菊花、缠枝莲花、缠枝卷草纹,营造出了错综繁复、无始无终、无穷无尽的视觉效果,让人忘却了这本身是个大盘,幻化出沉潜、入境、神游的精神体验。这种源自两河流域、地中海沿岸中的古代文明——象征学遗产,被伊斯兰教得以继承,并赋予了特殊的象征含义,以激起神学意义上的感受。

图 9-31　元青地白花
缠枝莲菊八宝纹大盘
(台北故宫博物院藏)

　　历史的印痕总反映着真实的过去,反映着当时的社会现象和人们的精神文化。元青花缠枝纹是在这样一个特殊而又错综复杂的多元文化交融环境下发展而达到巅峰的,其构图繁复满密,色彩崇蓝尚白,题材丰富多样,骨骼无始无终,是中国陶瓷绘画装饰艺术史上的一枝奇葩。

图 9-32　第一、二层白描图

图 9-33　第四层缠枝纹白描图

图 9-34　盘沿二方连续

---

①　张敏. 论浮梁瓷局在元代景德镇瓷业中的地位与作用. 中国陶瓷,2012(3):第 35～36 页.

第十章　明:中国缠枝纹的世俗期

　　明代,在我国历史上是一个强盛的时期。明初,朱元璋一方面加强中央集权的统治,另一方面恢复生产,发展经济。明成祖朱棣时迁都北京,安定西北地区,派遣郑和下西洋,加强了中外经济与文化的交流。明代工艺美术在我国工艺文化史上写下了光辉灿烂的篇章,景德镇宣德的青花、成化的斗彩、永乐的甜白、弘治的娇黄、嘉靖万历的五彩,都是著名品种。龙泉的青瓷、德化的牙白,也别具一格。丝织中的织锦、刺绣中的顾绣、民间的蓝印花布,都是染织工艺的代表作。金属中的景泰蓝、宣德炉,以其技巧和艺术特色享誉海内外。漆器的雕、填、彩都已超过历史水平。木制的明式家具,已成为传统家具中的典范。明人宋应星的《天工开物》是继春秋战国时期《考工记》之后关于工艺的又一部专著,"从天然界通过人工技巧开发出有用之物",全面系统地记述了我国古代工艺的材料、品种、用途、工具、制作等各方面的情况,本着"贵五谷而贱金玉",将各品种依次排列,其重视生活实用,体现了人与自然的关系,强调制作实践,富于辩证思维。《天工开物》被称为技术百科全书,为国内外学者所重视,是研究我国工艺史、文化史、经济史、思想史的重要参考书和名著。

　　明代是我国封建社会商品经济繁荣的一个时期,同时又是中国吉祥文化高度发展的特殊时期,缠枝纹作为广为流行的植物装饰纹样,适应了当时的经济生活、世俗文化的需要,以缠绕回转的构图形式,融合欢快圆满的吉祥寓意,将传统的构图法则与明代吉祥文化充分融合,展现出蓬勃的生命活力和时代特色。明永乐、宣德时期,郑和七下西洋(即西太平洋和印度洋一带),促进了明朝与西太平洋及印度洋沿岸各国及民族间的经济文化交流,使得伊斯兰文化在中国工艺美术品上表现突出。明代缠枝纹以其独有的表现力融合接纳了来自异域的伊斯兰文化,并传承创新了中国传统纹样的外延与内涵,是中国世俗文化和吉祥文化的典型代表。

第一节　明代缠枝纹的典型形态

　　明代,是中国缠枝纹大发展时期,在吉祥文化的充分浸染下,具有相当的表现力和融合性。唐、宋、元三朝的纹样发展,给明代纹样奠定了扎实的基础。明代缠枝纹,沿袭传统,凝练升华,具有高度的样式化、普及的世俗性、浓厚的装饰美,是明代吉祥文化的代表,展示了明代百姓的世俗生活。

明代牡丹,代表着富贵、祥和、喜庆,象征着百姓们对富裕生活的向往;莲花,本是佛家之物,出淤泥而不染,可化解劫难,承接吉祥,象征着平安如意的生活理想和高洁不俗的思想追求;菊花,外形美观,清香幽远,具有药用价值,可以治病救人,象征着健康长寿的生活理想。西番莲,佛教之物,可佑吉祥,象征着百姓吉祥平安的生活理想。石榴、葡萄多籽,丰产,象征着儿孙满堂的生活理想。百合,百年好合,象征着美满和睦的生活理想。灵芝,古人认之为仙草,可以治百病,象征着健康长寿的生活理想。葫芦,与"福、禄"谐音,代表着富贵安康的生活理想。苜蓿,生命力强,象征着健康平安的生活理想。佛教八宝可以化解劫难,寄寓平安吉祥的生活理想。寿字代表长寿,象征着健康长寿的生活理想。

一、缠枝莲纹

在明代缠枝纹样中,缠枝莲纹依旧延续前朝的繁华,是装饰频率最高的纹样题材之一,也是雅俗共赏、东西并用的装饰题材。可以说,明代的缠枝莲花纹在历经佛教思想与中国传统文化的互相渗透后,已具有社会主体文化精神的多重特征,从而获得了社会各阶层的广泛认同。

明代莲花纹装饰形态,有线描平铺的,有夸张变形的,也有立体透视的。从形态上来说,有的表面铺满缠枝莲纹,有的利用暗八仙、八宝、文字或其他吉祥纹样形成多种新型装饰组合,例如龙穿莲花、凤穿莲花、缠枝莲托八宝、缠枝莲托梵文等。莲花作为明代缠枝纹的常用题材,在各类装饰载体中都广泛运用,在明代的织锦作品上,同一主题表现的莲花纹形态也不同,风格迥异。北京定陵出土的明代织金花纱缠枝莲纹(图 10-1)的莲花纹花瓣略宽,稍显肥,单线勾勒;叶片比较概括,线条精练。明代织锦缠枝莲纹(图 10-2)的莲瓣略瘦,呈立体化造型;叶片刻划细节较多,也呈现立体化的效果。明代花锻缠枝莲纹(图 10-3)具有勾莲纹特点,中间莲盘刻划非常大。勾莲纹是云纹、如意纹和莲花纹的结合,到了明代特别流行。叶片受写实风格的影响,有的为具象叶片,有的为云纹状叶片。就瓷器来说,缠枝纹不仅仅出现在碗、罐一些常用的物体上,在玉壶春瓶、压手杯、宝月瓶、葫芦瓶、高足碗、执壶等上面也遍地开花。例如,釉里红缠枝莲纹玉壶春瓶、珐琅器中的掐丝珐琅缠枝莲纹盘、织锦中的缠枝莲花缎等。明成化青花转枝宝莲纹碗外壁二方连续(图 10-4)以盛开俯视的宝相花和侧视的莲花纹穿插装饰,清新秀美。明宣德青花缠枝莲花纹盘适合纹样(图 10-5)以莲花纹、勾莲纹的不同形态进行了缠绕运动,纹样清晰,形态优美。

图 10-1　明代织金花纱
缠枝莲纹①

图 10-2　明代织锦
缠枝莲纹②

图 10-3　明代花锻
缠枝莲纹③

图 10-4　明成化青花转枝宝莲纹碗外壁二方连续④

图 10-5　明宣德青花缠枝莲花纹盘适合纹样

①　吴山.中国纹样全集(宋·元·明·清).济南:山东美术出版社,2010 年,第 262 页.
②　吴山.中国纹样全集(宋·元·明·清).济南:山东美术出版社,2010 年,第 263 页.
③　吴山.中国纹样全集(宋·元·明·清).济南:山东美术出版社,2010 年,第 265 页.
④　蔡和璧.成化瓷器特展图录.台北:台北故宫博物院,2012 年,第 53 页.

二、缠枝西番莲纹

明代,西番莲纹发展很快。西番莲纹早在元代就已传入我国,至明清时期非常流行,其形态与我们所说的勾莲纹实则一致。西番莲,又名"西洋花""西洋莲"或"西洋菊"。西番莲本是西方生长的一种植物,茎干匍地而生,花朵有点类似牡丹,花色淡雅。西番莲纹表现手法通常是以一朵或几朵花为中心,向四处伸展枝叶,还可以根据装饰载体的构件形态随意延伸。西番莲纹线条流畅,变化多样,可以根据不同器形随意延伸。西番莲纹在器物装饰上可大量运用,多以其形式作缠枝花纹,既可做大面积的装饰,又可做边缘装饰。这种花纹线条流畅,各部分衔接巧妙,很难分出它们的头尾图。西番莲这一装饰题材的适应性很强,其缠绕状的枝茎在明代缠枝纹样中获得很好的表现,这得益于其缠绕状的外部形式与缠枝纹的骨骼样式具有很多相似性。在明代瓷器中,西番莲这一来自西域的植物题材,不仅大量应用于具有典型伊斯兰风格的扁壶、天球瓶和抱月壶等,还广泛应用于日常使用的碗、盘等器物中。这说明了西番莲这一纹样题材,既满足了伊斯兰地区人民的审美需要,促进了明代的对外贸易,又被广大明代百姓所接受和欣赏,丰富了中国传统装饰艺术。明代缠枝西番莲纹如图 10-6～图 10-9 所示。

图 10-6　明代织锦四合云　　图 10-7　明代织金妆花锻残片　　图 10-8　明代花绫
缠枝莲纹①　　　　　　　缠枝莲龙戏珠纹②　　　　　　八吉祥纹③

---

①　吴山.中国纹样全集(宋·元·明·清).济南:山东美术出版社,2010 年,第 265 页.
②　吴山.中国纹样全集(宋·元·明·清).济南:山东美术出版社,2010 年,第 274 页.
③　吴山.中国纹样全集(宋·元·明·清).济南:山东美术出版社,2010 年,第 286 页.

图 10-9　明代织锦凤凰缠枝莲纹①

三、缠枝牡丹纹

牡丹纹，是明代缠枝纹常见的造型之一，缠枝牡丹纹层次丰富、造型立体、花瓣圆润。牡丹，雍容华贵，象征着富贵荣华，在缠枝纹中，牡丹除了作为单独的装饰主题象征富贵吉祥，还常与其他装饰题材一起运用，如牡丹配上石榴代表"富贵多子"，牡丹配上万字纹饰代表"富贵万年"等。可以说，牡丹所代表的繁荣昌盛、富贵荣华是盛世之声的延续，是人们对太平盛世的渴望。由于明代世俗文化的影响，装饰艺术所表达的主题趋向轻松多样，牡丹虽作为国花，但在装饰过程中线条多变，技法不一，趋于世俗化表现。

明代织锦缠枝牡丹纹（图 10-10）牡丹花冠硕大，花瓣层层叠叠，显得柔和，蝴蝶、蝙蝠穿插其中，富有生活情趣。明代织锦缠枝牡丹纹的牡丹花花瓣略少，花瓣线条转折角度较大，花瓣穿插，疏密关系恰当，枝条柔软。明代织锦缠枝牡丹纹（图 10-11）的牡丹花花瓣经络分明，用细线勾勒了牡丹花瓣的纹理，每个叶片也用细线勾勒了纹理，别有一番风味。明代织锦缠枝牡丹纹（图 10-12）的牡丹花瓣采用线条勾勒边缘，花瓣中间并未有经络显现，与前几类牡丹纹装饰风格并不一致。明洪武青花牡丹缠枝把壶（图 10-13）的下腹部为缠枝牡丹纹，茎叶随风舞动，迎风怒放的牡丹花呈现俯视、侧视的不同角度，采用层层晕染的设色方法，生动自然。

---

①　吴山.中国纹样全集(宋·元·明·清).济南:山东美术出版社,2010 年,第 277 页.

　　图 10-10　明代织锦
　缠枝牡丹纹(1)①

　　图 10-11　明代织锦
　缠枝牡丹纹(2)②

　　图 10-12　明代织锦
　缠枝牡丹纹(3)③

(a)

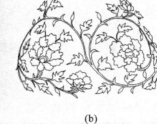
(b)

图 10-13　明洪武青花牡丹缠枝把壶(a)及其缠枝纹样(b)④

四、缠枝芙蓉纹

　　芙蓉花,又称木芙蓉、木莲、拒霜花,花开于深秋季节。"谢莲色淡争堪种,陶菊香秾亦合羞",西风骤起,残荷寥落之际,唯有芙蓉花"染露金风里,玉霜宜水滨",那一支娇嫩的花蕊,带露冲寒,醉舞秋风,将林塘秋色点缀得更加灿烂,衬托着寥廓江天格外壮美。"千林扫作一番黄,只有芙蓉独自芳。"在群芳摇落之后,芙蓉犹能艳态临水,幽姿拒霜,却可与秋菊冬梅并肩而立,是"三杰"之一。

　　明代缠枝芙蓉花纹样,在染织上的形态描绘方面比较一致,芙蓉花瓣刻有花脉,深化了"千林寒叶正疏黄,占得珍丛第一芳"的芙蓉丽姿形象和"容易便开三百朵,此心应不畏秋霜"的芳卉精神。明代织锦上的缠枝芙蓉纹有的层层叠叠,如明代织锦缠枝芙蓉纹(图 10-14);有的疏密穿插,花卉和叶片形态似乎有一种程式化的规定,如明代织锦缠枝花纹(图 10-15)。

①　吴山. 中国纹样全集(宋·元·明·清). 济南:山东美术出版社,2010 年,第 261 页.
②　同注①。
③　同注①。
④　震旦文教基金会编辑委员会. 青花瓷鉴赏. 台湾:财团法人震旦文教基金会,2008 年,第 80 页.

图 10-14　明代织锦缠枝芙蓉纹 ①　　　图 10-15　明代织锦缠枝花纹 ②

五、缠枝菊花纹

菊花原产于我国,至少有三千年以上的栽培历史,自汉代起广泛种植,发展至明清已拥有几百个品种。在明代王象晋编辑的关于植物栽培的著作《二如亭群芳谱》中,就收录了各类菊花品种近 280 种。《礼记·月令》有载:"季秋之月,鞠有黄华",其中注解:"鞠本又作菊"。我国人民喜爱菊花,菊花具有药用价值、食用价值、观赏价值,更重要的是菊花代表着一种精神。一方面,早期宗教信仰中,菊花有通神作用,如西晋时期傅玄所著《菊赋》有记:"服之者长寿,食之者通神。"在汉魏时期神仙思想的影响下,菊花受到统治者和百姓的追捧。另一方面,菊花凌寒傲立的气质,被士大夫阶层赋予了高洁不屈的人性魅力。如后世将菊花与梅、兰、竹、菊列为"四君子",象征士大夫的精神品格。元代陶瓷青花菊花纹运用青花装饰的技法,表现菊花纹的千姿百态,呈现出浑厚而艳丽雅致的装饰效果。明清时期,菊花纹样深受明代百姓的喜爱,其多重价值受到人们的重视。明代李时珍《本草纲目》:"菊,一名节华,一名傅公,一名延年,一名白华,一名日精,一名更生,又云阴盛,一名朱嬴,一名女华。……节华之名,亦取其应节候也。"明代丘浚:"赏浅红淡白间深黄,簇簇新妆阵阵香。无限枝头好颜色,可怜开不为重阳。"缠枝菊花纹大多出现在明瓷和明锦上,这两种载体最贴近寻常百姓生活,也最能代表大众心理需求。在寓意方面,明代菊花的寓意受到世俗文化的影响,不像汉魏那般神秘莫测,也不完全像宋人那样理性克制,而是比较轻松且更接近生活,更多的是寄托人们期盼健康与平安的朴素思想。

---

① 吴山.中国纹样全集(宋·元·明·清).济南:山东美术出版社,2010 年,第 265 页.
② 吴山.中国纹样全集(宋·元·明·清).济南:山东美术出版社,2010 年,第 366 页.

　　明代缠枝菊花纹,以单独的菊纹形象出现的相对较少,多以组合的形式出现,大多是菊花纹与四季花卉纹的组合,寓意四季平安。在明代瓷器中,菊花纹除多与四季花卉组合出现外,还多以缠枝的形式作为边饰与葡萄、瓜果、竹石、灵芝等组合。菊花纹组合纹样具有统一的和谐美,尤其是四季花卉纹同时出现在载体上,充分反映了中国传统文化中"融合"的美学思想。

　　明代缠枝菊花纹玉壶春瓶(图10-16)的腹部布满了缠枝菊花纹,花叶比较饱满,整体走向以玉壶春瓶造型为依据。明代织锦缠枝四季花卉纹(图10-17)中的菊花纹与莲花纹、牡丹纹、芙蓉纹共同构成了四季织锦。明代织锦缠枝菊花纹(图10-18)的织锦是锦地纹,几何形式的底纹将菊花纹衬托得非常娇艳,几何直线与缠枝菊花纹的花叶曲线形成了鲜明的对比。明代永乐雕漆盘菊花纹(图10-19)以写实的风格进行了漆雕艺术创作,花盘与叶片紧密挨叠,花苞、欲绽未绽的花朵穿插其中,好一派菊花盛景。明成化青花菊花纹碗(图10-20)的外壁四围为二方连续菊花纹,每个单位纹样为一支并蒂菊花,花开两朵,纹样细腻精致。

图10-16　明代缠枝　　　图10-17　明代织锦　　图10-18　明代织锦　　图10-19　明代永乐
菊花纹玉壶春瓶①　　缠枝四季花卉纹②　　缠枝菊花纹③　　雕漆盘菊花纹④

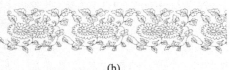

(a)　　　　　　　　　　　　　　　　(b)

图10-20　明成化青花菊花纹碗(a)及其缠枝纹样(b)⑤

①　帅茨平.中国明代瓷器图录.北京:中国商业出版社,1999年,第6页.
②　吴山.中国纹样全集(宋·元·明·清).济南:山东美术出版社,2010年,第266页.
③　吴山.中国纹样全集(宋·元·明·清).济南:山东美术出版社,2010年,第272页.
④　吴山.中国纹样全集(宋·元·明·清).济南:山东美术出版社,2010年,第345页.
⑤　上海博物馆.幽兰神采:元代青花瓷器特集.上海:上海书画出版社,2012年,第29页.

六、缠枝石榴纹

石榴，又名安石榴、丹若等，属木本植物。石榴非我国本土植物，而是由汉代自波斯（即现在的伊朗、阿富汗等地）传入。晋代张华所著的《博物志》记载："有汉张骞出使西域，得涂林安石榴国榴种以归，名为安石榴。"《艺文类聚》："晋陆机与弟书中云，张骞为汉使外国十八年，得涂林安熟榴也。"至于安石榴一名由来，北魏贾思勰又从石榴的栽培技术上给出解释："凡植榴者，须安僵石，枯骨于根下，即花实繁茂，则安石榴名义或取此"。晋人潘岳曾作《安石榴赋》："安石榴者，天下之奇树，九州之名果，是以属文之士，或叙而赋之，盖感时而骋思，睹物而兴辞。"石榴的果实可以食用，口感酸甜，花叶根均可入药，花和果实均可以欣赏，因而受到人们的广泛喜爱。在明代缠枝纹样中，石榴和石榴花都常作为装饰题材出现，因为石榴果实具有"千子一房"的特点，与中国传统文化所讲究的多子多福相契合，象征着子嗣绵延，因而石榴花也具有如此寓意。此外，石榴还常与其他寓意吉祥的题材结合，作为组合纹样出现在装饰载体上，在明代瓷器中就有石榴与佛手、桃的组合，寓意多子、多寿、多福。由此可见，石榴多籽的果实特征是深受中国百姓喜爱的。不过，人们依据石榴多籽的特点赋予其丰饶的寓意，这一特点并非我国仅有。据记载，古代叙利亚的赫梯人也曾将石榴视作丰收神的化身。在《新疆地毯史略》中提到石榴纹在罗布泊楼兰古城出土的汉魏时期的缂毛织物中被采用，石榴纹在史料上再次出现则是隋代，隋敦煌莫高窟壁画中出现以石榴图形为主题的藻井图案，采用一种对称、静态的表现方式来展示。在明代宣德青花缠枝石榴纹贯耳瓶（图10-21）的腹部有缠枝石榴纹，石榴放在每个横"S"的中间，石榴向上生长，纹样线条似扭动的火焰，富有情趣，演绎着"榴生百子"的意义。北京故宫博物院藏品之明百果丰硕纹妆花锻纹样（图10-22），花卉和果实交杂，果香和花香交织，石榴特征明显，裂开了笑脸，一派丰收的景象。

七、缠枝葡萄纹

明代的葡萄纹是典型的藤蔓纹样，但相比前朝，缠枝藤蔓的感觉少了许多，果实的视觉性得到增强。从明宣德青花葡萄纹花口盘（图10-23）来看，葡萄树是一棵完整的葡萄藤蔓植物，叶片圆润肥大，饱满的葡萄缀在枝头沉甸甸地往下压，值得一提的是葡萄须蔓缠绕在整个空隙中，颇有情趣。从明永乐雕漆盘的葡萄纹（图10-24）来看，葡萄果实和叶片层层叠叠，充实着整个盘面，而藤蔓在其中若隐若现，完全是丰收的写生稿，缠枝的特征并不明显。葡萄纹图案是明初珐琅器常见的装饰题材之一。掐丝珐琅葡萄纹绳耳炉（图10-25），炉折边口，绳纹

冲天耳,扁圆腹,三足。该炉上配有紫檀木盖,白玉镂雕鹭鸶荷花钮。炉身为白
釉色,口下饰小朵花纹一周,腹部饰掐丝珐琅葡萄纹,茂盛的枝叶下果实累累,或
绿或紫,饱满晶莹。炉底作蓝釉地,饰折枝菊花纹。

(a)

(b)

图 10-21　明宣德青花缠枝石榴纹贯耳瓶(a)
及其缠枝纹样(b)(中国国家博物馆藏)

图 10-22　明百果丰硕纹妆
花锻纹样①

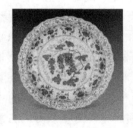

图 10-23　明宣德青花葡萄
纹花口盘(中国国家博物馆藏)

图 10-24　明永乐
雕漆盘葡萄纹②

图 10-25　明早期掐丝珐琅葡萄
纹绳耳炉(北京故宫博物院藏)

　　明代吉祥文化赋予了缠枝纹丰富的纹样题材和内涵寓意,在选材上,缠枝纹
涉猎很广,它使多种植物在同一枝茎上并存共生,有时还加入特定文化中的吉祥图
符,共同组成生动完整的装饰画面,如象征健康的灵芝、象征天长地久的百合、象征
吉祥的凤凰、象征化解灾难的佛教八宝等。由此可见,无论何种形式的题材,只要
与现实生活理想有可对接之处,就有机会融入明代缠枝纹的构成形式之中。

---

　　①　黄能馥,陈娟娟.中国丝绸科技艺术七千年:历代织绣珍品研究.北京:中国纺织出版社,2002 年,
第 322 页.

　　②　吴山.中国纹样全集(宋·元·明·清).济南:山东美术出版社,2010 年,第 347 页.

八、缠枝瓜果纹

随着生产力的发展,明代百姓的趋吉心理需求逐步增强,期待美好的生活愿望强烈而迫切。这种趋吉心理在纹饰中有两个突出的表现形式,一种是各类具有吉祥寓意的题材混合出现,表达了对美好事物的渴盼。有的花卉和有吉祥意义的词语在一起组合,有的花卉和丰收的果实在一起组合,有的花卉与动物纹样组合在一起,而在这些组合的背后却是明代人们对生活的深深祝福和希冀,而祝福和希望的代表就是果实,果实是重要的幸福标志。

例如,北京定陵出土的明代织物花果蝶纹(图 10-26)主要描绘了香瓜果实成熟,枝蔓缠绕,蝴蝶在丛中飞舞。明代花绸百事大吉如意吉祥万寿纹(图 10-27)、明万寿葫芦百事大吉祥如意纹(图 10-28)为缠枝葫芦纹装饰。葫芦的谐音为福禄,象征福禄双全,在中国古代神话中,葫芦乃神仙圣物,有大吉大利的寓意,与文字"万寿""吉祥""百事大吉"等词在一起出现,寓意福禄源远流长,福气绵绵不绝。明福寿葫芦纹暗花缎纹样(图 10-29)整体呈对称形,花、茎、叶描绘工整细腻,葫芦的主茎呈现横"S"形,大葫芦、小葫芦里面均有火纹、云纹、山纹等吉祥纹样的装饰,显得尤其喜庆吉祥。寿桃表示延年益寿,明寿桃纹双面锦纹样(图 10-30),寿桃丰收,果实饱满,花叶与文字穿插,直接点明了长寿吉祥的主题思想。

图 10-26　明代织物
花果蝶纹 ①

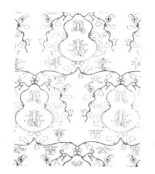

图 10-27　明代花绸百事大吉
如意吉祥万寿纹 ②

图 10-28　明万寿葫芦
百事大吉祥如意纹 ③

---

①　吴山. 中国纹样全集(宋·元·明·清). 济南:山东美术出版社,2010 年,第 283 页.

②　吴山. 中国纹样全集(宋·元·明·清). 济南:山东美术出版社,2010 年,第 289 页.

③　黄能馥,陈娟娟. 中国丝绸科技艺术七千年:历代织绣珍品研究. 北京:中国纺织出版社,2002 年,第 306 页.

图 10-29　明福寿葫芦纹暗花缎纹样[①]　　　**图 10-30　明寿桃纹双面锦纹样**[②]

第二节　明代缠枝纹的装饰载体

明代,商品经济发达,工艺美术成就突出。明代商业流通的频繁和扩大,使各类手工业产品都开始进入商业化轨道,其中织锦、陶瓷、漆器、金工等均取得不小的成就,并形成各自著名的生产中心。据考古实物及文献记载来看,在以上诸类物品的装饰中,缠枝纹样有突出的表现,如织锦中富贵华丽的缠枝牡丹纹、青花瓷中端庄典雅的缠枝莲纹、景泰蓝中艳丽且不俗的西番莲纹等,均是典型的缠枝纹装饰。

一、瓷器

明朝,是中国陶瓷史上一个重要发展阶段,景德镇瓷器是其重要代表。"工匠来四方,器成天下走""昼间白烟掩空,夜间红艳烧天"[③],明代景德镇瓷器,以青花瓷为代表,分工精细,技术上达到了新的高峰。明人宋应星所著《天工开物》载:"共计一坯工力,过手七十二,方克成器。其中微细节目,尚不能尽也。"与前期相比,瓷器制作工艺精细,纹样装饰描绘细腻,釉彩着色透明鲜亮,装饰效果丰富多彩。明代缠枝纹装饰技法不仅采用唐宋时期流行的刻花、划花、印花技法,更多的是传承元青花的良好技术进行装饰,装饰纹样精细程度进一步提高。随着对外交流的扩大,融合伊斯兰风格而创新的扁壶、扁瓶、花浇等器物造型丰富,

①　黄能馥,陈娟娟.中国丝绸科技艺术七千年:历代织绣珍品研究.北京:中国纺织出版社,2002年,第306页.

②　黄能馥,陈娟娟.中国丝绸科技艺术七千年:历代织绣珍品研究.北京:中国纺织出版社,2002年,第310页.

③　田自秉.中国工艺美术史.上海:东方出版中心,第281页.

缠枝纹装饰融合了新的艺术风格，缠枝纹以柔软的枝条、窈窕多姿的姿态广泛出现在各种类型的瓷器上。

　　受到西亚传来的金属器皿的影响的装饰，是中西文化融合的证明。例如明永乐青花缠枝莲双环耳宝月瓶（图10-31），在纹样的空间布置上也是中西交融，扁壶由于受西亚金银器原型装饰影响，加上某些造型本身的形状所限，装饰纹样不再以环带状绕器物一周，而是在壶正面以二方连续环绕装饰，中心饰以圆形适合纹样，在扁壶的壶盖、壶口颈部以及壶肩延伸区域仍以二方连续环带状装饰铺设。此外，把壶、花浇类带有手柄造型的区域也会施以装饰，总之根据器物造型的具体情况，纹样大多呈二方连续和四方连续适合纹样的形式在器物表面辅以装饰。明宣德青花轮花纹绶带耳葫芦（图10-32）的腹部装饰有青花花轮，其形态造型来源于阿拉伯花纹。明永乐青花一把莲四季花卉纹大盘（图10-33）表现的四季花卉、一把莲（一穗莲）和明永乐青花菊瓣纹碗（图10-34）的菊花纹、牡丹纹、茶花纹均为清代流行的装饰纹饰。

图 10-31　明永乐青花缠枝莲
双环耳宝月瓶
（北京故宫博物院藏）

图 10-32　明宣德青花轮花纹
绶带耳葫芦
（中国国家博物馆藏）

图 10-33　明永乐青花一把莲
四季花卉纹大盘（震旦博物馆藏）

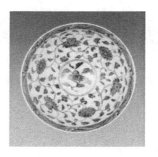

图 10-34　明永乐青花菊瓣纹碗
（中国国家博物馆藏）

二、染织

明代染织业一派繁荣景象。明代以农业、手工业为基础的商品经济不断发展,在织造技术、染色技术、花色品种等诸多方面超越了元代。苏州"郡城之东,皆习织业",盛泽(今苏州吴江区)是"俱以蚕丝为业,男女勤谨,络绎机杼之声,通宵彻夜。"杭州"桑麻遍野,茧丝、棉苎之所出,四方皆咸取给焉"。明万历《铅山》中记载当时全国各地所产的染织品,非常丰富。明代染织业数量众多、分工详细,如丝织工艺、缂丝工艺、麻织工艺、毛织工艺、棉织工艺、刺绣工艺、印染工艺等,均有不同程度的提高,其中以丝织工艺最为突出。明代丝织工艺产生了千百种华美的图案,植物花卉题材以写生式散花和各式缠枝花最为丰富,缠枝纹无疑是其中最具有代表性的传统图形,婉转流动,千姿百态。

明代丝织上的缠枝纹以四方连续为其基本骨骼形式,装饰母题有莲花、牡丹、菊花、芙蓉等。锦缎、绸缎、刺绣等,加金加银必不可少,金色、银色点缀在底色上,搭配协调,营造富丽堂皇的色彩。银线、金线穿插在各种色彩之中,既协调了各种颜色,又衬托了缠枝纹的形态美、质感美,这诠释了明代艺人对色彩的高超领悟,展示了中国传统色彩风格的独特魅力,例如明代双层织锦缠枝牡丹纹(图 10-35)、北京定陵出土的明代花缎缠枝牡丹纹(图 10-36)、明代织锦缠枝牡丹纹(图 10-37)、明代花缎缠枝牡丹纹(图 10-38),花朵绽放在茎叶之间,色彩绚丽,千姿百态,美不胜收。

图 10-35 明代双层织锦缠枝牡丹纹①   图 10-36 明代花缎缠枝牡丹纹②   图 10-37 明代织锦缠枝牡丹纹③   图 10-38 明代花缎缠枝牡丹纹④

---

① 吴山.中国纹样全集(宋·元·明·清).济南:山东美术出版社,2010 年,第 260 页.
② 同注①。
③ 吴山.中国纹样全集(宋·元·明·清).济南:山东美术出版社,2010 年,第 261 页.
④ 吴山.中国纹样全集(宋·元·明·清).济南:山东美术出版社,2010 年,第 262 页.

三、珐琅

铜胎掐丝珐琅,通常称景泰蓝。景泰蓝这一称谓并非在明代起始,而是以其盛行年代及颜色而得名。明代掐丝珐琅器的制作工艺非常复杂,包括造型制作、纹样制作、上色、磨光等十几道工艺,优质的原料、考究的工艺,造就了掐丝珐琅器的优越特性,使其成为明代艺术文化的重要载体。明代的掐丝珐琅器纹样装饰精美,各类花纹、果纹是其主要题材,其中缠枝纹占到非常大的比重,尤其是缠枝西番莲纹成为流行符号。在明宣德之前,无论何种形制,几乎都以缠枝西番莲纹为装饰,宣德时除沿用莲花纹以外,还把牡丹花、茶花、芍药、栀子花等十余种花卉,香瓜、葫芦、荔枝、枇杷等多种瓜果……巧妙地运用在装饰中,大大丰富了珐琅器的文化内涵。在器物的造型上,明代景泰蓝的造型大都为历代陶瓷及青铜器的传统造型,如盘、碗、瓶等日常用品,尊、觚等精美厚重的礼器、酒器等,如明宣德时期的掐丝珐琅缠枝莲纹尊、掐丝珐琅缠枝莲纹出戟觚,明万历时期的铜胎珐琅缠枝莲纹三足双耳炉等。在纹样的空间布置上,掐丝珐琅器与同器形的瓷器基本一致,都充分考虑了空间和纹样的自然衔接,但是不同时期的珐琅装饰纹样随着时代的变化而变化,各有细微之处的变化。

元末明初,掐丝珐琅器釉质细腻洁净,表面晶莹若水晶,红、蓝、紫、草绿等色珐琅鲜艳醒目。此时期图案多为缠枝莲花纹,图案布局疏朗,花朵硕大,枝叶肥厚舒展,在盛开的莲花之间衬以小而饱满的花苞,花和枝叶纹主要以单线勾勒。如图 10-39、图 10-40 所示。

图 10-39　明早期洪武掐丝珐琅
缠枝莲纹梅瓶(北京故宫博物院藏)

图 10-40　明早期洪武掐丝珐琅
缠枝莲纹球式香熏(北京故宫博物院藏)

明宣德时期,掐丝珐琅器珐琅色泽纯正、浓郁、沉着,表面光泽温润,但与元代珐琅相比,水晶般的透明效果已失。目前见到的掐丝珐琅实物中年代款识最早者即为宣德款制品。宣德时期的缠枝莲花纹仍然为主要的装饰题材,且沿袭

图 10-41　明宣德铜胎
掐丝珐琅缠枝莲纹碗
（北京故宫博物院藏）

元代风格,以单线勾勒枝蔓,花叶硕大饱满。在装饰上延续了元末明初的手法,莲纹布局有时不止一层,由"∽"形枝条组织起来。如图 10-41 所示。

明代中期,铜胎掐丝珐琅器的制作在花叶纹饰和珐琅质地上都产生了一些新变化。缠枝莲纹之外,海马纹、狮戏球纹、花鸟纹等也颇为流行。掐丝线条愈加纤细,图案布局愈显繁密。作品大多表面光泽度低或不具备光泽,砂眼增加,反映出珐琅质量的下降。缠枝莲花纹呈两层、三层布局,趋于繁复,花朵、叶片变小,陪衬的小花苞显著减少或没有。

明代晚期,珐琅颜色愈加丰富,各种吉祥图案和宗教题材开始流行,莲纹逐渐减少,缠枝莲花纹已经成为一种为其他花纹作陪衬的纹饰,龙纹、八宝纹、灵芝纹、如意纹及各种折枝花卉和花鸟纹层出不穷,并更多用双线技法勾勒图案。缠枝花朵、叶片较明代中期更小,呈仰、俯布局。但总体来说,铜胎掐丝珐琅的植物装饰逐渐有所减少。

四、漆器

明代传习了宋元漆器技艺,经济快速发展,扩大了漆器的社会需求,是漆器生产的大繁荣时期,果园厂雕漆、扬州百宝嵌、黄大成漆艺制品最为精美。明代漆器的种类繁多,具体可分为雕漆、填漆、光素漆、彩绘漆、油彩、描金漆、戗划漆、金漆、堆漆、镶嵌漆、款彩漆器等几大类。这些漆器的应用范围涉及生活的各个方面,遗存的作品以不同式样的盘、盒居多。

永乐雕漆因用漆精良,雕刻圆熟劲健,磨工精细光洁,到明代晚期已经受到文人雅士的一致推崇,名声大噪。例如《长物志》记载:"雕刻精妙者以宋为贵……盖其妙处在刀法圆熟,藏锋不露,用朱极鲜,漆坚厚而无敲裂。所刻山水、楼阁、人物、鸟兽皆俨若图画,为佳绝耳。元时张成、杨茂二家以此技艺闻名天下。国朝果园厂(即永乐宣德时期宫廷制作漆器的御用作坊)所制刀法,视宋尚隔一筹,然亦精细。"《春明梦余录》载:"内市,宫阙之制,前朝后市……每月逢四则开市,听商贾易,谓之内市……每月逢三则土地庙市,谓之外市,系士夫庶民之所用,若奇珍异宝进入尚方者,咸于内市萃之。"《明内廷规制考》:"至内造,如宣德之铜器、成化之窑器、永乐果园厂之髹器、景泰御前作坊之珐琅,精巧远迈前古,四方好事者亦于内市重价购之。"此外,由于喜爱永乐漆器,清代造办处档案中也留下了乾隆皇帝曾下令在新做的雕漆器上镌刻永乐款的记载。明代黄大成

《髹饰录》载："漆之为用也……皆取其坚牢于质,取其光彩于文也。"

在明代漆器中,装饰纹样仍取自具有吉祥寓意的各类题材,与瓷器、珐琅器取材基本类似,常用纹样种类有植物花卉、花鸟组合、山水人物以及龙凤装饰。花卉大多为流行品种,如牡丹、菊花、莲花、石榴、茶花、梅花、葡萄等。其中,缠枝花卉纹样非常丰富,利用不同的素材进行搭配,取大花大叶的特征,展现饱满丰盛之气。在明代漆器中,缠枝纹与其他吉祥题材的纹饰经常一起出现,如龙凤纹、寿字纹等。与瓷器等其他载体不同的是,缠枝纹的花大叶小以及枝茎缠绕的特征,没有特别强调突出,而是以缠枝纹的骨骼特征为基础,重点突出花卉果实等主体,漆器的花果比较大。如图 10-42 所示。

图 10-42 明螺钿缠枝莲长方盘①

五、雕刻

雕刻是中国传统建筑中常见的装饰手法。汉唐时期,木雕、砖雕、石雕这三种技艺已经逐渐成熟,却只在建筑基座、额枋、柱础等处少量使用,直到元代才被应用于建筑的多个部位,明清之后,雕刻技艺被广泛应用到建筑的多个位置。在明代吉祥文化盛行的时代背景之下,雕刻艺术大量地表现了吉祥文化,而缠枝纹样作为具有高度灵活度和包容性的装饰艺术形式,成为不可或缺的装饰选择,是建筑雕刻中常用的装饰表现形式。

在建筑砖雕中,门楼砖雕最具有典型性。门楼是建筑物的入口,具有中国传统意义上的门脸之意,是居住者物质水平的象征,代表了居住群体的审美取向、价值取向。明代门楼砖雕中,大多装饰吉祥寓意的纹样,如以牡丹、莲花为代表的祥花瑞草,或者以鹤鹿同春等为代表的福兽美景等,表达了主人对美好生活的向往。明代建筑的木雕装饰则多用于建筑的窗栏、隔扇以及斗拱等位置,装饰题材与砖雕基本一致,一般均采用具有吉祥寓意的纹样进行装饰。在砖雕和木雕装饰纹样中,各类花卉果实组成的缠枝纹也占到一定比例,尽管所占比重不及在瓷器等载体中广泛,但仍然是重要的组成部分。如图 10-43、图 10-44 所示。

---

① 田自秉,吴淑生,田青.中国纹样史.北京:高等教育出版社,2003 年,第 341 页。

图 10-43　明代石刻缠枝莲纹 ①　　　　图 10-44　明代石刻凤凰缠枝菊纹 ②

第三节　明代缠枝纹的构成形态

明代,是缠枝纹高度繁荣的一个时期,由于当时工艺美术的进步和市民文化的推动,缠枝纹获得了广阔的发展空间。缠枝纹丰富多样的主题元素,婉转生动的骨骼形式,吉祥如意的寓意,体现了中国传统文化的美。除此之外,还积极融合时代流行文化,展现了鲜明的时代特色。

一、缠枝花形

明代崇尚吉祥文化,反映在装饰艺术上,即是各类具有美好寓意的题材被广泛采用和表现。明代缠枝纹更注重突出花朵的形象,弱化枝茎的表现力度,从而强调寓意主题,而清代缠枝纹往往对枝茎、叶片和花朵都进行了细致刻划和表现,以追求整体满密繁复的装饰效果。明代缠枝纹花卉主题有牡丹、莲花、菊花、石榴、灵芝等。前朝许多植物花卉纹的特征并不是很明显,到了明代,许多花卉和枝叶特征明显,当然这不仅仅归功于写实文化的进步,更是时代发展流行趋势导致的。例如,莲花纹装饰基本沿袭宋代的传统,花大叶小,例如明成化青花缠枝莲荷纹葫芦瓶上的缠枝莲纹(图 10-45)。在不同的载体中的花卉表现形态有一定差异性,不同器物的莲花自然有所差异,但是莲花基本的特征不会因此消失或者抹平,而是在载体变换过程中不断强化,例如明宣德青花缠枝莲纹把壶上的莲花纹(图 10-46)。在明代缠枝纹的构成形式中,主题花朵通常都采用了较为写实的平面展开或侧面展开形象,且花朵一般较大,特征鲜明,与纤细的枝茎和灵巧的叶片形成体积对比,成为个体占空间面积最大的一个元素。偶见花叶相

---

①　吴山.中国纹样全集(宋·元·明·清).济南:山东美术出版社,2010年,第 322 页.

②　吴山.中国纹样全集(宋·元·明·清).济南:山东美术出版社,2010年,第 335 页.

对比较接近的花卉造型,但是并不多见,例如明宣德青花锦地开光缠枝三友纹文
具盒的装饰纹样(图10-47)。因此,在视觉上,花卉要比作为个体叶片以及作为
环绕的枝茎表现得更强烈,更实在,也更容易展现鲜明的特征。对缠枝纹中的花
朵元素予以突出表现,不仅仅是形式表现上的需要,也是在当时的文化背景下凸
显吉祥寓意主题的需要,主题花卉及果实所象征的含义,往往就是缠枝纹所要表
达的主题思想。

图 10-45　明成化青花缠枝莲荷纹葫芦瓶上的缠枝莲纹①

图 10-46　明宣德青花缠枝
莲纹把壶上的莲花纹②

图 10-47　明宣德青花锦地开光缠枝三友纹文具盒的装饰纹样③

二、缠枝并蒂花

在明代缠枝纹中,花朵和果实这一类构成要素经常占据突出的位置,用以表
达鲜明的主题寓意,这也是明代缠枝纹相对于其他时代的同类型纹饰更突出的
一个装饰特征。明代缠枝纹装饰中,花卉出现了许多双花题材,类似于"并蒂
花"。例如,明代瓷器边饰缠枝牡丹纹(图10-48),缠枝茎叶缠绕,每个单元伸出
的茎上盛开着2朵牡丹花,叶子随风舒展,填画在茎和花的空隙间。在明代织金
妆花缎并蒂莲"喜"字纹(图10-49)中,弯曲的藤蔓把莲花和喜字连接在一起,形
成了"喜事连连"的寓意。莲花是并蒂莲花,一枝两朵,与双喜临门的含义相呼
应,气氛热闹,吉祥喜庆。

①　震旦文教基金会编辑委员会.青花瓷鉴赏.台湾:财团法人震旦文教基金会,2008年,第126页.
②　震旦文教基金会编辑委员会.青花瓷鉴赏.台湾:财团法人震旦文教基金会,2008年,第94页.
③　震旦文教基金会编辑委员会.青花瓷鉴赏.台湾:财团法人震旦文教基金会,2008年,第114页.

图 10-48 明代瓷器边饰
缠枝牡丹纹①

图 10-49 明代织金妆花缎
并蒂莲"喜"字纹②

三、缠枝四季花

四季花卉纹并非指某种具体的花卉,而是指一年四季不同的花卉集中出现在同一装饰载体之上,以此寓意一年四季繁花似锦。例如明代锦缎上出现的四季花卉纹有牡丹纹、菊花纹、莲花纹、西番莲纹等,有的花形硕大,叶子偏小,有的花形和叶子相当,疏密得当,穿插其中,美不胜收。例如北京故宫博物院藏的明代花缎缠枝四季花纹(图 10-50、图 10-51)、明代织金缎缠枝四季花纹(图 10-52)、明缠枝四季花二色缎纹样(图 10-53),牡丹盛开的花瓣丰腴舒展,西番莲纹傲然挺立,盛开的菊花气节高傲,在缠枝茎叶的引导下形成了百花盛开的态势,营造出热闹喜庆的画面效果。

图 10-50 明代花缎缠枝四季花纹(1)③

图 10-51 明代花缎缠枝四季花纹(2)④

① 吴山.中国纹样全集(宋·元·明·清).济南:山东美术出版社,2010 年,第 294 页.
② 吴山.中国纹样全集(宋·元·明·清).济南:山东美术出版社,2010 年,第 289 页.
③ 吴山.中国纹样全集(宋·元·明·清).济南:山东美术出版社,2010 年,第 267 页.
④ 同注③。

图 10-52　明代织金缎缠枝四季花纹①

图 10-53　明缠枝四季花二色缎纹样②

四、缠枝叶片

　　明代缠枝纹装饰构成的基本内容是由各类植物的叶、茎和花果按照一定规律组合而成，其中有的是以同类植物的叶、花、果为题材，也有的是以不同的植物要素拼合而成。在这些构成要素当中，出现数量最多的当属叶片，叶片外形相似而又有变化，是缠枝纹形态造型中具有整体相似性和个体多样性的重要组成部分，也是画面中活跃而不凌乱的重要装饰要素。明代永乐青花瓷中的缠枝莲花纹，是具有代表性的一种缠枝纹构成形式，画面中的莲花厚实饱满，或俯或仰，叶片数目众多，飞舞跳跃，它们在枝茎的引导下呈起伏状有序分布，例如明成化青花缠枝花卉纹碗（图 10-54）。单从叶片来说，拥有相似而又不完全相同的外部形态，即外形基本在圆润弯曲的特征基础上进行变化、叶片的大小有别但不凸显等，加上叶片遵循结构骨架的走向而分列，这些都促使其在变化中仍拥有一定的相似度，从而形成变化而又统一的画面效果。

　　在缠枝纹的构成形式当中，这些叶片不仅表现了统一的样式感，还带来了生动的跳跃感，如同散落在画面上的跳动的音符，为满密的画面带来灵动的气息，是整个画面中最活跃的部分，例如明嘉靖青花缠枝莲纹缸（图 10-55），该作品中每个叶片似乎相同，但是又似乎不同，在统一和变化中，

图 10-54　明成化青花缠枝
花卉纹碗（震旦博物馆藏）

---

　　①　吴山.中国纹样全集（宋·元·明·清）.济南：山东美术出版社，2010 年，第 267 页.
　　②　黄能馥，陈娟娟.中国丝绸科技艺术七千年：历代织绣珍品研究.北京：中国纺织出版社，2002 年，第 309 页.

形成了有机的整体,具有了生动活泼的欢乐感。莲花,俯仰有序,端庄稳定,叶片
则灵巧生动。规则起伏的茎线形成了重复和规律,叶片则变化多样。不同的花
卉有不同的叶片,如菊花的锯齿叶、牡丹的羽状复叶,以及带有如意云纹特征的
其他类叶形;不同的叶片有不同的叶形,即使同是正面也略有差异,组成具有多
重吉祥寓意的缠枝花卉纹。由于受到宋元写生花卉的影响,明代缠枝纹中的叶
片、花朵和枝茎多具有写生特征,这也在一定程度上丰富了画面中的叶片形式。
缠枝纹大部分叶片的描绘形态带有旋涡纹的感觉,与云纹、如意纹有较紧密的关
系。例如明永乐青花缠枝莲纹梅瓶(图 10-56)的叶片比较疏朗,叶片与茎一样
均带有旋涡感。

图 10-55　明嘉靖青花缠枝莲纹缸　　　图10-56　明永乐青花缠枝莲纹梅瓶
（中国国家博物馆藏）　　　　　　　　（中国国家博物馆藏）

第四节　明代缠枝纹装饰的艺术风格

一、图必有意,意必吉祥

明代,是中国缠枝纹大发展时期,从统治阶级到平民百姓,都非常重视"万事
吉祥",表现在中国纹样中就是"图必有意,意必吉祥"。明代缠枝纹传承题材,延
续传统寓意,各种植物花卉从一开始出现在缠枝纹形式中,一直延续着题材和寓
意。人们绝不仅仅是因为美的造型、美的构图、美的色彩等美的元素才广泛地接
受和真正地接纳如此之类的纹样表达,而是一种根深蒂固的传统文化传承。众
所周知,文化内涵和文化意义等必须依附具体的事物或者行为,这也就意味着
中国的吉祥文化传统、我国世代人民的人生愿望,即渴望幸福美好的生活。吉祥

愿望等必须通过一定的中介物而得到表达。由此可以说明，明代缠枝纹艺术形式所继承的不仅是传统的构图形式、民族形式，还传承了几千年的民族风格和民族理想。

明代工艺美术大发展，为"图必有意，意必吉祥"提供了物质条件和技术基础。而随着经济的发展，对外交流的展开，人们逐渐进一步扩大了吉祥的题材和象征的意义。从题材上来说，前文中已经介绍了缠枝莲纹、缠枝牡丹纹、缠枝菊花纹、缠枝芙蓉纹等，但并不多见的一些题材装饰，例如，明缠枝灵芝纹织金缎纹样，灵芝纹在唐代早期已经作为缠枝纹出现在丝绸布料上，到了明代以一种非常清晰、明确的方式出现在织金缎上，作为一种装饰纹样。灵芝自古即是富贵祥瑞之物，象征着吉祥如意，祥瑞长寿，也体现人们追求吉祥富贵、平安幸福的美好愿望。灵芝的吉祥寓意是由它本身的性质决定，通过人民群众的美化演变而化生融合出如意、祥云等形象。

明代工艺美术理论家宋应星的《天工开物》是世界上第一部关于农业和手工业生产的综合性著作，全书收录了农业、手工业，诸如机械、砖瓦、陶瓷、硫黄、烛、纸、兵器、火药、纺织、染色、制盐、采煤、榨油等生产技术。《天工开物》为我国 17 世纪的工艺百科全书，宋应星在书中强调人类要和自然相协调、人力要与自然力相配合，反映了中国明代末年资本主义萌芽时期的生产力状况。书中提到的这些技术均为缠枝纹装饰载体的实现提供了条件。从装饰载体上来说，明代的缠枝纹几乎可以说是遍布全部的载体。

人们对缠枝纹的喜爱不仅因为它生动地展现了自然界植物蓬勃的生命姿态，更是因为它充分地表达了人类的精神追求和生活理想，从个体平安健康到家族子孙兴旺，从今时的吉祥安康到世代的幸福久长，缠枝纹表达了人们日常生活中的种种理想和愿望。正是这些真切的生活理想和情感追求，才使得缠枝纹的装饰语言如此丰富动人，流传至今。

二、元素多样，杂糅交错

缠枝纹是明代最流行的装饰艺术形式。吉祥文化赋予了它多样化的组成形式和丰富的寓意表现，叶片、花朵、枝茎、果实以及其他吉祥符号在这里和谐共生。这里有象征富贵的牡丹，象征吉祥平安的莲花，象征多子、丰产的石榴，象征长寿延年的灵芝等，不同的植物题材代表不同的寓意，而多种题材在缠枝纹骨架结构中的交互组合，更丰富和扩展了缠枝纹艺术符号的所指范围。罗兰·巴尔特认为："人类社会所使用的种种符号都是表现人类心理深处潜意识的'密码'；同时，在历史的发展过程中，人们又往往无意识地在密码中加入不同成分的'信息'。"①

　　另外,在缠枝纹装饰中,主题纹样往往是由多种纹样组成的,有的是植物花卉组合,例如在前文提到的四季花纹锦,集合了一年四季的多样花卉,就是典型的组合形态。除了四季纹锦,两种或者三种植物组合也非常常见。此外还有花卉和人物的组合,例如明玩花童子纹刺绣纹样(图 10-57),是非常典型的人物花卉组合式主题,穿着各式衣服的童子,动作欢乐,举着各式莲花、石榴花、茶花,气氛喜庆,整个装饰穿插着小花苞、茎、叶,非常欢乐吉祥。花卉与吉祥字组合,例如,明菊花顶寿纹二色锦纹样(图 10-58),菊花纹与寿字纹组合,寿字体现长寿,表达了明代人健康长寿的生活理想。菊花可以治病救人,有养生的意义,表达了健康长寿的生活理想,这两者表达的观念是一致的,因此在该锦缎中相得益彰。莲花纹与佛教吉祥纹样的组合在前代也是非常常见的,到了明代,显得非常规律整齐,例如明柘黄地织金彩妆缠枝莲纹托八吉祥纹纱纹样(图 10-59),每一朵莲花上托举佛教八宝法器纹样,是趋吉避凶的象征。莲花本是佛家之物,可化解劫难,承接吉祥,出淤泥而不染,表达平安如意的生活理想与高洁不俗的思想追求。缠枝佛教八吉祥莲纹(图 10-60)是明代青花碗上的装饰,缠枝莲纹托着佛教吉祥八宝。佛教八宝,可化解灾难,庇护百姓,表达了平安吉祥的生活理想。明代缠枝纹,装饰元素多样,杂糅交错,是明代"图必有意,意必吉祥"的主体物。

图 10-57　明玩花童子纹刺绣纹样②　　　图 10-58　明菊花顶寿纹二色锦纹样③

　　①　乌丙安. 走进民族的象征世界——民俗符号论. 江苏社会科学,2000(3):第 41 页.

　　②　黄能馥,陈娟娟. 中国丝绸科技艺术七千年:历代织绣珍品研究. 北京:中国纺织出版社,2002 年,第 333 页.

　　③　黄能馥,陈娟娟. 中国丝绸科技艺术七千年:历代织绣珍品研究. 北京:中国纺织出版社,2002 年,第 326 页.

图 10-59　明柘黄地织金彩妆
缠枝莲纹托八吉祥纹纱纹样①

图 10-60　缠枝佛教八吉祥莲纹
（中国国家博物馆藏）

三、世俗文化，异域风情

　　中国缠枝纹在明代获得了极大的发展，缠枝纹满密轻盈的构成形式、丰富多样的主题装饰、吉祥世俗的寓意文化，是明代社会环境和生活内容的缩影，直观地反映人们当时的生活情境和生活观念。明代初期，统治阶级在政治上大力强化中央集权的封建专制统治，从而推出了适当宽松的农业、手工业政策，因此工艺美术门类和技术得到了发展和提升，商品经济开始活跃。在文化方面，世俗文化开始融入社会主流思想，因商业贸易刺激而生的对金钱和物欲的追逐淡化了对风雅精神文化的渴求，专供少数文人士大夫的高雅品位，优卓的雅文化逐渐被真实、生动，充满人间真情和生活趣味的俗文化所取代。缠枝纹的装饰逐步从高雅艺术转向大众百姓的世俗文化，缠枝纹装饰艺术所服务的社会群体逐渐扩大，处于社会中下层的广大市民阶级已经拥有了一定的经济能力，并开始成为不可忽视的消费群体。在商品经济的刺激下，各种生活用品、工艺品开始大量为市民而生产，在这些物品中，能够反映他们日常生活情趣和世俗追求的缠枝纹得到广泛运用，这正是世俗文化在其中得以凸显的社会基础。

　　中国传统社会，上至统治阶级，下至黎民百姓，均有趋吉避凶的心理追求，人们对吉祥寓意的盼望和需求是迫切而现实的。在社会流行文化和大众心理需求的影响下，明代缠枝纹凭借灵活的形式变化，以突出吉祥文化和世俗理想等表现手法迅速找到了长盛之道。社会中大部分的市民阶层，他们的情感表达方式是通俗而质朴的。缠枝纹可以表达人们对幸福生活的渴望，这种通俗易懂、快速传播的特征符合市民阶层的审美需求。在缠枝纹的主题方面，题材也进一步扩大，向世俗花卉靠拢，例如缠枝花卉纹（图 10-61、图 10-62）。缠枝纹是明代最具活力和包容性的装饰纹样，从极负盛名的青花瓷装饰到日常必备的织物装饰，从平

---

　　① 黄能馥，陈娟娟.中国丝绸科技艺术七千年：历代织绣珍品研究.北京：中国纺织出版社，2002 年，第 324 页.

民百姓的常用物品到王公贵族乃至异域人士的收纳珍玩,随处可见缠枝纹样那灵活生动、婀娜多姿的身影。

图 10-61　缠枝花卉纹(1)①　　　　　　　图 10-62　缠枝花卉纹(2)②

在明代缠枝纹的演进过程中,异域文化的影响也是非常明显的。在商品经济的推动下,各地贸易来往逐步扩大,从经济、文化等各方面,内地与边疆乃至西域开始交流与碰撞,在新的市场需求背景下,缠枝纹灵活的构图形式和组合方式开始融入异质文化特色,其中表现最突出的是缠枝纹样与伊斯兰装饰风格的融合以及与佛教装饰元素的结合。明代的瓷器、织锦大量出口,这些产品必须符合出口国的国情,由于伊斯兰地区宗教信仰的限制,以紧密连贯的植物花卉形式作为纹样装饰主题,而这种装饰特色恰好与缠枝纹样繁复、缠绕的特点有着共通之处。因此,缠枝纹成为重要的对外贸易品最常用的装饰纹样。

第五节　明成化青花瓷缠枝纹装饰的艺术特色③

明成化青花瓷由于瓷器造型、胎釉、青料、纹饰及绘画工艺技术诸多方面的变化,独具魅力。其青花缠枝纹色调鲜丽清新,构图疏朗工整,线条阴柔,体现了成化一朝细致柔美的女性审美情趣。

明成化时期是中国陶瓷生产历史上非常特殊的时期,尤其是成化十七年至二十三年(1481—1487 年),国内太平、政治中兴、人民生活安定,但宫廷风气极为奢侈,成化青花瓷尤其是“斗彩”作为赏玩器被刺激发展。《明史·食货志》中概括性地用“遣中官之浮梁景德镇,烧造御用瓷器,最多且久,费不赀”之语叙述了成化年间瓷器烧造之多。明沈德符《万历野获编》云:“至于窑器最贵成化,次则宣德。”“明看成化,清看雍正”,成化瓷器除日用品外,多是观赏瓷、把玩瓷,在艺术审美角度上达到了历代高峰。本书从明成化青花瓷的器形特征、装饰色彩

① 中国国家博物馆.中国国家博物馆馆藏文物研究丛书:瓷器卷.上海:上海古籍出版社,2007 年,第 62 页.

② 中国国家博物馆.中国国家博物馆馆藏文物研究丛书:瓷器卷.上海:上海古籍出版社,2007 年,第 67 页.

③ 万剑.明成化时期青花缠枝纹装饰艺术特色探析.武汉理工大学学报:社会科学版,2013(3),第 185～188 页.

等多方面来探讨成化青花缠枝纹的装饰艺术特色。

一、玲珑精巧的器形特征

明永乐、宣德时期青花瓷器造型丰富，至明成化时期大型器物减少，"成化斗彩无大器"，玲珑精巧是成化时期的器物总体风格。北京故宫博物院藏的明成化青花瓷器中多为一些胎骨较薄的中、小型器物，大件瓷器较少。小件器物为高足杯、碗、盘、洗、碟，其中小巧玲珑的高足杯、卧足碗数量较多。瓶类中有瓜棱瓶、葫芦瓶、鹤颈瓶、梅瓶、玉壶春等，还有三足炉、象耳炉、盖盒、花盆、盖罐等。从这些藏品看，最高的瓶高约 19 厘米，最大的碗口径约 23 厘米，高足杯高约 7.8 厘米，盘口径 16～18 厘米，罐高 8～13 厘米，杯口径为 7～8.5 厘米。除器形小巧玲珑这一特征外，成化年间青花瓷的轮廓线均为柔韧的直中隐曲、曲中显直的线条构成，具有特殊的女性韵味。

明人谷应泰在《博物要览》记载："成窑上品，无过五彩，……草虫小盏，……五彩齐箸小碟，香合，各制小罐，皆精妙可人。"[①]造成这种审美观念的原因，目前主流说法有两种，一种是成化帝的性格内向柔弱，似具女性化[②]，热衷艺术，精于绘事，这一点明人何良俊《四友斋丛说》中可证："我朝列圣，宣庙、宪庙、孝宗皆善画，宸章晖焕，盖皆在能妙之间矣。"[③]第二种说法为成化帝宠妃万贵妃生活奢靡，"斗彩"是成化帝为万贵妃特殊定制的[④]。但不管是成化帝朱见深本人的原因还是宠信万妃的结果，成化年间的瓷器审美观点从宣德时期的雄浑厚实转化为轻灵秀美是毋庸置疑的[⑤]。

二、丰富清新的装饰色彩

成化青花色泽淡雅，釉上色彩鲜丽清新，以"斗彩"出名。已故陶瓷专家孙瀛洲先生曾概括成化"斗彩"的种类为：鲜红、杏黄、水绿、山子绿、叶子绿、孔雀蓝、孔雀绿、姹紫、浅翠、赫紫、葡萄紫、油红色、姜黄色等。成化"斗彩"极其名贵，贵在彩饰工艺上的创新与精湛。清人程哲在《蓉槎蠡说》中认为这是成化官窑斗彩瓷器被后人列为诸窑之首的重要原因。"斗彩"色相透明鲜亮、浓淡相宜，摒弃了原来单一的青花装饰，打破了单调的审美情趣，改变了传统意义中中国瓷器把自

---

① 冯先铭.中国陶瓷.上海：上海古籍出版社，2001 年，第 508 页.
② 刘伟.明成化皇帝与成化斗彩瓷器.收藏家，1995(5)，第 44 页.
③ 张咏梅.成化斗彩器的女性审美特征与价格流变.文博，2006(4)，第 64 页.
④ 沈德符.万历野获编.北京：中华书局，1959 年，第 810 页.
⑤ 刘伟.历代宫廷藏瓷.北京：紫禁城出版社，2003 年，第 115 页.

然界的五颜六色弱化、淡化的观念,着力用丰富的色彩表现世界的多姿多彩,用清新明丽的色彩表达对生活的热爱。

1."斗彩"

"斗彩"在宣德青花五彩的基础上发展,创烧于明成化时期。"斗彩"同"逗彩",是由釉下青花与釉上多种彩色工艺相互结合而成,以勾细轮廓线,平涂青色,点缀、渲染、覆盖多种色彩的彩瓷装饰工艺。斗彩是预先在1300℃左右的高温下烧成的釉下青花瓷器上,用矿物颜料进行二次施彩,填补青花图案留下的空白和涂染青花轮廓线内的空间,然后入小窑经过低温(800℃左右)烘烤而成。成化斗彩的色彩选择灵活自如,按照器物及纹饰风格选用色彩种类,无论选用几种,都设色精当,清新怡人。可以说,斗彩这一瓷器色彩装饰技术是成化时期制瓷工人的伟大创造,是中国瓷器丰富色彩的典范,为后来康熙五彩、雍正粉彩的彩瓷创新打下了良好的基础,在瓷器发展史上起着承上启下的作用。

2. 钴料

"青花"离不开钴料,成化青花瓷器钴料的变化,也是形成明代青花多种风格的重要原因。明永乐、宣德时期(包括成化早期)使用的主要钴料为"苏料"。"苏料"为"苏麻离青"的简称,主要从波斯进口,属低锰高铁的钴料,青色浓重青翠,带有"锡光"。明成化中后期,"苏料"被江西饶州地区乐平县的"平等青"(坡塘青)所代替,色彩淡雅幽静,展现出柔和、淡雅、透彻的蓝色。坡塘青发色淡雅,成化制瓷工匠取长补短,在胎釉上精益求精,经过精漂细拣,使得胎质更加细腻,用料也更加纯净润泽,形成了成化青花瓷精巧细腻的风格。

三、疏朗纤细的装饰艺术特色

成化瓷器缠枝纹色调淡雅清丽,素净明快,所绘图案构图疏朗工整,笔法流畅,其装饰手法具有纤细柔和、飘逸潇洒的特点,体现了成化一朝宫廷的淡雅柔美的女性审美情趣。

1. 缠枝纹装饰题材——佛教图形大量出现

成化缠枝纹装饰题材多样,种类齐全,与前朝相比既有继承,也有创新。继承是继续沿用前朝常用的人物纹、动物纹、植物纹、自然纹样等,以植物纹样为例,有莲花、菊花、秋葵、牡丹、宝相花、葡萄、兰草、山茶花、海石榴、灵芝及植物果实等。创新指的是将前朝缠枝纹样进行再创造(包括添加、删减)以添加新意。如转枝竹叶灵芝纹,以宣德缠枝灵芝为基础,添加了竹纹,利用"祝寿"的谐音,将纹饰、寓意进一步复杂化。但明成化缠枝纹与前朝最大区别是瓷器装饰图形中出现了大量的佛教图案，其中包括莲花纹（图 10-63）、宝杵、梵文、宝相花纹、八宝纹（图 10-64）等，这些佛教图案也频繁出现在缠枝纹装饰中。以梵文为例，虽早在永宣时期，青花梵文纹饰已逐渐广泛应用，但至成化时期，御厂制瓷者将其与缠枝纹成功结合在一起，构成了这种新颖别致、深受崇佛统治者喜爱的缠枝莲托梵文题材。

图 10-63　明成化青花缠枝莲纹
葫芦瓶（北京故宫博物院藏）

图 10-64　明成化青花缠枝莲八宝纹
三足炉（北京故宫博物院藏）

　　佛教图形大量出现，究其首要原因，与成化帝痴迷佛事紧密相关，朝鲜《李朝实录·成宗康靖大王实录二》记成化十八年（1482 年），李朝圣节使韩偑自京师归，奏谓："（中国）皇帝酷好佛道，大内设法会则着僧衣，设道场则着道衣，或夹旬不罢。"再来看表 10-1 数据显示成化年间传奉官中的番汉僧道官数量。

表 10-1　　　　　　　　　　　**成化年间传奉官中的僧道人数**[①]

时间	传奉官中的番汉僧道官人数	资料来源
成化二十一年（1485 年）正月	传奉官中的番汉僧道官及教坊司官：1300 人	《明宪宗实录》卷 260，"成化二十一年正月己巳"条；卷 262，"成化二十一年二月己未"条
成化二十三年（1487 年）十月传奉官类别及数量（勋戚、功升、荫授录用者除外）	僧录司官：120 人 道录司官：133 人 大慈恩等寺法王佛子国师等：437 人 大慈恩等寺喇嘛：789 人	《明孝宗实录》卷 4，"成化二十三年十月丁卯、戊子"条。

　　①　方志远.传奉官与明成化时代.历史研究,2007(1),第 43～44 页.

　　统治阶级宠信番僧，百姓相应跟风。明初，僧道总数不超过 37090 名[①]，而到成化二十一年(1485 年)僧道数为 7 万名[②]，已是明初两倍。但据成化十五年(1479 年)十月监察御史陈鼎奏称，仅成化二年至十二年(1466—1476 年)的十年间已度僧道 14.5 万余人[③]。而据时任兵部尚书的马文升估计，从成化二年至二十二年(1466—1486 年)，所度僧道当不下 50 万人[④]。几乎每 20 名在册成年男子中就有 1 人在此期间合法成为僧道。但这仅仅是政府能够掌握的数字，实际人数远大于此数。精神必定在物质上有所体现，因此成化一朝瓷器装饰纹样出现大量的佛教图形和梵文实属正常。

　　2. 缠枝纹装饰技法——双线勾勒填色法

图 10-65　明成化青花缠枝花纹瓜棱瓶(北京故宫博物院藏)

　　清代朱琰在《陶说》中称赞明代成化瓷器："点染生动，有出乎丹青家之上者。"《竹园陶说》有一段记载："成窑画笔，古今独步，……故能笔细如发，用青如用墨，点染描画，各臻其妙也。"这二者是对成化青花装饰技法的高度赞扬。成化青花缠枝纹装饰线条纤细，在装饰技法上采取双线勾勒填色法(图 10-65)，首先用浓重的平等青料勾画出花纹的双线轮廓，然后在双线轮廓中平涂加水的青色，颜色只分浓淡而不分阴阳(青花分水)，不再用中国工笔画中的层层渲染之法。"平等青"稳定的发色为"青花分水"技法产生提供了原材料准备。"青花分水"淡雅温润的风格与国产料"平等青"的发色意蕴不谋而合。平等青匀平、澄净的幽淡特色，小笔触的洇染使小面积的花瓣、叶片内色彩幽明、匀静澄澈，似湖水般自然天成。

　　成化青花缠枝纹装饰手法除双线勾勒填色法外，还充分灵活运用了填彩、点彩、覆彩、染彩、青花加彩等技法。填彩技法指的是以青花在坯胎上用双线勾勒物体形态轮廓，罩釉烧成之后，再将所需彩色填在轮廓线内。点彩所指釉下青花画完罩釉烧成后，在图案上点缀所需彩色，如"万绿丛中一点红"。覆彩指的是在釉下青花上，按照装饰意图覆盖一些釉上彩色。染彩指的是青花轮廓边缘，涂染

①　马文升.马端肃奏议·陈言振肃风纪神益治道事.四库全书,第 427 册,第 734 页.
②　《明宪宗实录》卷 269,"成化二十一年八月戊戌"条,第 4550 页。
③　《明宪宗实录》卷 195,"成化十五年十月庚子"条,第 3444 页。
④　同注①。

釉上彩色以达到衬托作用。青花加彩指的是釉下青花描绘完毕后,在局部茎叶、花朵上进行釉上填彩,比如明成化斗彩缠枝莲纹罐(图10-66)中的缠枝莲花,花朵皆青花,但在茎、叶双勾线条的上面填以釉上绿彩。

3.缠枝纹骨骼构成——疏朗纤细"S"形装饰

成化纹样骨式构成常见的有缠枝式、折枝式、团花式、植根式和图画式等。缠枝纹骨架为"S"形,骨骼线柔美秀气。描绘"S"形骨式主要运用柔细的线条,纹样的轮廓线都比较细腻,柔和的游丝描,粗细匀称,没有用笔的轻重变化。缠枝纹样在成化中后期变得花稀叶疏,一个单元由一大花数片小叶组成(图10-67),且叶片与花团空隙增大,形成了疏朗纤细的装饰风格。而其装饰纹样无论龙凤、麒麟、花草、飞蝶,都淡化了形象特征,立意和谐,显示了女性的阴柔之美。

图10-66　明成化斗彩缠枝　　　　　图10-67　成化青花转枝宝莲
莲纹罐(北京故宫博物院藏)　　　　　纹盘(台北故宫博物院藏)

成化青花缠枝纹,独具时代魅力。永乐、宣德青花虽美,但在纹饰、青料乃至造型等方面未完全摆脱元青花的影响,而成化青花在造型、胎釉、青料、纹饰及绘画工艺技术诸多方面,形成了独特的艺术风格。成化青花缠枝纹色调鲜丽清新,构图疏朗工整,线条阴柔,体现了成化一朝细致柔美的女性审美情趣。

第十一章　清:中国缠枝纹的繁丰期

1644年,明朝灭亡,驻守山海关的明将吴三桂降清,摄政王多尔衮率领清军入关,同年顺治帝迁都北京,从此清朝取代明朝成为全国统治者。清康熙时,完成了全国的统一,建立起强大的国家政权。经过几十年的休养生息,经济得到恢复和发展,出现了后来的"乾嘉盛世"。清代初期,传承明代工艺品技法和装饰。以康熙、雍正、乾隆三朝为全盛时期。南京的锦缎、景德镇的瓷器堪称精品。刺绣、家具、紫砂、玉器、珐琅发展迅速。

清代的装饰纹样以宫廷和民间两大装饰主体愈加明显,总体来说讲究仿古、仿旧、仿真,形成繁缛精巧的风格,"吉祥"寓意处处体现在各种装饰中。清代纹样的内容主要分为小说故事类、吉祥图案类等。小说故事类,如《三国演义》《水浒传》《西厢记》《说岳全传》等传统小说中的题材,以及渔樵耕读、琴棋书画、耕织图等。这些内容,大多带有情节性,既具有装饰作用,又具有文学欣赏意义。吉祥图案类在清代得到极大的发展,以福、寿、禄、喜为题材的图案几乎到处可见,成为装饰纹样领域中的主流,反映了人们对生活的热爱和对理想的追求,也反映了民间、民俗纹样在装饰中的深远影响。清代吉祥图案多为组合式,用多种题材组成一个内容,将缠枝纹与一些其他图案如蝙蝠、葫芦、桃经纹等,结合成结构更复杂的缠枝纹,扩大了吉祥图案纹样的内涵。

清代外来文化影响至深,特别是乾隆时期的装饰纹样,巴洛克、洛可可的装饰风格、伊斯兰纹样中的植物造型大量涌入,对其产生了重要的影响,被吸收后呈现出繁缛、富丽的纹样形态。清代中期以后纹样由传统的古朴走向了中西结合或西洋化,明显体现洛可可所具有的堆饰、重叠和不规则的艺术风格。

第一节　清代缠枝纹的典型形态

清代缠枝纹,"图必有意,言必吉祥"。清代植物装饰纹样的题材愈加丰富,具体有莲花、宝相、牡丹、芙蓉、山茶、秋葵、牵牛、百合、石竹、梨花、月季、红枫、桂花、桃花、海棠、天竹、松竹、梅、灵芝、蕉叶、葫芦、瓜、葡萄、兰花、菊花、水仙、杏花、芍药、栀子、藤萝、绣球、玉兰、蔷薇、鸡冠花、萱花、石榴、柿子、荔枝、枇杷、枣、佛手、桂圆、桔、茯菇、花生、菖蒲、水草、芦苇、柳、梧桐柏、万年青、葱、艾叶、迎春、忍冬等，数不胜数。缠枝纹到了清代，题材内容不断扩大，构成形式更为多样，具体包括缠枝牡丹、莲花、菊花、葡萄、杂花、瓜果、草叶、人物、鸟兽、文字等穿插在其中，纹样更加生动，富有情趣。

一、缠枝莲花纹

清代缠枝莲的装饰风格一改明代疏朗自然的风格，开始向繁密、规整、对称发展，经过美化变形的花冠和枝叶，姿态多变，装饰性很强。清代的缠枝莲花纹，有具象写实的刻划，也有夸张变形的概括，尤其与其他花卉（牡丹、芍药、菊花等）结合的综合花卉形态最为丰富，寓意着四季如锦。缠枝莲花纹还与鱼、鸟、童子、龙凤等组合成吉祥图案，如"双鱼戏莲""蜻蜓荷花""鸳鸯戏莲"等，这些纹饰象征爱情幸福、婚姻美满，表达特定的含义。除此以外，莲花与福禄寿喜字、佛教八宝组合的形式亦非常丰富。在晚清凤穿牡丹纹金地漳缎桌围（图 11-1）上中间为舒展缠绕的牡丹纹花卉，凤鸟嘴中衔着牡丹纹的"S"形枝条，花叶似乎在微风中起舞。在清凤穿牡丹狮球纹金地漳缎椅帔（图 11-2）中，牡丹、莲花、狮子、水纹等组织在一起，形成了多重的愿望和祝福。

图 11-1　晚清凤穿牡丹纹金地漳缎桌围　　　图 11-2　清凤穿牡丹狮球纹
（清华大学美术学院藏）　　　　　　　　金地漳缎椅帔
（清华大学美术学院藏）

清代瓷器、丝织物、砖刻、建筑彩画上面的缠枝莲花纹非常丰富。首先来看清乾隆青花福庆连连八方瓶中的缠枝莲花装饰（图 11-3），该缠枝纹中的莲花形态写实,与中国工笔画接近,画工细腻,莲花逼真。清康熙洒蓝釉地描金缠枝莲纹棒槌瓶表面装饰的缠枝莲花纹(图 11-4)密密麻麻,布满整个瓶身,此莲花纹样为图案式莲花,整齐有序。清道光天蓝釉地描金彩缠枝莲纹三孔葫芦瓶中的缠枝莲花纹(图 11-5)与图 11-4 相比又是另外一种形态的莲花,此莲花中间部分为盛开的莲花,外围 10 个展开花瓣为变形的牡丹花瓣。中国国家博物馆藏的清乾隆青花缠枝莲纹贯耳扁瓶中的缠枝莲花(图 11-6)花瓣不多,为 7 个花边,左右对称,左 3,右 3,下面为一个展开花瓣,上面为一个尖形花蕊,舒展自由。清乾隆青花缠枝莲托八宝纹铺耳尊(图 11-7)中的缠枝莲花纹为云勾状莲花纹,云勾状曲线装饰在清代依然非常流行,这是对明时云勾状装饰纹样的继承和发展。

图 11-3　清乾隆青花福庆连
连八方瓶及其缠枝莲花纹 [1]

图 11-4　清康熙洒蓝釉地描金缠枝
莲纹棒槌瓶及其缠枝花纹
(中国国家博物馆藏)

图 11-5　清道光天蓝釉地
描金彩缠枝莲纹三孔葫
芦瓶及其缠枝莲纹

图 11-6　清乾隆青花
缠枝莲纹贯耳扁瓶及其缠枝莲花纹
(中国国家博物馆藏)

① 震旦文教基金会编辑委员会.青花瓷鉴赏.台湾:财团法人震旦文教基金会,2008 年,第 213 页.

丝织物上的莲花缠枝纹传承明代织物的装饰纹样传统，清代织锦缠枝莲花纹（图 11-8）的花冠形态为勾莲纹，运用单层线条勾莲纹和双层线条勾莲纹共同组成，双层勾莲纹形成立体化的莲花纹。清代织锦缠枝莲纹（图 11-9、图 11-10），为本土的荷花纹和勾莲纹共同组织成了缠枝花卉四方连续。除此以外，还有许多和其他花卉在一起的组合莲花纹，有的与吉祥动物、吉祥文字进行了组合。清代织锦飞凤缠枝莲纹（图 11-11），莲花纹形态为立体化勾莲纹形态，花苞与叶片穿插重叠，展翅腾飞的凤凰穿插在花叶丛中，形象生动，喜气洋洋。清初红蝠穿枝莲纹金彩绒

图 11-7　清乾隆青花缠枝莲托八宝纹铺耳尊（中国国家博物馆藏）

（图 11-12）为缠枝勾莲纹和蝙蝠的组合，此彩绒上的勾莲花纹采用倒影的形式构成，上部的勾莲纹中绘制了莲蓬，蝙蝠穿插在勾莲缠枝纹中，悠然自得，象征着福气，与缠枝勾莲纹在一起构成了福气缠绵不断，长长久久。蝙蝠与缠枝勾莲纹的组织形式在清代非常常见，已经形成了程式化的组合模式。清织金五彩蝠莲纹妆花绒（图 11-13）的茎、叶、莲花的形态与清初红蝠穿枝莲纹金彩绒的模式是一致的。

图 11-8　清代织锦缠枝莲花纹①

图 11-9　清代织锦缠枝莲纹(1)②

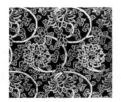

图 11-10　清代织锦缠枝莲纹(2)③

图 11-11　清代织锦飞凤缠枝莲纹④

---

①　吴山.中国纹样全集(宋·元·明·清).济南:山东美术出版社,2010 年,第 362 页.
②　同注①。
③　吴山.中国纹样全集(宋·元·明·清).济南:山东美术出版社,2010 年,第 363 页.
④　吴山.中国纹样全集(宋·元·明·清).济南:山东美术出版社,2010 年,第 372 页.

图 11-12　清初红蝠穿枝莲纹金彩绒　　　图11-13　清织金五彩蝠莲纹妆花绒
（北京故宫博物院藏）　　　　　　　　　（南京博物院藏）

二、缠枝牡丹纹

　　清代,牡丹纹的形态各式各样,写实、抽象、写意等各种手法广泛运用。由于彩绘技法的发展,陶瓷牡丹纹形态的表现形式多样,大多画盛开的花,花头大而饱满,多用红彩,衬以绿叶,用色喜庆,画面的色彩艳丽、生动。清代缠枝牡丹纹在织锦、雕漆、金银器、木版画等载体中比较常见,各种新颖的变形手法相继出现,如卷云状的牡丹花瓣、如意造型的牡丹花头等。例如中国国家博物馆藏的清康熙黄地珐琅彩牡丹碗(图 11-14),碗为黄色底,花红叶绿,牡丹花瓣舒展盛开,茎蔓并不是特别丰富,但是缠绕的特征依然非常明显,整体画工严谨细腻,具有图案化的效果。北京故宫博物院藏的清乾隆画珐琅牡丹花海棠式花篮(图 11-15)整体造型为海棠式造型,淡黄色底,牡丹花娇艳欲滴,色彩层次丰富,从花瓣边缘的白色逐步向花蕊的紫色转变,叶片绘制也非常细腻,随风飘动,细腻生动。蓝地珐琅彩牡丹碗(图 11-16)蓝色的底,大红的牡丹,黄色的叶片,显得非常庄重深沉。

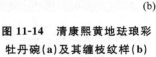

(a)　　　　　　　　　　(b)

图 11-14　清康熙黄地珐琅彩　　　　　图 11-15　清乾隆画
牡丹碗(a)及其缠枝纹样(b)　　　　　　珐琅牡丹花海棠式花篮

(a)   (b)

图 11-16　蓝地珐琅彩牡丹碗(a)及其缠枝纹样(b)(北京故宫博物院藏)

　　清代织锦缠枝牡丹花纹(图 11-17)花大叶小,缠绕的枝叶中间配置着铜钱、如意等象征吉祥的物件。清五彩串枝牡丹纹漳绒(图 11-18)牡丹花冠为大红色,勾勒金边,花瓣用黑色渐变,叶片随着茎叶的运动方向生长,规律且自由。

图 11-17　清代织锦缠枝牡丹花纹①

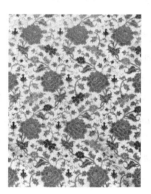

图 11-18　清五彩串枝牡丹纹漳绒
(北京故宫博物院藏)

　　清代金器承袭明代金器多镶嵌的特点并有所发展,工艺水平有所提高,纹饰较明代繁缛复杂。清金嵌宝石镂空花卉纹八角盒(图 11-19),用金制成,成色较高,盒上以镂雕、累丝及镶嵌三种工艺组成不同的纹饰,共镶蓝宝、红宝、碧玺等上好的各色宝石三百多粒。此盒面上缠枝纹由牡丹、小花卉共同组成,牡丹形态较具象,刻划细腻,缠绕的茎叶脉络结构分明,展示了超高的制金工艺水平。

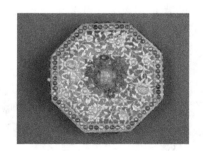

图 11-19　清金嵌宝石
镂空花卉纹八角盒②

---

①　吴山. 中国纹样全集(宋·元·明·清). 济南:山东美术出版社,2010 年,第 361 页.
②　出自北京故宫博物院。

三、缠枝菊花纹

菊花,原产中国,品种很多,栽培历史悠久,是著名观赏花卉,又称"长寿花"。古人认为菊花能够益气轻身,令人长寿。菊花常被人称赞为君子。清康熙汪灏等编撰的《广群芳谱》(《群芳谱》补遗),又增加菊种 41 种,著录增至316 种。历代文人都爱菊,为之赋以多种含义。清代曹雪芹《红楼梦》中写诗:"无赖诗魔昏晓侵,绕篱欹石自沉音。毫端蕴秀临霜写,口齿噙香对月吟。满纸自怜题素怨,片言谁解诉秋心?一从陶令评章后,千古高风说到今。"清代菊花纹精工细写,细腻艳丽,色彩和造型均酷似大自然中的菊花。清代瓷器中粉彩、珐琅彩菊花纹装饰效果突出。珐琅彩创烧于康熙朝,至雍正时期进入一个新的阶段,达到了极盛。有的黄菊花线条细腻流畅,花形饱满,层层绽放;有的红菊花线条勾描细腻流畅,花瓣潇洒,随风起舞;有的墨菊颜色淡雅,生动写实,富有生活情趣。

在染织工艺中,菊花的形态更是表现丰富。例如在清代织锦芙蓉莲菊纹(图 11-20)中,菊花与四季花卉纹组合较多,将不同季节开花的牡丹、荷花、芙蓉、芍药等组合在一起,加上如意纹样,寓意事事如意,时时吉祥,四季如意。当然也有纯粹的缠枝菊花装饰,例如清代织锦缠枝菊纹(图 11-21)中有傲然怒放的菊花,有半开半合羞羞答答的菊花,菊花花瓣为重瓣形态,中间实心,外轮廓用线条勾勒,叶片采用写实的方法,形态逼真,倒显娇柔姿态。北京故宫博物院藏的清缠枝菊花妆花绒(图 11-22),花绒底色为红色,菊花由黄色、白色线条勾勒,中间填涂棕色、黑色、白色等,枝叶线条穿插繁密有序,一派欣欣向荣的景象。

图 11-20　清代织锦芙蓉莲菊纹①

图 11-21　清代织锦缠枝菊纹②

---

① 吴山.中国纹样全集(宋·元·明·清).济南:山东美术出版社,2010 年,第 365 页.
② 同注①。

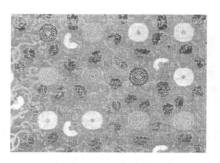

图 11-22　清缠枝菊花妆花绒

四、缠枝朵花纹

吴山在《中国纹样全集》第一次提出了"朵花"，朵花应是一种创造性花卉，糅合多种花卉的特征。到了清代以后，朵花花卉突然增多，花团锦簇，在瓷器、漆器、丝绸、锦缎上均有发现。清雍正青花缠枝花卉纹大盘（图 11-23），以中间花卉为核心，四周花卉缠绕，布局满密，花枝柔然，形态婀娜。缠枝朵花纹非常繁密，花、茎、叶勾勒线条柔软，藤蔓植物的特征非常明显。清乾隆青花铜镶口缠枝花卉赏瓶上的缠枝朵花纹（图 11-24）中，缠枝纹样出现在肩部和腹部，腹部花卉形态较肩部大许多，其中核心花卉非常凸显，大出周围围绕花卉五六倍之多，花枝柔软，叶片仿佛随风舞动，非常生动。清代织锦上的缠枝朵花纹也非常丰富。清代织锦朵花卷草纹（图 11-25）的朵花形态与瓷器上的朵花形态类似，但是枝条更为细腻柔然，且每个茎伸出的须都带有小圆的须卷，十分精致。

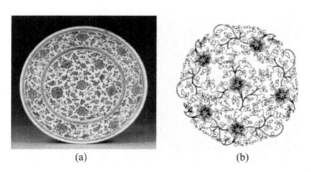

　　　　(a)　　　　　　　　　　　　(b)

图 11-23　清雍正青花缠枝花卉纹大盘(a)及其缠枝纹样(b)①

---

①　震旦文教基金会编辑委员会.青花瓷鉴赏.台湾:财团法人震旦文教基金会,2008 年,第 51 页.

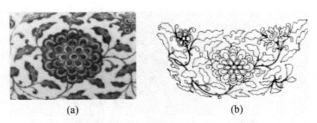

图 11-24　清乾隆青花铜镶口缠枝花卉赏瓶(a)及其缠枝纹样(b)①

图 11-25　清代织锦朵花卷草纹②

五、缠枝百花纹

清代,缠枝花卉纹经过工匠们再设计和再创造,出现了许多花卉纹的集合,已不仅仅是一种花卉,而是牡丹、芍药、莲花、百合、菊花、萱草等多样花卉的组合体。缠枝百花纹在清代工艺美术作品中时时出现,与缠枝四季花卉纹类似,但是花卉种类明显增加。缠枝百花纹的花团相比叶片大了 3～4 倍,主题突出,藤蔓串联着花盘、花蕾、叶片,叶片形态多样,生动自然,动态感强烈。清雍正斗彩缠枝花卉纹玉壶春瓶(图 11-26)上描绘的缠枝繁花纹除了口沿部分,几乎布满整个

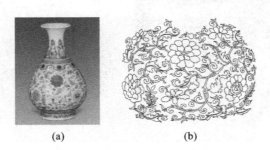

图 11-26　清雍正斗彩缠枝花卉纹玉壶春瓶(a)及其缠枝纹样(b)(中国国家博物馆藏)

①　震旦文教基金会编辑委员会.青花瓷鉴赏.台湾:财团法人震旦文教基金会,2008 年,第 222 页.
②　吴山.中国纹样全集(宋·元·明·清).济南:山东美术出版社,2010 年,第 368 页.

瓶身。仔细辨认，可以看出牡丹、芍药等花卉，叶片也有多种叶片形式组合，仿佛描绘的是一个百花盛开的春天花园。清雍正斗彩团花纹天球瓶（图 11-27），花团锦簇，枝繁叶茂，绿叶丛中，红黄摇曳，其中花卉有八仙过海、菊花、云勾状花卉，佛教法器穿插其中，寓意万事如意。

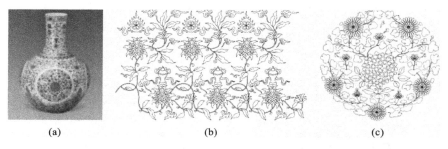

| (a) | (b) | (c) |

图 11-27　清雍正斗彩团花纹天球瓶(a)及其缠枝纹样(b)(c)(中国国家博物馆藏)

　　江苏南京云锦研究所收藏的清代织锦缠枝花纹（图 11-28、图 11-29）有荷花、莲花、牡丹、菊花等共同组成一曲花卉交响曲。在清中期，穿枝牡丹菊花兰花纹芙蓉妆（图 11-30）中还增加了兰花，花卉种类增加了。穿枝花纹金宝地（图 11-31）的缠枝花卉纹整体呈对称形态，主要花形为喇叭形花卉，喇叭口的地方有锯齿状的花纹，除此之外还有背向的牡丹纹，绣工细腻，色彩搭配高雅。

图 11-28　清代织锦缠枝花纹[①]　　　　图 11-29　清代织锦缠枝花纹杂花[②]

六、缠枝葡萄纹

　　葡萄，是汉代时从西域传入中国的水果品种。葡萄作为纹样，早在唐代就已经广泛应用，最著名的就是铜镜上的瑞兽葡萄纹。明代岳正写过《画葡萄说》："予尝论其(葡萄)干瘿者，廉也；节坚者，刚也；枝弱者，谦也；叶多荫者，仁也；蔓

①　吴山. 中国纹样全集(宋·元·明·清).济南：山东美术出版社,2010 年,第 366 页.
②　同注①。

图 11-30　清中期穿枝牡丹
菊花兰花纹芙蓉妆①

图 11-31　清中期穿枝花
纹金宝地(北京故宫博物院藏)

而不附者,和也;实中果可啖者,才也;味甘平无毒入药力胜者,用也;屈伸以时者,道也。其德之全有如此者,宜与菊、兰、梅、竹并驰而争先可也……"岳正从葡萄的干、节、枝、叶、蔓、果、味、屈伸等方面的特性,对葡萄的寓意进行了总结,来比喻君子做人、为官应有的品德。嘉靖年间,徐渭在落魄时曾画过一幅《墨葡萄图》,画中题诗道:"半生落魄已成翁,独立书斋啸晚风。笔底明珠无处卖,闲抛闲掷野藤中。"徐渭以葡萄果实比喻自己的文章才华,与岳正把葡萄果实比作君子之才是一致的。明清流行"福寿葡萄",到了清代"福寿葡萄"更是表现了清代人们的"多福、多寿、多子"的愿望。从这个意义上来说,葡萄并非仅仅是文人清高、君子行为的一种比拟,更多的是一种美好祝福。在清代织锦缠枝葡萄三多纹(图 11-32)中,葡萄与折枝花卉、果实纹样组合,寓意着福寿连绵,子孙万代。在北京故宫博物院藏的清光绪年间的青花松鼠葡萄纹碗(图 11-33)青花青翠艳丽,纹饰饱满生动,碗的外壁葡萄蔓枝,叶片浓密,茎叶缠绕,松鼠在葡萄藤蔓间穿梭跳跃,甚是生动。此器,为光绪官窑仿清初康熙官窑的佳作。

---

　　① 黄能馥,陈娟娟.中国丝绸科技艺术七千年:历代织绣珍品研究.北京:中国纺织出版社,2002 年,第 366 页.

图 11-32　清代织锦
缠枝葡萄三多纹①

图 11-33　青花松鼠葡萄纹碗

七、缠枝葫芦纹

中国古代的许多"创世神话"都与葫芦有关，我们多个民族都有关于葫芦的传说。林何先生在《葫芦文化与葫芦神话》一文中将葫芦神话分为"葫芦生人"和"葫芦救人"两大系统。陶思炎认为葫芦是辟邪的镇物，他在《葫芦镇物探讨》中认为："原始的葫芦洪水神话以保护人种、消灾驱难、避死趋生为主题，葫芦意指安全的福岛和万劫的救星，其神话的逻辑显露出葫芦的镇物意义。"葫芦是道家法宝"暗八仙"之一，为八仙之一铁拐李所持宝物，能炼丹制药，普度众生。宝葫芦纹样是借八仙之意寻求庇护，祈求平安。除此之外，由于葫芦多籽，有祈生的意义，常用来象征子孙繁荣。我国南方各省如江苏、浙江、湖北、湖南、贵州、广东等地都有送瓜求子的习俗。《诗经·大雅续篇》："绵绵瓜瓞，民之初生"，即指古代人口稀少，寄寓葫芦子孙繁衍，生生不息的寓意。《清稗类钞·迷信类·食瓜求子》记载："中秋夕，徽州有送瓜之俗，凡娶妇而数年不育者，则亲友必有送瓜之举。"据闻一多先生考证，神话中人类的始祖伏羲、女娲是葫芦的化身。刘尧汉先生认为葫芦是龙女娲虎伏羲的共同体，是各民族的共祖，甚至认为葫芦是龙虎文化的母体。由此，我们可以得知，葫芦与人类孕育、生存息息相关，是中华文化中有生殖繁衍内涵的自然果实，更是一种人文果实。在我国古代婚俗中，古人将葫芦切割成两个瓢形，新婚夫妇各执一半，面对面饮酒，寓意"合卺之喜"，子孙绵延昌盛。

葫芦就是一典型的吉祥观念的符号，具有丰富的吉祥企盼的内涵，各种葫芦纹被广泛应用于民间剪纸、民间刺绣等民间艺术中,与其他纹样组织在一起组成复合图形,如与灵芝组成如意绵长,与盘长纹组成万代盘长,与牡丹组成富贵万代等,成为人们喜闻乐见的,具有深厚文化内涵的吉祥图像。清代葫芦纹样有"万代长生""倒灾葫芦""盘长葫芦""符剑葫芦""寿字葫芦""福字葫芦"等主题类型,在清代民间已经广为采用,绣稿上的葫芦纹(图11-34、图11-35)清新质朴,说明当时民间已经大量采用葫芦作为装饰,寓意吉祥。此时的葫芦已经进入皇家装饰主题的范畴,在瓷器均可以见到典型的案例。中国国家博物馆藏的清雍正青花缠枝葫芦飞蝠纹橄榄瓶(图11-36)造型端庄秀雅,纹饰精美,绘有青花"葫芦爬蔓"图。该瓶子整体造型形似橄榄,通体青花纹饰,鼓起的腹部绘制缠枝葫芦纹及飞蝠纹,葫芦和叶片均比较大,茎比较细,其间穿插蝙蝠,整体富有生活气息和生趣。葫芦枝蔓相互缠绕,密而不乱,极富装饰性。"葫芦爬蔓"的蔓谐音"万",芦谐音"禄",蝠谐音"福",寓意吉祥万福。台北故宫博物院藏的乾隆八年瓷胎洋彩葫芦罐(图11-37)是非常典型的葫芦缠枝纹。该葫芦罐罐身描绘着蓝色的缠枝卷草纹,口沿和足底部为深红色,上面描满金色的缠枝花卉纹样。葫芦罐的主纹饰为葫芦缠枝纹,描绘着藤、花、葫芦。藤蔓共长出十二个接合的黄葫芦,葫芦的中间部分则巧妙布置在上下筒壁中间。上段的葫芦上书写着"万年""甲子"及十天干,下段为十二地支,天干、地支依次相配,可以组成一甲子六十年,也称"甲子笔筒"。

图 11-34　清代民间
绣稿上的葫芦纹(1)[①]

图 11-35　清代民间
绣稿上的葫芦纹(2)[②]

八、缠枝宝相花纹

宝相花纹,又称宝仙花、宝花花,是中国传统纹样中非常严谨规矩且有民族特色的纹样。宝相花一般以某种花卉(如牡丹、莲花)为主体,中间镶嵌形状不同、大小粗细有别的其他花叶,尤其在花蕊和花瓣基部,用圆珠作规则排列,似闪

---

① 吴山.中国纹样全集(宋·元·明·清).济南:山东美术出版社,2010 年,第 387 页.
② 同注①。

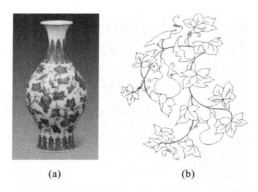

(a)　　　　　　　　　(b)

图 11-36　清雍正青花缠枝葫芦飞蝠纹橄榄瓶(a)及其缠枝纹样(b)

图 11-37　乾隆八年瓷胎洋彩葫芦罐

闪发光的宝珠,富丽华美,故名宝相花[①]。宝相花盛行于隋唐时期,元明清时期的器物上亦多以之为装饰题材,尤其在清代画珐琅上经常作为一种主要的花卉纹样进行装饰,例如清雍正画珐琅六颈瓶(图 11-38)。北宋李诚在《营造法式》中列宝相花为彩画装饰花卉类纹样之一,北宋初陶毅所撰《清异录》中的《花经》中列宝相花为"六品四命花"之一。宝相花的形态包括盛开的花朵,含苞的花蕾,按放射对称规律组合的装饰性花纹。宝相花纹的艺术形式有着深厚的文化内涵,象征着形式美与吉祥富贵、幸福圆满的象征意义。

　　清画珐琅喜字宝相花纹温碗(图 11-39),一套五件,为碗盖、碗、碗架、温碗杯、碗托。该碗盖和碗外壁为深蓝色地,上饰彩色宝相花及金"囍"字,碗内底饰五蝠捧寿纹;碗架内壁为黄地,外壁蓝地饰描金花纹;温碗杯铜柄,杯壁上饰蓝地彩色宝相花。铜胎画珐琅八宝双喜字背把镜(图 11-40),镜身呈椭圆形,正面为

[①]　摘自北京故宫博物院官网"宝相花"词条。

玻璃镜,用以照面;镜背以珐琅彩"卍"字纹为地,中间嵌"囍"字,四周环绕八宝纹,沿镜边嵌透明蓝珐琅描金花卉镜圈,用以固定镜面、镜背。镜柄为棍状直柄。镜身、镜柄由卷草纹孔雀绿染牙和刻瓜式珊瑚珠衔接。整体来说,造型美观,色彩艳丽,纹样生动,寓意吉祥,反映了清晚期广东制镜的工艺水平。在清代织绣上,宝相花也是广受欢迎的花卉,清道光宝相花双鱼纹漳缎椅垫(图 11-41)中宝相花、双鱼纹,与缠绕的茎叶共同构成了纷繁复杂的装饰体,寓意年年有余,幸福圆满。

图 11-38　清雍正画珐琅六颈瓶
（北京故宫博物院藏）

图 11-39　清画珐琅喜字宝相
花纹温碗（北京故宫博物院藏）

图 11-40　铜胎画珐琅八宝双喜字背
把镜（北京故宫博物院藏）

图 11-41　清道光宝相花双鱼纹
漳缎椅垫（清华大学美术学院藏）

第二节　清代缠枝纹的装饰载体

一、瓷器

　　清朝艺术以康熙、雍正、乾隆三代最为登峰造极。清代瓷器制作技术高超,装饰精细华美,是中国陶瓷史上最光辉灿烂的成就。清代陶瓷生产,除以景德镇的官窑为中心外,各地民窑都极为昌盛兴隆,并取得很大的成就。清代西风渐进,陶瓷外销,西洋原料及技术的传入,纹样颇受外来风格影响。乾隆时,督陶官唐英《陶冶图说》:"景德镇袤延仅十余里,山环水绕,僻处一隅,以陶来四方商贩,民窑二三百区,工匠人夫不下数十万,籍此食者甚众。"

清代,青花、釉里红、斗彩等彩瓷继续延续、改进明代的烧造技术,同时创烧出珐琅彩、五彩、粉彩等色彩艳丽、花纹细腻的品种。珐琅彩瓷采用从外国引进的色调丰富的珐琅彩绘制,再进行烘烧而成。由于彩料较厚,使得花纹凸起,富有立体感,是一种被清代宫廷垄断的精品瓷器。粉彩瓷器是在康熙五彩瓷的基础上,受珐琅彩制作工艺影响而创制的另一种釉上彩瓷。尤其是雍正粉彩,在彩绘画面的某些部分采用玻璃白粉打底,以传统绘画的没骨法渲染,突出了阴阳、浓淡的立体感,所绘装饰纹样形态逼真、色调淡雅、娇艳柔丽。

由于技术的进步,清代瓷器缠枝纹相比前朝纹饰更加精美细腻,色彩更加鲜艳丰富,例如清乾隆瓷胎洋彩瑞芝洋花蝉纹罇(图11-42)、清乾隆瓷胎洋彩黄地洋花方瓶(图11-43)缠枝花卉种类多,装饰繁缛,色彩明丽。在清乾隆瓷胎洋彩翠地锦上添花观音瓶的花卉装饰(图11-44)、清乾隆瓷胎洋彩红地锦上添花胆瓶(图11-45)的装饰纹样略显稀疏,颈下部、瓶根部并未装饰,但是腹部和颈部仍然装饰大朵花卉和细腻柔软的茎叶,与瓷器的坚硬质地形成了鲜明的对比,带来了一丝花草的温情。清乾隆瓷胎画珐琅锦上添花黄地茶盅(图11-46)的底为淡黄色,装饰着对称形态的花卉,花卉色彩和叶片均采用渐变的设色方法,清新淡雅。清青花釉里红凤穿花纹壮罐(图11-47)为典型的青花釉里红,凤鸟与缠枝花卉结合,青色与红色交织,色彩鲜明。

图 11-42　清乾隆瓷胎
洋彩瑞芝洋花蝉纹罇
（台北故宫博物院藏）

图 11-43　清乾隆瓷胎
洋彩黄地洋花方瓶
（台北故宫博物院藏）

图 11-44　清乾隆瓷胎
洋彩翠地锦上添花观音瓶
（台北故宫博物院藏）

二、染织

清代,继承了明朝丝绸生产的传统,在康熙、雍正、乾隆时发展最为繁盛。康

熙至乾隆逐渐完善了冠服制度,继承了元明以来的织金和彩织技术,加强了设计
和管理,成为中国手工彩织提花技艺和刺绣技艺成就的高峰。在刺绣方面,苏、
粤、蜀、湘四大名绣及京、汴、汉诸地方绣均非常有名。清代纹样装饰艺术风格整
体上继承明代传统,造型趋向秀雅细致,具有女性的柔美感。清代浙江官书局刊
印的《蚕桑萃编》记载清代的缎,有"贡缎、罗纹缎、大云缎、阴阳缎、鸳鸯缎、闪缎、锦
缎、摹本缎、浣花缎、巴缎、金丝缎"。[①]清四合如意云宝相花库金(图 11-48)、清库
金穿枝牡丹纹捻(图 11-49)均为清代库金纹饰,装饰着缠枝勾莲纹和缠枝牡丹
纹。清蝴蝶富贵穿枝芙蓉妆(图 11-50),牡丹花冠硕大,雍容华贵,蝴蝶穿插其
中,生机益然,象征着富贵永恒。

图 11-45　清乾隆瓷胎
洋彩红地锦上添花胆瓶
（台北故宫博物院藏）

图 11-46　清乾隆瓷胎画
珐琅锦上添花黄地茶盅
（台北故宫博物院藏）

图 11-47　清青花釉
里红凤穿花纹壮罐[②]

图 11-48　清四合
如意云宝相花库金
（南京云锦研究所藏）

图 11-49　清库金
穿枝牡丹纹捻
（北京故宫博物院藏）

图 11-50　清蝴蝶
富贵穿枝芙蓉妆
（清华大学美术学院藏）

---

① 黄能馥,陈娟娟.中国丝绸科技艺术七千年:历代织绣珍品研究.北京:中国纺织出版社,2002 年,第
338 页.

② 故宫博物院.故宫陶瓷馆(下编).北京:紫禁城出版社,2010 年,第 424 页.

三、漆器

清代漆器,沿袭传统。乾隆年间是漆器生产的最高峰,产品丰富精致,成就辉煌。清代后期,经济衰落,漆器工业也深陷低谷。清代民间漆艺以苏州的雕漆、扬州的漆镶嵌、福州的脱胎漆等为代表,具有鲜明的地方特色。漆器的装饰纹样地域特色日益明显,呈多样化发展趋势。缠枝纹与漆器造型紧密结合,以叶和茎为主,在漆器装饰上频繁出现。例如北京故宫博物院藏的黑漆描金莲蝠纹宝座式笔架(图 11-51)的笔架宝座栏板镂雕缠枝莲叶纹,座足亦满饰缠枝花叶纹,座面与托泥上饰不同的团花纹。此笔架描金纹饰颇为精细,风格高贵而华美。中国国家博物馆藏的黑漆带托泥描金山水楼阁纹宝座(图 11-52),为五屏风式座围,围板、搭脑及牙板均在黑漆底子上饰描金山水楼阁纹,围板外框在黑漆底上饰描金缠枝花卉纹。宝座整体气势雄伟,黑漆描金装饰手法端庄、华丽,是清初髹漆家具的代表之作。

图 11-51 黑漆描金莲蝠纹
宝座式笔架

图 11-52 黑漆带托泥描金
山水楼阁纹宝座

四、珐琅

清代珐琅器,承前启后。康熙初期,经过不断的实践与积累经验,珐琅色彩纯正、表面光洁、掐丝细而规整。康熙十九年(1680 年),武英殿珐琅作成立,御用掐丝铜胎珐琅器开始规模化、规范化的生产。清康熙时期,珐琅器的花卉装饰基本模仿明代早期风格,但花朵较小,且多用双线技法勾勒,一般不衬托小花苞。缠枝纹装饰风格,有的是传统的中式风格,有的是中西融合。康熙画珐琅中,牡丹为主要花卉纹样,以色地装饰为主,分黄、紫、白、红、蓝五种,形成不同色泽的重叠和渲染,高温烧制后,各层颜色尽在其中。珐琅彩瓷的创制为在陶瓷装饰中更好地引入中国工笔重彩画提供了工艺方法,具有很强的表现力和艺术感染力。

清乾隆时期,珐琅以北京和广州最为著名。"金光灿烂、厚重坚实",掐丝珐琅器数量繁多,形制不断翻新,用途也十分广泛,涉及宫内典章、生活等各个方面。从工艺上来说,精益求精,成型规整,胎壁厚重,镀金光亮。从装饰图案上来说,布局规整有序,双线勾勒花纹,花朵大小与康熙朝相近,枝叶缺少自然流畅的韵致。清乾隆画珐琅钵(图 11-53)通体金黄,口沿部分绘蓝色二方连续装饰纹样,腹部以牡丹花卉纹为装饰中心,四周围绕着缠枝茎叶,此时的茎叶形态比较接近,具有渐变色彩,远看融为一体。清中期画珐琅缠枝莲八宝纹攒盒(图 11-54),扁圆,直壁,盖面隆起,以宝蓝色釉为地,中心装饰五蝠捧寿纹。攒盒外圈装饰缠枝莲托八宝纹,器壁以折枝花卉为间隔,装饰八宝纹,纹饰活泼流畅,天蓝色釉较为深沉。攒盒盖面的五只蝙蝠采取俯视和侧视两种构图,俯视的三只又存在一定变化,此种透视手法来自西方。现藏故宫博物院的清嵌珐琅缠枝花纹镜(图 11-55)为圆钮镜,以钮为中心通体装饰缠枝纹,枝上饰五朵不同颜色的花,纹饰全部采用掐丝珐琅工艺,有红、黄、蓝、绿、白等多种颜色,用银丝勾勒出纹饰轮廓,银丝内嵌入珐琅。该铜镜凸缘的缘侧面装饰有缠枝纹,显示了清朝精湛的珐琅工艺水平。

图 11-53　清乾隆画珐琅钵　　　图 11-54　清中期画珐琅　　图 11-55　清嵌珐琅
（北京故宫博物院藏）　　　　缠枝莲八宝纹攒盒　　　缠枝花纹镜[①]
　　　　　　　　　　　　　　（北京故宫博物院藏）

　　清代晚期继承并刻意模仿乾隆时期缠枝莲纹的特点,但花朵显得有些松散,花瓣较乾隆朝少,花蕊也与乾隆朝不同。清末,珐琅生产随着经济的衰退而日渐衰落。道光十九年(1839 年)以后,金属胎掐丝珐琅器的生产每况愈下,趋于衰颓。然而至清末及民国时期,由于掐丝珐琅器成为一种可获利润的出口商品,因而刺激了宫廷之外商营作坊的生产,如"老天利""志远堂"等。这一时期的掐丝珐琅器线条粗细均匀,打磨平整,表面光亮润滑,盛行以蓝、红、白、黄、黑、绿等几种颜色的珐琅做装饰。

①　何林. 你应该知道的 200 件铜镜. 北京:紫禁城出版社,2007 年,第 254 页.

五、雕刻

清代雕塑沿袭我国传统,面貌单一,模仿前人或用固定模式,创造性不够,缺乏内在生命力,总体来说,失去了汉唐时期的雄伟气势,呈现了衰微之势。陵墓雕刻、宗教雕塑,是在朝廷控制下进行的,规模大,材料贵重,制作精细,但大多缺乏创造性和生命力,具有程式化倾向。清代民居建筑、家具器物上的装饰雕刻往往不受陈规限制,面貌各异,有着突出的成就,尤其是在缠枝纹的表现上,还是非常值得肯定的。清代雕刻总体艺术风格,宗教雕塑作品多趋于程式化,世俗雕塑多趋于装饰化和工艺化;石雕非常厚重古朴,木雕轻盈灵活,富有生活情趣。如图 11-56～图 11-60 所示。

图 11-56　清代石刻
缠枝花纹①

图 11-57　苏州狮子林
漏窗图案②

图 11-58　清代石刻
缠枝花纹③

图 11-59　清代石刻卷叶缠枝纹④

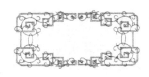

图 11-60　清代木雕花卉几何形纹⑤

① 吴山.中国纹样全集(宋·元·明·清).济南:山东美术出版社,2010 年,第 405 页.
② 吴山.中国纹样全集(宋·元·明·清).济南:山东美术出版社,2010 年,第 444 页.
③ 吴山.中国纹样全集(宋·元·明·清).济南:山东美术出版社,2010 年,第 406 页.
④ 同注①。
⑤ 吴山.中国纹样全集(宋·元·明·清).济南:山东美术出版社,2010 年,第 434 页.

六、建筑

作为一种民间艺术,古建筑彩绘随着社会的发展而发展,经过秦、汉、魏、晋、南北朝、隋、唐、宋、元、明、清等朝代,由简单到复杂,由低级到高级。春秋时期已经有木结构建筑上施红色涂料的记载;秦汉时期在宫殿的柱子上涂丹色,在斗拱、梁架、天花等处施以彩绘,其装饰图案多用龙、云纹,并且逐渐采用了锦纹;南北朝时期,由于受佛教艺术的影响,又产生了新的建筑装饰图案;宋代建筑装饰上,逐渐出现了较多的彩绘,多用叠晕画法;元代的建筑构件装饰以木雕或砖雕为多,而这些方法在明清两代达到高峰,取材和制作方面又有了新的变化与发展,集历代彩画之精华,新的品种不断涌现;清代,儒、释、道三教建筑与前朝相比,没有减少,而是扩大了规模,因此彩画发展到了它的一个鼎盛时期,在继承传统的基础上,题材不断扩大,表现手段不断丰富,法式规矩更加严密规范,等级层次更加森严、清晰。

值得一提的是,清代建筑彩绘上的花卉纹从形似已经走向了神似,花瓣的形态与其他花卉进行了融合,设计了创新性的花卉形态,如图 11-61、图 11-62 所示。

图 11-61　　清代建筑彩画牡丹纹① 　　**图 11-62　　清代建筑彩画莲荷纹**②

第三节　清代缠枝纹装饰的艺术风格

一、繁缛精巧

清代缠枝纹整体装饰风格繁缛精巧。清代缠枝纹运用精雕细琢的艺术语言和表现技法,使作品在外观上呈现出繁复细密、丰盈饱满的整体风貌,这融入了艺术家大量艰辛的劳动、独具匠心的聪明才智和高超精湛的技艺。清代缠枝纹结构复杂,技艺精雕细琢,风格繁丰细腻,彰显出创作者别具一格的智慧和精湛绝伦的技艺。对待清代的工艺美术,历来有 2 种不同的评价,赞同繁丰者认为是

---

① 吴山.中国纹样全集(宋·元·明·清).济南:山东美术出版社,2010 年,第 465 页.
② 同注①。

封建社会的高峰,贬低者认为匠气过重。宗白华认为:"这可以说是代表了中国美学史上两种不同的美感或美的理想",并列举了这两种风格一系列的审美范例。宗白华先生对这两种艺术风格的概括和肯定态度是富有启发意义的,对于不同艺术风格,不应当褒此贬彼,而应平等对待。简约与繁丰,各具特色,各美其美。繁丰是与简约相对的风格类型。不同于简约风格精要洗练、言简义丰的"初发芙蓉、自然可爱"之美,繁丰风格常常呈现出精雕细琢、工巧繁漏的"雕缋满眼、错彩镂金"之美。然而,不可否认的是,清代缠枝纹,繁丰有其自身美的独特性。由于繁复丰赡、工巧细密的风格特性,往往缠枝纹中精致细腻的笔触、高超精湛的技艺、别具匠心的设计令人感叹折服,带给人们丰富的审美享受。无论是瓷器、珐琅器、漆器,还是家具作为载体,清代缠枝纹展示了一个繁丰、灿烂的清代艺术世界,广泛存在于各类艺术领域。

　　清代的纹样,烦琐精致,追求满、细、多。满则是饰满器体,如陶瓷则有万花彩、万花堆、黑地满花、锦地花、锦上添花等,表现繁多的装饰格式。如织锦也多用锦纹为地,再饰主花。细则是纤细,如陶瓷"古月轩",以薄而细著称。刺绣的细,是细如毫发,一根丝线,可以劈成1/24。多则是堆饰,与"满"近义,多是量词,满是空间概念。纤巧繁复的特色形式,一方面是重技术的结果,一方面则是受法国路易宫廷装饰作风的影响。例如清代织锦,又称锦地花,即在底层满饰的花纹之上,再饰以花朵,锦上添花法在乾隆时期应用最多。锦上添花的名称与实际的技术展示是一致的,不仅使人感到多层次的繁密艺术效果,在名称上已经具有了吉祥美好的意义。南京博物馆藏的清乾隆缂丝串枝花百蝠坐褥(图11-63)缠枝花卉丰富满密,蝙蝠在缠绕的枝叶间飞翔,远看过去密密麻麻,近看图案精美,大小疏密合理,做工精致,体现了高超的技艺水平。

图 11-63　清乾隆缂丝串枝花百蝠坐褥(南京博物院藏)

　　清代缠枝纹的繁缛精巧不仅仅体现在各种器物上,在皇帝的龙袍上更是极为精致繁缛,这说明清代缠枝纹的地位已经相当高了,经常作为龙纹的底,龙纹象征着皇家的威严,缠枝纹寓意着福气绵延,清乾隆皇帝红江绸地平金绣十二章龙袍(图11-64),大红的缎面,铺满金色的缠枝花纹,上绣三条金龙,蓝色的领子也铺满了缠枝花纹,此种服饰样式已经成为一种皇家的程式化做法。清乾隆蓝色江绸平金银缠枝菊金龙纹裕袍(图11-65),以金银线交互换色,在蓝色江绸地上用平金和螺钿工艺绣制金银龙及缠枝菊纹样。袍内衬湖色缠枝菊暗花绫里,领、袖镶石青色江绸平金银云龙纹边,边沿饰石青人字纹丝织绦。领、襟缀铜鎏金錾花扣四。此为清代皇帝吉服。袍捻金勾细,平金钉线工整,图案清丽秀雅。制作者将金银线与螺钿技法结合使用,装饰风格华美独特。

图 11-64　清乾隆皇帝红江绸地平金绣　　图 11-65　清乾隆蓝色江绸平金银缠枝
十二章龙袍(北京故宫博物院藏)　　菊金龙纹裌袍(中国历史博物馆藏)

二、华丽绚烂

清代,缠枝纹装饰风格华丽绚烂。华丽指多用辞藻、雕饰和色彩,力求华彩、绵烂、绮丽的艺术风格。人对色彩的感知是十分敏锐的,黑格尔曾说"颜色感应该是艺术家所特有的一种品质,是他们特有的掌握色调和就色调构思的一种能力,所以也是再现的想象力和创造力的一个基本因素。"[①]清代珐琅彩是清代皇室自用瓷器中最具特色,釉上彩瓷中最为精美的彩瓷器。从康熙的色浓庄重至雍正的清淡素雅,到乾隆时的精密繁复的雍容华贵,使珐琅这一洋味十足的彩料在瓷器上得到淋漓尽致的发挥,集中西风韵于一身,画尽了皇家身份的高贵与荣华。乾隆珐琅彩瓷是清代康熙、雍正、乾隆三代珐琅彩瓷中最为精美的巅峰之作。北京故宫博物院藏的清錾胎珐琅西蕃莲熏炉(图 11-66)、清乾隆画珐琅袱系纹盖罐(图 11-67)、清画珐琅缠枝花卉五供花觚(图 11-68)、画珐琅勾连开光西洋人物双耳盖豆(图 11-69),用丰富多彩的色彩世界向我们证明了清代缠枝纹的绚丽多彩。

北京故宫博物院藏的清錾胎珐琅西番莲熏炉,炉为铜胎。丰口,束颈,双直耳,带镂空盖。炉身作十八瓣瓜棱形,肩部有一对镀金双凤首衔环。腹下三柱足。炉身及盖满布西番莲纹,纹饰全部为錾刻,减地填浅蓝、宝蓝、绿、浅绿、红、粉红、黄、白等八色珐琅。此器虽不足一米,但气势不凡,由此可推想粤海关为圆明园所造的多种大型錾胎珐琅陈设器物的雄壮气派。清乾隆画珐琅袱系纹盖罐,此器直口微侈,溜肩,鼓腹,束腰,平底,浅圈足,有盖。袱系纹遮盖器腹的大

① ［德］黑格尔. 美学·第三卷(上). 朱光潜,译. 北京:商务印书馆,1979 年,第 282 页.

半部分,红色部分以龟背锦为地,装饰蝴蝶、蝙蝠、桃实等吉祥图案,蓝色部分绘卷草纹。从稍远处观看,似由真实的锦袱包裹,栩栩如生。肩部四开光内绘西番莲。下腹部以黄釉为地,装饰各类缠枝花卉。外底中部蓝圈内有"乾隆年制"双排蓝料楷书款。袱系纹是清雍正、乾隆时期宫廷御用器上非常流行的装饰题材,常见于珐琅器、玻璃器、瓷器等。根据档案记载,乾隆皇帝比较喜爱的各类器皿都会要求造办处专门配做锦袱包裹,或用楠木匣盛装,并将器物的名称、年号刻在匣盖上,以示珍藏。袱系纹的流行应该与此有关。清画珐琅缠枝花卉五供由香炉一只、花觚一对、烛台一对组成,清画珐琅缠枝花卉五供花觚以黄色为地,通体绘缠枝花卉等,器口等边缘处镀金,花觚和烛台的近足处饰蓝色回纹一周。器内饰天蓝釉。整套礼器造型优美,做工精致,彰显出皇家的雍容华贵之气。

图 11-66　清錾胎珐琅西番莲熏炉

图 11-67　清画珐琅袱系纹盖罐

图 11-68　清画珐琅缠枝
花卉五供花觚

图 11-69　清画珐琅勾莲开光
西洋人物双耳盖豆

三、寓意吉祥

清代,纹样的象征寓意进一步加强。从明代开始的"图必有意,意必吉祥",在清代进一步加强,无论是上层统治阶级还是普通市民阶层,在器物装饰方面,

"吉祥"似乎已经成了最重要的主旨。《庄子》:"虚事生白,吉祥止止。"成玄英疏:"吉者,福善之事;祥者,嘉庆之征。"清代缠枝装饰纹样以象征、寓意、比拟、表号、谐音、文字等种种手法来表达观念,包括政治伦理、道德、价值、宗教和哲学观念。寓意,即借某些题材寄寓某种吉祥含意。向往美好生活的愿望在纹样中表达得又生动,又亲切,受到全社会的欢迎。象征,以事物的形态、色彩或生态习性,取其相似或相近,以表现一定的含义。缠枝纹装饰根据某些花果草木的生态、形态、色彩、功用等方面的特点,以表现某种思想含义。例如牡丹常被人们认为是国色天香,寓意着富贵荣华;石榴多籽,象征着多子多孙,子孙绵延;莲蓬里多含莲子,而莲子是"连子"的谐音。莲蓬包含了多个莲子,古人寓意为"多子多孙,子孙满堂"。葫芦表示富贵,由于"葫芦"与"福禄"同音,它又是富贵的象征,代表长寿吉祥,民间以彩葫芦作配饰,就是基于这种观念。葡萄其果实成串多粒,寓意人丁兴旺,种一颗种子,结上万个果实,寓意一本万利。吉祥图案中的寓意常与文学、民俗、宗教或文学典故有关。灵芝形似如意,且具有强身健体的药用价值,故可象征长寿。例如,吸取佛教中的莲花意象,用莲花象征圣洁。菊花具有明目清心的作用,可益寿延年,寓意长寿;又因陶渊明的青睐,有隐逸的含义。谐音,是借用某种事物名组成同义词表达吉祥意义的手法。例如插入花瓶的牡丹象征富贵平安,荷花于盒内伸出象征"和和美美(满)"。灵芝上面加寿字为"灵芝献寿",鹌鹑与菊花组成"安居乐业"等。梅、兰、竹、菊的"四君子"装饰纹样在民间屡见不鲜,其象征寓意深入人心,显然不再是文人雅士的独宠。这些纹样包含着对生活美好的祝福,寓意着对未来生活的向往,反映了人们对生活的热爱和对幸福的追求。如图 11-70～图 11-73 所示。

图 11-70　清代建筑装饰
富贵如意纹①

图 11-71　清代建筑装饰和
合如意纹②

①　吴山.中国纹样全集(宋·元·明·清).济南:山东美术出版社,2010 年,第 457 页.
②　同注①。

图 11-72　清代建筑装饰
宝珠如意纹①

图 11-73　清代建筑装饰
如意图寿纹②

四、技术精湛

　　清代的北京、南京、苏州、广州等大城市工商业相当繁荣,是各种手工艺品的著名生产基地。在纺织业方面,清代的棉纺织业总产值已超过丝织等行业。陶瓷方面,景德镇作为全国制瓷业中心,产品大量外销,清康熙、雍正、乾隆三代制瓷技艺水平达到顶峰,素三彩、五彩、珐琅彩、粉彩都闻名中外。工艺美术品技术的迅速发展也必然要求其装饰纹样能满足商品经济的需要,清代手工工艺的进步,使纹样的表现手法更加丰富和完善,植物纹样显得更加令人轻松愉悦,便于在不同材质的日用商品上进行装饰。这一时期的工艺品可分为两类。有一类工艺品极力追求华美富丽的外观,不惜人力物力去精雕细琢,以满足皇室贵族观赏、把玩的需要,因而纹样的造型通常精细华美。这样的刻意追求致使器物的实用功能淡化,作品常透露出过于烦琐、堆砌的艳俗之气,如上述彩瓷、漆器,还有玉雕、牙雕中的一些作品。另一类,是利用普通的原料大量制作的民间工艺品,诸如泥塑、陶塑、皮影、剪纸、民间玩具等。这些作品上的纹样多以百姓生活实用为目的,因而通常手法灵活多样,造型质朴简洁,风格清新自然,体现了百姓的生活习俗和审美情趣。

　　清代,则追求技术,崇尚技术,以技术代替了艺术,把技术当成了目的。因此,清代工艺虽然纹样的技术性很高,但由于过分重视技术而忽视了艺术,其工艺未免繁缛、堆砌,为人所诟病。

　　到了清代,缠枝纹装饰讲究仿古、仿旧、仿真,形成繁缛精巧的倾向,在瓷器、染织、珐琅、建筑等各种工艺上均有丰富的表现,而这恰恰是清代愈加精湛的技术支持才得以实现的。例如清代库缎福寿富贵纹(图 11-74)上,外圈是细腻缠

---

①　吴山.中国纹样全集(宋·元·明·清).济南:山东美术出版社,2010 年,第 457 页.

②　同注①。

绕的缠枝花卉纹,装饰有祥云的蝙蝠与寿桃组成了寓意吉祥长寿的精致图案,这证明了清代的丝织技术已经炉火纯青。青花牵牛花纹四方委角瓶(图11-75)、乾隆瓷胎洋彩黄锦地乾坤交泰转旋瓶(图11-76)是瓷器技术与珐琅技术的高超体现,尤其是乾隆瓷胎洋彩黄锦地乾坤交泰转旋瓶不仅装饰华美,色彩鲜艳,层次丰富,其瓶身旋转的技术更是前朝所无法企及的。

图 11-74　清代
库缎福寿富贵纹 ①

图 11-75　青花牵牛花纹四方
委角瓶(北京故宫博物院藏)

图 11-76　乾隆瓷胎洋彩黄锦地乾坤
交泰转旋瓶(台北故宫博物院藏)

五、异域风情

清代早期,采用闭关锁国政策,在科技上落后于其他西方国家。清代晚期,许多制作精良的、带有异域装饰风格的西洋物品的输入,冲击了国内传统、单一的装饰形式,对外来风格的猎奇或羡慕使得本土物品上开始采用和模仿西洋风格的装饰纹样。随着商品经济的发展,大量西方外来文化流入,进一步开阔了民众的视野。西洋绘画作品的写实风格极大地影响了清代艺术的发展走向,大量具有洛可可和巴洛克风格的装饰纹样就被我国艺术吸收进来,缠枝纹就是其中典型的案例,呈现出繁缛、富丽的纹样特点。或许是长期的传统文化的熏陶,使人们没有兴趣对外来文明产生更多的关注和耐心的探寻,从而使这一时期西洋风格的借用、模仿总透着些许浮躁之气,但已经为中外交流打开了一个个充满奇异风景的窗口,为缠枝纹增加了异域的风情。

例如,清乾隆款珐琅彩锦地描金缠枝花纹蒜头瓶(图11-77),瓶上的缠枝卷草纹样图,吸收了西方巴洛克艺术,与本土缠枝纹有显著的不同,一下子有了新的视觉冲击力。清乾隆珐琅彩勾莲纹象耳瓶(图11-78)上的装饰色彩和花卉带有明显的异域风情。清乾隆银经匣匣盒(图11-79)上面及四壁均雕刻花纹,其

---

① 吴山.中国纹样全集(宋·元·明·清).济南:山东美术出版社,2010 年,第 377 页.

花纹与西洋卷草纹图有异曲同工之处，两者枝条的卷曲度很大，叶子肥大。银经匣上的卷草纹样与本土缠枝纹相比，前者注重立体感，主要通过一个个独立的植物枝干或蔓藤的弯曲来塑造纹饰，后者则利用平面的表现手法，纹饰主要由连续的植物枝干的盘曲缠绕组成。

图 11-77　清乾隆珐琅彩
锦地描金缠枝花纹蒜头瓶
（北京故宫博物院藏）

图 11-78　清乾隆珐琅
彩勾莲纹象耳瓶
（北京故宫博物院藏）

图 11-79　清乾隆
银经匣匣盒
（北京故宫博物院藏）

参 考 文 献

[1] 田自秉,吴淑生,田青. 中国纹样史[M]. 北京:高等教育出版社,2003.

[2] (韩)李妶恩. 北朝装饰纹样[M]. 北京:故宫出版社,2014.

[3] 吕变庭. 营造法式——五彩遍装祥瑞意象研究[M]. 北京:中国社会科学出版社,2011.

[4] 诸葛铠. "忍冬纹"与"生命之树"[J]. 民族艺术,2007(2):90-99.

[5] 雷圭元. 图案基础[M]. 香港:中华书局香港分局,1974.

[6] 雷圭元,李骐. 中外图案装饰风格[M]. 上海:上海人民美术出版社,1985.

[7] 欧阳琳. 敦煌图案简论[C]//敦煌文物研究所. 全国敦煌学术讨论会文集. 兰州:甘肃人民出版社,1987.

[8] 吴山. 中国纹样全集[M]. 济南:山东美术出版社,2010.

[9] (日)城一夫. 东西方纹样比较[M]. 孙基亮,译. 北京:中国纺织出版社,2002.

[10] 楼广西. 中国传统建筑装饰[M]. 北京:中国建筑工业出版社,1999.

[11] (日)杉浦康平. 造型的诞生——图像宇宙论[M]. 杨晶,李建华,译. 北京:中国人民大学出版社,2015.

[12] 黄能馥,陈娟娟. 中国丝绸科技艺术七千年[M]. 北京:中国纺织出版社,2002.

[13] 赵丰,包铭新. 中国织绣鉴赏与收藏[M]. 上海:上海书店出版社,1997.

[14] 丁涛,吴山,陆晔,等. 中国工艺美术大辞典[M]. 南京:江苏美术出版社,1989.

[15] 胡平,张道一. 工艺文化的交流——缠枝纹典型例[提要][J]. 南京艺术学院学报:美术与设计版,1987(12):20-23.

[16] 万剑. 谈青花瓷缠枝纹的骨骼构成艺术形式[J]. 陶瓷学报,2013(3):366-372.

[17] 黄能馥,陈娟娟. 中国历代装饰纹样大典[M]. 北京:中国旅游出版社,1995.

[18] 杨东苗,金卫东. 敦煌历代精品边饰、圆光线描图集[M]. 杭州:浙江人民美术出版社,2016.

[19] 扬之水. "曾有西风半点香"——对波纹源流考[J]. 敦煌研究,2010(4):1-8.

[20] 樊文江. 美术辞林·工艺美术卷[M]. 西安:陕西人民美术出版社,1989.

[21] (奥)阿洛伊斯·里格尔. 风格问题:装饰历史的基础[M]. 邵宏,译. 杭州:中国

美术学院出版社,2016.

[22] 朱利峰.卷草纹源流考[J].设计艺术:山东工艺美术学院学报,2010(4):
65-67.

[23] 诸葛铠.佛教艺术对中国花卉装饰的影响[J].艺术研究,2004(6):51-58.

[24] 庞薰琹.庞薰琹工艺美术文集[M].北京:轻工业出版社,1986.

[25] 蔡元培.蔡元培美学文选[M].北京:北京大学出版社,1983.

[26] 李有光,陈修范.陈之佛文集[M].南京:江苏美术出版社,1996.

[27] 倪建林.装饰之源[M].重庆:重庆大学出版社,2007.

[28] 中共中央马克思恩格斯列宁斯大林著作编译局.马克思恩格斯:第20卷[M].
北京:人民出版社,1971.

[29] (德)格罗塞.艺术的起源[M].北京:商务印书馆,2011.

[30] 谷莉.宋辽夏金装饰纹样研究[M].北京:中国戏剧出版社,2016.

[31] 辞海编辑委员会.辞海[M].上海:上海辞书出版社,1989.

[32] 雷奈·格鲁塞.近东与中东的文明[M].上海:人民美术出版社,1981.

[33] 杜金鹏,杨菊华.中国史前遗宝[M].上海:上海文化出版社,2000.

[34] 吕章申.中国国家博物馆馆藏文物研究丛书:陶器卷[M].上海:上海古籍出
版社,2015.

[35] 朱志荣.商代审美意识研究[M].北京:人民出版社,2002.

[36] 王仁湘.庙底沟文化彩陶向南方两湖地区的传播[J].江汉考古,2009(2):
67-74.

[37] 王劲.屈家岭文化溯源辨[J].江汉考古,2010(4):63-75.

[38] 山东省文物管理处,等.大汶口:新石器时代墓葬发掘报告[M].北京:文物出
版社,1974.

[39] 钱志强.古代美术与中国文明起源[M].北京:中国社会科学出版社,2007.

[40] 郑州市文物考古研究所.郑州大河村[M].北京:科学出版社,2001.

[41] 李泽厚.美的历程[M].北京:文物出版社,1981.

[42] 苏秉琦.关于仰韶文化的若干问题[J].考古学报,1965(1):51-82.

[43] 靳之林.生命之树[M].桂林:广西师范大学出版社,2002.

[44] 山东省文物考古研究所.大汶口续集[M].北京:科学出版社,1997.

[45] 马林诺夫斯基.巫术科学宗教与神话[M].上海:上海文艺出版社,1987.

[46] 诸葛铠.裂变中的传承[M].重庆:重庆大学出版社,2007.

[47] 张朋川.中国彩陶图谱[M].北京:文物出版社,1990.

[48] 徐复观.中国艺术精神[M].沈阳:春风文艺出版社,1987.

[49] 冯沪祥. 人、自然与文化:中西环保哲学比较研究[M]. 北京:人民文学出版社,1996.

[50] (法)列维·布留尔. 原始思维[M]. 丁由,译. 北京:商务印书馆,1981.

[51] 艾兰. 龟之谜:商代神话、祭祀、艺术和宇宙观研究[M]. 成都:四川人民出版社,1992.

[52] 杜乃松. 青铜饕餮纹[J]. 紫禁城,1984(5):30-31.

[53] 曹峻. 殷周青铜纹饰中的"夔纹"及其含义[N]. 中国社会科学报,2012-11-28.

[54] 郑志强. 殷周青铜器中"夔纹"之"夔"新解[N]. 中国社会科学报,2013-06-17.

[55] 刘一曼. 略论甲骨文与殷墟文物中的龙[J]. 三代考古辑刊(一),2004(9):377-379.

[56] 胡厚宣. 甲骨文所见商族鸟图腾的新证据[J]. 文物,1977(2):84-87.

[57] 钱耀鹏. 感生故事与早期政权的更迭[J]. 中原文物,2006(3):32-57.

[58] 彭裕商. 西周青铜器窃曲纹研究[J]. 考古学报,2002(4):421-436.

[59] 阮元. 十三经注疏(尔雅·释草)[M]. 北京:中华书局,1980.

[60] (日)林巳奈夫. 神与兽的纹样学:中国古代诸神[M]. 北京:生活·读书·新知三联书店,2016.

[61] 程长新,程瑞秀. 镜花水月——铜镜鉴赏与辨伪[M]. 北京:北京美术摄影出版社,2008.

[62] 屈万里. 尚书今注今译:尚书·甘誓[M]. 上海:上海辞书出版社;2015.

[63] 张光直. 中国青铜时代[M]. 北京:生活·读书·新知三联书店,2013.

[64] 范文澜. 中国通史简编[M]. 北京:人民出版社,2010.

[65] 陈梦家. 商代的神话与巫术[J]. 燕京学报,1936(20):535.

[66] 张懋镕. 殷周青铜器埋藏意义考述[J]. 文博,1985(5):43-47.

[67] 张晓霞. 天赐荣华——中国古代植物装饰纹样发展史[M]. 上海:上海文化出版社,2010.

[68] 何林. 你应该知道的 200 件铜镜[M]. 北京:紫荆城出版社,2007.

[69] 左汉中. 湖湘传统纹样[M]. 长沙:湖南美术出版社,2010.

[70] 潘富俊. 草木缘情——中国古典文学中的植物世界[M]. 北京:商务印书馆,2016.

[71] 容庚,张维持. 商周彝器通考[M]. 北京:文物出版社,1984.

[72] 刘向. 说苑[M]. 合肥:黄山书社,1993.

[73] (英)E. H. 贡布里希. 秩序感:装饰艺术的心理学研究[M]. 杨思梁,徐一维,译. 杭州:浙江摄影出版社,1987.

[74] 冯友兰. 中国哲学史新编[M]. 北京:人民出版社,1982.

[75] 恩格斯. 家庭、私有制和国家的起源[M]. 北京:人民出版社,1972.

[76] 刘歆. 西京杂记校注[M]. 向新阳,刘克任,校注. 上海:上海古籍出版社,1991.

[77] (宋)李昉,等. 太平御览[M]. 北京:中华书局,1960.

[78] 郭廉夫,丁涛,诸葛铠. 中国纹样辞典[M]. 天津:天津教育出版社,1998.

[79] (汉)班固. 汉书·恭禹传[M]. 北京:中华书局,1962.

[80] 宗白华. 美学散步[M]. 上海:上海人民出版社,1981.

[81] (英)L. 比尼恩. 亚洲艺术中人的精神[M]. 孙乃修,译. 沈阳:辽宁人民出版社,1988.

[82] 芮传明,余太山. 中西纹饰比较[M]. 上海:上海古籍出版社,1995.

[83] (明)李时珍. 本草纲目:校点本[M]. 北京:人民卫生出版社,1982.

[84] 田自秉. 中国工艺美术史[M]. 上海:东方出版中心,2005.

[85] 大同市考古研究所. 山西大同沙岭北魏壁画墓发掘简报[J]. 文物,2006(10):4-24.

[86] (日)土居淑子. 古代中国的画像石[M]. 京都:同朋舍,1986.

[87] (日)水野清一,长广敏雄. 云冈石窟[M]北京:科学出版社,2016.

[88] 陈俊愉,程绪珂. 中国花经[M]. 上海:上海文艺出版社,1990.

[89] (英)约翰·马歇尔. 犍陀罗佛教艺术[M]. 许建英,译. 乌鲁木齐:新疆美术摄影出版社,1999.

[90] 林梅村. 汉唐西域与中国文明[M]. 北京:文物出版社,1998.

[91] 刘景龙. 古阳洞[M]. 北京:科学出版社,2001.

[92] 葛承雍. 从出土汉至唐文物看欧亚文化交流遗痕[J]. 故宫博物院院刊,2015(3):111-162.

[93] 关友惠. 敦煌装饰图案[M]. 上海:华东师范大学出版社,2015.

[94] 祁志详. 以"圆"为美——佛教对现实美的变相肯定之一[J]. 文史哲,2003(1):37-43.

[95] 丁福保. 佛学大辞典[M]. 北京:文物出版社,1984.

[96] 杨东苗,金卫东. 敦煌历代精品藻井线描图集[M]. 杭州:浙江人民美术出版社,2016.

[97] (美)爱德华·谢弗. 唐代的外来文明[M]. 吴玉贵,译. 西安:陕西师范大学出版社,2005.

[98] 赵丰. 敦煌丝绸艺术全集:法藏卷[M]. 上海:上海华东大学出版社,2010.

[99] 昭明,洪海. 古代铜镜[M]. 北京:中国书店,1997.

[100] 史仲文,胡晓林.宋辽金夏习俗史[M].北京:人民出版社,1994.

[101] (清)吴楚材.古文观止补遗[M].上海:上海古籍出版社.2002.

[102] 张道一.中国图案大系(四)[M].济南:山东美术出版社,1995.

[103] (日)中野徹.隋唐陶瓷的纹样[J].孔六庆,译.陶瓷研究,1989(2):48-53.

[104] (宋)陈思.海棠谱[M].北京:商务出版社,2013.

[105] (北魏)贾思勰.齐民要术[M].北京:团结出版社,1996.

[106] 李凤梧.中国历代治吏通观[M].济南:山东人民出版社,2010.

[107] 孔祥星,刘一曼.中国铜镜图典[M].北京:文物出版社,1992.

[108] 震旦文教基金会编辑委员会.青花瓷鉴赏[M].台湾:财团法人震旦文教基金会,2008.

[109] 许明.土耳其、伊朗馆藏元青花考察亲历记[M].上海:上海人民出版社,2008.

[110] (美)沃尔特·丹尼.中国青花瓷题材的伊斯兰青花瓷器[J].赵琳,译.陈淳,校.南方文物,2010(1):118-123.

[111] 万剑,元青花瓷缠枝纹装饰艺术特色[J].中国陶瓷,2014(11):95-101.

[112] 刘新园.元代窑事小考(一)——兼致约翰·艾剔思爵士[J].景德镇陶瓷学院学报,1981(1):67-74.

[113] 施茜,王一伟.元青花装饰纹饰风格及形成背景[J].中国陶瓷,2010(2):75-77.

[114] 玛格丽特·梅德雷.论伊斯兰对中国古瓷的影响[J].于集旺,译.景德镇陶瓷,1987(3):56-58.

[115] E.H.贡布里希.图像与眼睛[M].范景中,等,译.浙江:浙江摄影出版社,1989.

[116] 中国国家博物馆.文物宋元史[M].北京:中华书局,2009.

[117] 于维雅."恐惧空白"说的局限性——对伊斯兰装饰艺术功能的探讨[J].美术观察,2006(7):129-133.

[118] 张敏.论浮梁瓷局在元代景德镇瓷业中的地位与作用[J].中国陶瓷,2012(3):35-36.

[119] 蔡和璧.成化瓷器特展图录[M].台北:台北故宫博物院,2012.

[120] 帅茨平.中国明代瓷器图录[M].北京:中国商业出版社,1999.

[121] 上海博物馆.幽兰神采:元代青花瓷器特集[M].上海:上海书画出版社,2012.

[122] 乌丙安.走进民族的象征世界——民俗符号论[J].江苏社会科学,2000(3):39-53.

［123］中国国家博物馆.中国国家博物馆馆藏文物研究丛书:瓷器卷(明代)［M］.
上海:上海古籍出版社,2007.

［124］中国国家博物馆.中国国家博物馆馆藏文物研究丛书:瓷器卷(清代)［M］.
上海:上海古籍出版社,2007.

［125］万剑.明成化时期青花缠枝纹装饰艺术特色探析［J］.武汉理工大学学报:社
会科学版,2015(3):185-188.

［126］冯先铭.中国陶瓷［M］.上海:上海古籍出版社,2001.

［127］刘伟.明成化皇帝与成化斗彩瓷器［J］.收藏家,1995(5):44-46.

［128］张咏梅.成化斗彩器的女性审美特征与价格流［J］.文博,2006(4):64-68.

［129］(明)沈德符.万历野获编补遗［M］.北京:中华书局,1980.

［130］刘伟.历代宫廷藏瓷［M］.紫禁城出版社,2003.

［131］方志远.传奉官与明成化时代［J］.历史研究,2007(1):43-44.

［132］马松源.四库全书［M］.北京:线装书局,2014.

［133］［德］黑格尔.美学:第三卷(上)［M］.朱光潜,译.北京:商务印书馆,1979.

［134］(德)亚历山大.斯佩尔兹.世界古典装饰风格集成［M］.王文婷,译.沈阳:辽
宁科学技术出版社,2014.

［135］卢卡契.审美特性:第一卷［M］.徐恒醇,译.北京:中国社会科学出版
社,1986.

［136］张北霞,吴卫,张红颖.中国传统卷草纹样的构成形式及装饰特点［J］.湖南
工业大学学报:社会科学版,2010(4):126-129.

后　记

写完最后一个字,画上句号,时间已经是 2019 年 1 月 5 日的凌晨 2 点了。抬头看看窗外,除了远处稀疏建筑物透出的一些灯光,四周一片黑寂。从 2016 年 8 月至今,两年零四个多月的时间里,不管诸事繁杂,每天必定和书稿亲密接触,此刻,感慨良多,一时真的有点无法用语言来表述。

首先,是感谢! 感谢浙江省哲学社会科学发展规划办资助"中国缠枝纹装饰艺术史研究"(17NDJC134YB)项目,激励我在中国古代纹样艺术的研究道路上继续前进。感谢宁波市哲学社会科学发展规划办资助"中外缠枝纹装饰艺术母题比较研究"项目,让我在 2018 年 8 月成为第五批宁波市哲学社会科学学科带头人。特别感谢宁波职业技术学院的领导,学校分管科研的任君庆副校长,一直激励、帮助我开展科研活动。感谢以杨林生处长为代表的科研管理部门的领导、同事们,一直关心我的科研进展及个人发展,给我提供了力所能及的便利条件和帮助。

宁波职业技术学院前身是宁波中专(宁波李惠利中专),这是我的母校。我在这个团结、温暖的大家庭中度过了人生中最重要的青春阶段,这对我的一生来说,都是难以忘怀的记忆。艺术学院的领导、老师们不少是我中专阶段的专业老师,他们给予我艺术实践的滋养,我和他们有着难以割舍的情感。感谢我的同事们,在我科研任务繁重的情况下,主动承担起了教研室的大部分繁杂工作,并且鼓励我坚持自己的理想和信念。

其次,还是感谢! 感谢我的亲人! 在课题研究过程中,我的家人给予了最大的支持和鼓励。感谢我的朋友们! 在我需要帮助的时候,一直都提供着无私的帮助。尤其需要特别感谢我的三位学生:潘溯、李苹苹、杨晓波,在课题研究过程中,花费了大量的课余时间为我查找资料,绘制矢量图。感谢武汉理工大学学报(社会科学版)执行主编韩文革老师一直为本书提出建议和意见。

最后，感谢所有一路支持我的师长、朋友、亲人们！在专著即将完成之时，我仿佛刚从中国古代的植物花卉演绎的大世界游历回来，感受到了无与伦比的快乐！我感受着自然的纯真，体验着人类朴实的情感，这才是一种真正的幸福！希望这种幸福一直围绕着我们！

万剑写于宁波新高路寓所

2019 年 1 月 5 日凌晨

读《中国古代缠枝纹装饰艺术史》有感

红陶青瓷缠枝花,谁人先觉审美芽?
穷搜上下数千年,遍览艺海一中华。
源远流长润古今,兼容并蓄成其大。
文化自信有初心,艺术创新应无涯。

——韩文革